文化制胜：
中小银行企业文化重塑之道

贾埃兵　著

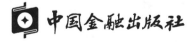
中国金融出版社

责任编辑：童祎薇
责任校对：潘　洁
责任印制：张也男

图书在版编目（CIP）数据

文化制胜：中小银行企业文化重塑之道／贾埃兵著．—北京：中国金融
出版社，2019.11

ISBN 978－7－5220－0248－4

Ⅰ.①文… Ⅱ.①贾… Ⅲ.①中小企业—商业银行—企业文化—研究
—中国 Ⅳ.①F832.33

中国版本图书馆 CIP 数据核字（2019）第 190761 号

文化制胜：中小银行企业文化重塑之道
Wenhua Zhisheng：Zhong-Xiao Yinhang Qiye Wenhua Chongsu zhi Dao

出版
发行　**中国金融出版社**

社址　北京市丰台区益泽路 2 号
市场开发部　（010）63266347，63805472，63439533（传真）
网上书店　http：／／www.chinafph.com
　　　　　（010）63286832，63365686（传真）
读者服务部　（010）66070833，62568380
邮编　100071
经销　新华书店
印刷　北京市松源印刷有限公司
尺寸　169 毫米×239 毫米
印张　13.75
字数　200 千
版次　2019 年 11 月第 1 版
印次　2019 年 11 月第 1 次印刷
定价　52.00 元
ISBN 978－7－5220－0248－4

如出现印装错误本社负责调换　联系电话（010）63263947

前　言

　　企业文化是企业在长期的生产经营实践中形成的并被企业员工普遍认同和遵从的思想观念、价值标准、思维方式和工作作风的总和，是物质文化、制度文化和精神文化的复合体。企业文化具有价值导向功能，它能够牵引企业按照所倡导的价值导向来发展；企业文化具有约束功能，它能够对全体员工的行为产生一种潜在的约束；企业文化具有凝聚功能，它能够将全体员工凝聚在同一愿景和奋斗目标之下；企业文化具有激励功能，它能够激励员工为了某种倡导的东西而奋斗；企业文化具有辐射功能，企业文化形成之后，就会形成以企业为核心的影响力的辐射；企业文化具有品牌功能，通过企业文化的塑造，使品牌具有辨识度。正因为如此，企业文化是企业竞争力的重要源泉。

　　历史上，日本企业在第二次世界大战之后迅速崛起，表现堪称现象级。美国学者注意到了这一现象，通过深入剖析发现，日本企业彰显了目标远大、忠诚团结、积极进取的企业文化和对企业经营业绩的惊人影响力。美国学者发现了这一点，并呼吁美国企业学习日本企业的经营管理之道，改良自身的企业文化。很快，美国企业纷纷开展企业文化再造运动。

　　商业银行是经营货币的特殊企业，是配置金融资源的中介，商业银行的行为，不仅关系到金融企业本身的经营状况，也关系到社会的资源配置效率。商业银行的信贷行为，不仅关系到微观的金融效率，还关系到宏观层面的金融效率。从这个角度讲，商业银行企业文化具有特殊的重要性。它不仅影响着商业银行的企业形象、服务品质，还体现在企业文化对商业银行的凝聚力，更重要的是，商业银行的企业文化包含着银行人对银行业的理解、对银行经营管理的理解、对银行战略的理解、对服务的理解、对风险的理解，商业银行企业文化是银行的基因，决定了大多数银行的行为特征和经营方向。

从历史的眼光看，商业银行的企业文化是随着商业银行的成长，逐步形成、逐步成熟、逐步发展进化的。在银行刚成立的时候，董事长可能就会有意识地着手进行企业文化的塑造，但在企业发展初期，银行的共同价值观和行为准则处于形成过程中。随着银行的深入发展，通过制度的建设和管理的磨合，银行的共同价值观、经营理念等开始逐步形成。随着银行走向成熟，全体员工特别是主要领导对银行经营认识的深化，银行的企业文化逐步走向成熟。银行的企业文化是与时俱进的，当监管环境、竞争环境、科技环境发生重大变化的时候，当银行主要领导对银行业所处市场和银行业的发展方向有新的认识的时候，银行的高管层会主导对企业文化进行重塑。

对整个银行业而言，与企业界一样，认识到企业文化的重要性也有一个过程。在企业经营顺利的时候，例如，在过去银行业资产规模和盈利快速增长的时候，银行往往忽略了企业文化的建设。在企业发展遇到困难的时候，银行的高管层更倾向于从经营理念、经营哲学、风险文化、服务理念等方面进行反思，进而更加重视企业文化的建设。

在重视企业文化的同时，我们也不应该夸大企业文化的重要性。一是我们在重视企业文化对发展战略的映射关系的同时，也不能以企业文化代替战略的闭环管理。对于个人而言，基因将在很大程度上决定其面貌和行为特征，但不可否认的是后天的自我管理和自我修炼也具有极端重要性。对于企业而言，尽管企业文化会影响其发展过程、行为特征，但企业绝不能一味地强调企业文化，而忽视战略管理和其他日常管理的改进。实际上，企业文化的建设与战略管理是相辅相成的。企业文化影响企业的运营方式，就是企业文化所推崇的理念、经营哲学转化为战略，并逐步落实的过程。战略管理需要企业文化，企业文化也需要战略管理。二是我们在重视企业文化对银行经营管理促进作用的同时，更应该认识到，银行的企业文化也要靠管理行为来宣贯。张瑞敏在分析海尔的成功原因时，特别强调企业文化的作用。专门研究海尔的管理学专家，通过深入分析其经营业绩和成长经历，认为海尔的成功有众多因素，但企业文化的作用非常突出。海尔企业文化在其发展过程中肯定发挥了重要作用，但最初海尔走上正轨靠的是有效的管理，企业文化是在管理经营实践中逐步形成的。企业文化依靠管理形成，依靠管理来宣贯，依靠管理来深入人心。等到企业文化深入人心之后，才能脱离制度而产生约束力。三是在认识到企业文化牵引日常经营的同时，我们更应该认识到，没有市场的精耕细作，就没有企业文化的深入人心。商业银行的企业文化再精致，也不能代替具体的、专业化的经营逻辑判断。同时，银行的企业文化一定是建立在实实在在的经营业绩之上的。对于常胜之师而言，你可以谈企业文化。对于一个没有业绩的银行而言，企业文化的重塑会非常困难。因此企业文化的重塑和业务的改善不能割裂。

习近平总书记在主持中央政治局第十三次集体学习时要求，深化金融供给侧结构性改革，增强金融服务实体经济能力。金融供给侧结构性改革的要旨，在于通过改革开放、制度创新、机构优化，从根本上优化金融对实体经济的支持。金融供给侧结构性改革对商业银行提出了新的要求：一是要求商业银行顺应创新、创造、创意的大趋势，推动金融服务结构和质量转变，提升服务实体经济的精准性。二是要求商业银行端正发展理念，坚持以市场需求为导向，积极开发个性化、差异化、定制化金融产品，改进小微企业和"三农"金融服务。作为地方党委、政府联系广大企业和群众的重要金融桥梁和纽带，内蒙古银行要紧跟金融供给侧结构性改革的步伐，加快业务创新、管理创新，努力提升对实体经济的服务能力，着力把内蒙古银行打造成客户信赖的区域性精品银行、服务政府的贴心银行、助力小微的伙伴银行、普惠城乡的责任银行。内蒙古银行始终把利用金融手段服务党和国家战略、助力地方经济发展、增进草原民生福祉、推动社会进步、满足人民群众对美好生活的新期待作为崇高使命和最高价值追求，正确处理自身发展、员工关切、股东期望和社会责任的关系，不忘服务实体经济的初心，践行普惠金融的理念，始终把服务社会放在首要位置，切实保护金融消费者合法权益，登高望远，守望相助，为区域经济社会发展贡献力量。

本书从中小银行企业文化存在的问题入手，认为中小银行存在对企业文化认识不到位的问题，有的银行认为商业银行企业文化建设将影响正常的经营；有的银行领导将银行企业文化建设等同于思想政治工作。在企业文化建设和宣导方面，有的商业银行认为企业文化是用来宣传的，没有系统的宣导规划；有的则认为企业文化建设是党群工会部门的事，不能全员参与企业文化；有的银行将企业文化的宣贯与管理和经营行为割裂。在品牌管理方面，有的商业银行不能合理地制定品牌规划，或在品牌规划制定之后，不能一以贯之地执行，在品牌受到重大负面信息影响时，不能采取恰当的措施。

本书论述了企业文化提炼的一般性规律，提出企业文化提炼必须结合企业的历史沿革情况、结合当地的差异化文化，结合利益相关者访谈，提炼企业的愿景。根据市场情况和本行的优劣势分析，明确市场定位。根据对本行固有文化的分析，提出优化改进的方向。

本书阐述了企业文化宣贯的一些做法。将企业文化所提炼的关于经营理念的认识，通过企业的经营策略、营销指引、授信政策等进行传导；将企业对绩效的看法，融入绩效管理过程中；将企业的发展观融入对激励政策的设计中；将人才观融入干部选拔任用的实践和激励约束的设计中；将风险观融入风险管理实践中；将营销和服务观融入营销实践中。更进一步地，本书探讨了战略转型对中小银行企业文化的特殊要求。

要紧跟金融供给侧结构性改革步伐，就要不断加快业务创新和管理创新，更重要的是实现商业银行经营管理理念的升级，实现企业文化重塑。中小银行要结合金融供给侧结构性改革要求，结合创新发展的主题，进一步梳理、提炼全新的价值准则、发展方针、管理理念、工作理念、业绩观、风险观、创新观、团队观、人才观，特别是提炼全新的信贷文化、合规文化、服务文化。通过企业文化的有效宣贯，积极打造战略中心型组织、创新型组织、学习型组织。通过企业文化重塑，争取在新的历史时期，为经济高质量发展作出应有的贡献。

企业文化是中小银行基业长青的根本，而企业文化要与经营管理各个环节深度结合，通过各个层面相互支持，文化制胜也将从理念转变为现实。为此，我曾作诗一首——《综合施为兴企旺》，诗曰：

任务在肩何以成，深思熟虑务实行。

登明公选用良将，远举贤识重大能。

执手同仁齐努力，相携僚属共躬耕。

分明罚赏张活力，度势审时达鼎新。

当前，中小银行仍处于战略迷茫期，在此时期，广大中小银行的管理者将会越来越重视企业文化的重塑。希望本书对广大中小银行有所助益。限于水平，错漏之处在所难免，请广大同业专家批评指正。

目　　录

第一章　商业银行
企业文化领先实践解析①

商业银行的企业文化是与时俱进的。领先银行在企业文化实践中，探索出很多行之有效的做法，关于商业银行企业文化的研究也在不断地推进。这些都为中小银行重塑企业文化提供了可以借鉴、参考的思路。

第一节　国外银行领先实践解析

国外银行中，花旗银行、富国银行在企业文化建设方面卓有成效，对中小银行开展企业文化重塑，具有很多方面的启发。

一、花旗银行企业文化领先实践

花旗银行的长盛不衰，反映了其卓越的企业文化，也是其卓越的企业文化作用的结果。对花旗银行企业文化的解读很多，笔者抱着管中窥豹的态度，将花旗银行企业文化的突出之处概括为以下三个方面。

（一）一以贯之的人才观

自成立伊始，花旗银行逐步在经营实践中形成了尊重人才、重用人才、以人才为本的人才观。一是花旗银行尊重专业管理人才的价值，其 CEO 的高薪在金融界是非常知名的。二是花旗银行重视感情留人，也注重待遇留人，更重视事业留人。感情留人方面，花旗银行强调营造亲情化企业文化氛围。待遇留人方面，花旗银行的待遇非常具有竞争力。事业留人方面，花旗银行注重人才的培养和使用，他们没有国内银行常见的论资排辈的现

---

① 本章所提到的各家银行领先实践是从公开资料中整理、提炼形成的。

象，凭业绩、能力决定职位。刚毕业的本科生、研究生，经过较短的时期就能够升任副经理等职位。

（二）一以贯之的服务观

花旗银行能够深刻认识金融业的服务业特征，始终将服务客户放在突出位置，始终强调以客户为中心的服务理念。花旗银行强调高质量的服务，强调通过细化服务标准来确保服务质量，通过高质量服务来塑造品牌。经过长期努力，无论是消费者还是金融同业，都认为花旗银行就意味着卓越的服务能力、高质量的金融服务以及以客户为中心的服务理念。

（三）一以贯之的创新观

花旗银行基业长青还依赖其一以贯之的创新观。花旗银行格外推崇产品、业务模式的创新，强调科技的应用。在供应链金融产品、交易银行、开放银行等很多我们所关注的领域，花旗银行是先行者。不断地自我革新、自我否定，成就了花旗银行的传奇。

二、富国银行企业文化领先实践

富国银行是国际银行业中具有鲜明特色的一家银行，富国银行鲜明的特色正来自其鲜明的企业文化。

（一）战略坚定性

富国银行给外界的印象最深的莫过于其小微企业业务。同时，富国银行一度曾是全球市值最大的银行。实际上，这两者之间是有联系的。正因为富国银行能够差异化地选择客户定位，并且做到了战略的坚定性，才能够成就其价值。基于对小微企业客群的深刻理解，富国银行开展细分客群，分层营销。围绕小微企业，建立了针对性极强的产品体系和业务流程。在国内银行刚刚开始大数据管理探索的时候，富国银行利用大数据精准营销客户、精准推送产品的水平已经非常高。围绕小微企业客户，富国银行大力推动交叉营销，力争使单个客户的综合收益最大化，并通过科学的设计考核机制，确保小微客户交叉营销理念的效果。

（二）先进的风险管理理念

富国银行不但经营理念具有独到之处，风险理念也比同业更为先进。

主要表现在，富国银行在20世纪90年代就开发了信用评分模型，开发了小企业信用评分系统。此后，富国银行的风险模型不断升级。更为关键的是，富国银行能够运用大数据，努力在风险与收益之间取得最佳平衡。

（三）从业务经营走向资本经营

富国银行的经营哲学中，不仅非常重视业务经营，也非常重视资本经营，它习惯于通过高频并购实现战略目标，富国银行的发展史就是一部并购史。通过并购，富国银行打造了完善的分销系统。通过并购，富国银行打造了不同的战略板块和利润中心。通过并购，富国银行实现了综合经营体系，大大提升了企业价值。

第二节　国有大型银行和股份制银行企业文化建设的领先实践

作为我国金融业主体的国有大型商业银行，也都非常重视企业文化的建设，并将企业文化建设作为提升核心竞争能力，打造百年老店的重要依托。

一、中国建设银行企业文化领先实践

中国建设银行在企业文化提炼和宣贯方面，有一些督导的做法。基于上述认识，建设银行将推进企业文化建设的总体战略思路和基本框架纳入《发展战略规划》和《管理改革总体规划》之中，并对企业文化建设进行专门立项。明确提出建设银行企业文化建设的基本目标，坚持不懈地实施企业文化战略，不断提升核心竞争力，把建设银行办成最具有价值创造力的现代商业银行。建设先进的企业文化，重在付诸实践，贵在渗透于经营管理之中，功在内化为思维方式和行为习惯。为此，建设银行作了积极的探索与实践。

（一）企业文化宣贯实

建设银行在企业文化宣贯过程中注重实现员工对企业文化的理解，从而将企业文化建设转化为员工的自觉行为。一是通过回顾建设银行的发展

历史，通过了解建设银行在中国经济腾飞过程中的作用，特别是一些重大项目的参与情况，增加建设银行员工的自豪感，增加广大员工传承精神财富的自觉性。二是坚持典型引路。通过宣传建设银行系统内案件防控、文明服务、资产经营、经营效益等方面的先进分支机构，展示企业文化、精神力量对于经营的作用，引导广大员工向先进机构看齐。三是通过深刻分析国际国内经济形势、金融市场形势、竞争形势，特别是深入分析新时代的特征及金融科技带来的重大变革，引导广大员工充分认识将企业文化建设融入战略的必要性。四是通过深入分析中外典范企业的管理经验，分析企业文化建设与核心竞争力提升之间的关系。引导广大员工自觉地参与企业文化，并依靠集体的参与塑造企业文化。

（二）核心价值观落地实

建设银行在推动价值最大化理念落地过程中，不是依靠空洞的说教。一是建立利益相关者理念，对监管者、客户、股东、员工几方的利益诉求进行深入分析，并尽可能体现在发展观之中。通过教育培训，使员工充分认识到银行效益是实现股东回报、客户效益、员工发展的有机统一。二是利用现代商业银行的管理思想实现相关者利益的统一，实现价值最大化理念的落地。主要是通过投入产出分析、绩效评价、资源配置、资本配置，矫正重速度、轻效益，重扩张、轻质量，重发展、轻风险，重短期收益、轻长期效益，重局部利益、轻全局利益的发展模式和发展思路，树立通过稳健发展实现价值的发展理念。

（三）风险管理文化宣贯实

建设银行注重风险管理文化的塑造，一是建设银行较早按照《巴塞尔协议》的风险管理框架，推进全面风险管理体制建设，将国际银行业较为成熟的做法引入国内。二是培养基于专业能力的风险经营能力，形成风险经营思想。建设银行较早提出了风险经营的理念，并通过提升员工对于经济、产业行业的专业判断能力，实现动态化的风险经营。三是注重通过研讨活动、培训活动以及风险管理文化建设活动，使全行员工的风险观念得到统一。

（四）服务文化宣贯实

建设银行服务文化的宣贯非常有成效，在强化以市场为导向、以客户为中心的服务文化建设中，重创新，出实招。一是强化服务文化从高层做起，建设银行推出一项活动，由总行和分行的中高层管理者担任首席客户经理，针对战略客户、重点客户提供量身打造的服务方案，提升服务的质效。这一活动的开展，不仅给客户带来不一样的体验，而且对管理者的服务意识是一个重新的塑造。二是以特色化服务品牌塑造为切入点，以产品创新和产品线建设为抓手，提升服务能力。近年来，建设银行推出了多款有竞争力的卡产品、小微企业贷款产品、交易金融产品、线上化消费金融产品，塑造了独特的品牌，给金融消费者留下了很好的印象。三是建设银行通过不间断开展"文明规范服务""青年文明号""文明单位""文明行业"等活动，宣贯服务文化。四是制定与服务标准相一致的奖惩制度，通过制度强化、固化服务标准。

二、招商银行企业文化实践

招商银行用 20 余年的时间，完成了从蛇口走向全国，从区域性小银行走向全国性上市银行的历程。在此过程中，招商银行的文化内涵和外延以及内容和形式都与时俱进，不断得到充实和提高。

（一）因势而变，塑造战略领先优势

在招商银行的发展历史上，根据政治、经济、社会、技术等内外环境的变化不断地因时而变，不断地下出战略先手棋，力求做到早变革、快变革，不断地塑造战略领先优势。招商银行较早地提出零售战略，并坚定地贯彻。较早开始探索利用科技优化金融服务，先于同业看到卡业务在零售业务板块中的价值，先于同业看到金融科技在战略落地过程中的价值，先于同业看到了私人银行业务的价值，先于同业实施战略方向的微调，在价值银行打造过程中，处于同业领先位置。

（二）创新基因，薪火相传

招商银行战略上的先行者形象是通过不断创新塑造出来的，创新基因大概是招商银行企业文化中最突出的特点。招商银行的一卡通、国际标准双币信用卡都是业内有名的创新案例。近年来，招商银行率先提出了要打造金融科技公司，在零售战略的主题下，率先提出了 MAU、开放银行等概念，招商银行率先提出移动优先的理念，率先推出了人工智能投顾服务，率先提出将零售业务经营中心从银行卡转向 APP 的思路。

（三）卓越的服务文化

招商银行以客户的需求作为服务的标准，而不是以自己的标准来规定客户的需求。提高服务效率，改善服务质量，丰富服务内容，构建增值服务体系，真正以客户为中心，通过不断地创新满足客户不断变化的需求。近年来，招商银行在零售战略主题下，提出了客户旅程管理、客户体验优化的总体服务理念，探索用大数据的方法，优化客户体验，用大数据的方法研究客户的维护问题。例如，客户下载一个 APP，然后注册登录。在使用过程中，如果在某一个环节之后，客户大量流失，则可以对这一环节进行深入研究，对不足之处进行改进，以期实现 APP 服务功能的完善。

（四）稳健经营，强化风险管理和内部控制

招商银行注重通过风险管理文化的塑造提升银行的整体价值。一是招商银行从战略层面规划风险轮廓，风险管理和战略管理融合较好。二是招商银行较早地推行资产负债比例管理，到后来较早地实施《巴塞尔协议》，不断夯实风险管理的基础。三是招商银行将风险管理文化的精髓通过完备的经济资本配置机制以及严格的合规管理体系融入经营行为。

三、兴业银行企业文化实践

兴业银行从福建起步，发展成为全国性股份制银行。在不同的发展阶段，兴业银行能够对企业文化进行主动塑造，将企业文化和经营有机结合起来。

（一）坚持正确的义利观

兴业银行积极倡导正确的义利观，坚持寓义于利的理念。兴业银行是国内绿色金融的领军银行，是国内首家赤道银行。兴业银行与战略投资者IFC 接触的过程中了解到其绿色金融的有关理念和产品，便立即意识到了绿色金融广阔的发展前景。此后，兴业银行从组织架构上，成立了环境事业部；从产品方面，推出了能效贷款、环境权益金融产品等；从人员队伍上，培养出一支懂金融、懂产业、懂环保的专家；从业务体系上，逐步建立了绿色信贷、绿色投行等门类齐全的绿色金融业务体系。更重要的是，兴业银行有效提炼正确的义利观，提炼关于可持续发展的理念，并通过系统的方法进行宣贯。

（二）提倡经营管理效率优先，构建强有力的"风险文化"

兴业银行是国内银行中，较早从战略的高度提出从严治行的银行，并且把从严治行的理念融入各项制度与流程之中，将从严治行的理念融入员工行为管理的方方面面以及激励约束制度中。为了宣贯从严治行的理念，兴业银行还曾组织了从严治行专题研讨会。从严治行也成为兴业银行合规文化的精髓。

兴业银行的风险文化真正体现了风险经营的理念。我们在实践中经常看到，兴业银行对于重要项目的营销团队中，既有业务人员，又有风控和合规人员。对于复杂业务，还有投行等团队的人员加入。这样的营销团队结构，真正体现了风控和营销的统一，既考虑了效率，也考虑了风险。

（三）坚持"客户至上，服务立行"，打造新型的"服务文化"

兴业银行注重服务文化的培育，较早在行业内提出服务立行的口号。同样地，兴业银行的服务立行不是停留在口号层面，而是非常细致地融入制度、流程中。兴业银行强调服务立行还有三个突出的特征。一是强调服务品牌的建立，我们看到兴业银行在改进服务的同时，服务品牌的塑造也卓有成效。二是强调产品的差异化和个性化。在现金管理产品领域，兴业银行是较早推出行业解决方案的银行。三是兴业银行强调注重细节。服务质量最终要看细节，因此，兴业银行从细节入手提升服务质量，取得了不俗的成绩。

（四）把"创新文化"融入各项经营管理之中，形成灵活的经营文化

兴业银行的创新文化同样突出。绿色金融的推出就是一种创新。兴业银行的投行业务在行业内享有盛名。实际上，兴业银行的同业业务，也是一种经营模式上的创新，即使在强调回归本源的今天，依然能够看出兴业银行同业业务创新的价值。基于 IT 联结的柜面同等都是行业内较知名的创新案例。这些创新案例背后是兴业银行生生不息的创新文化。

第三节　城商行、农商行企业文化领先实践

在城商行中，上海银行和宁波银行的企业文化建设成绩显著，对业务发展也发挥了较好的引领作用。在农商行中，张家港农村商业银行的企业文化建设为业界称道。

一、上海银行企业文化建设领先实践

上海银行践行上海"海纳百川、追求卓越、开明睿智、大气谦和"的城市理念，以及紧贴市场、崇尚精致、创新求变、勇于拼搏的城市特质，形成了有别于其他城商行的独有的气质，这种文化在上海银行打造新型价值银行的过程中，发挥了独特的作用。在企业文化的进化与传承中，确立了"精品银行"战略愿景，秉承"精诚至上、信义立行"的核心价值观。自上市以来，上海银行总资产、净利润保持快速增长，资本实力、资产质量、成本控制保持良好水平，人均创利水平跃居上市银行之首。

一是坚持与实体经济共荣共生的发展理念。上海银行的经营理念为：价值从支持实体经济中创造，价值从服务客户中创造。上海银行积极探索与外部环境变化相适应、与实体经济相融合的发展道路，综合实力明显提升，持续努力为国家推进改革开放、"一带一路"倡议，为长江经济带、京津冀协同发展，为上海国际金融中心建设、自贸区建设、科创中心建设，作出更大贡献。

二是上海银行强调合规的创新观。上海银行坚持合规创新，围绕企业综合金融服务提供商、城市居民财富管理和养老金融服务专家、金融市场领先交易商、在线金融服务提供商的定位积极创新，在非利息收入方面，走在行业前列，积极推进智慧金融服务升级。

三是上海银行强调价值从精细化管理中创造。推进财务管理精细化，以客户最佳体验为核心，致力于提供更专业的产品服务、更有温度的金融关怀；以内部精细化管理为依托，致力于打造更高效的业务流程、更强大的科技支撑；以前瞻经营策略为先导，致力于更敏捷地洞察市场需求、更

精准地满足客户偏好。

四是将企业文化建设渗透于战略规划实施、经营管理活动的各个领域和全部过程。通过企业文化咨询机构的专业人员、工具、方法和经验，进一步修订和完善核心理念和价值观体系。全行领导率先垂范，全体员工积极参与，形成共同推进企业文化建设的良好氛围。充分发挥党、工、团的政治和组织优势，带领党员干部、团员青年及广大员工积极参与企业文化建设。上海银行将战略部作为计划财务部的二级部门，通过企业文化向战略投影，战略向资产负债表投影，真正将企业文化与经营管理结合起来。

五是上海银行形成了有利于处理好各利益相关者关系的稳健、规范的公司治理文化。上海银行是国内最早引入外资的商业银行之一，通过率先引进外资和借鉴国外先进经验，积极开展公司治理实践探索，建立健全"三会一层"公司治理架构，将党建工作总体要求纳入章程，形成了股东大会、董事会、监事会、党委和高级管理层权责分明、各司其职、有效制衡、科学决策、协调运作的公司治理机制。上海银行注重深耕企业文化，促进党建、企业文化、公司治理有效融合、成功入选上证公司治理板块，并被评选调入上证公司治理指数、上证180公司治理指数和上证社会责任指数，反映了资本市场和社会各界对上海银行公司治理的认可。

二、宁波银行企业文化领先实践

宁波银行提出了做令人尊敬、具有良好口碑和核心竞争力的现代商业银行，提出了诚信敬业、合规高效、融合创新的发展理念，以"大银行做不好，小银行做不了"为经营策略，积极探索中小银行差异化的发展道路，持续积累在各个领域的比较优势，努力将公司打造成中国银行业中具备差异化核心竞争力、在细分市场客户服务上具备比较优势的优秀商业银行。以"熟悉的市场，了解的客户"为准入原则，持续深化公司银行、零售公司、个人银行、金融市场、信用卡、投资银行、资产托管、资产管理等利润中心建设，形成更加多元化的盈利布局。

以"区域市场、协同发展"为发展策略，强化以长三角为中心、珠三角和环渤海为两翼的机构布局，持续发挥总分支高效联动优势，积极适应市场变化，及时优化业务策略，确保分支行业务协调发展，不断增强分支行在区域市场的竞争力。以"支持实体、服务中小"为经营宗旨，持续完善产品、优化流程、提升服务，争取在各个业务触点都能为客户提供优质便捷的金融服务，积极支持实体经济发展，不断加大对中小企业转型升级的支持力度，持续提升普惠金融服务的质效。

以"控制风险就是减少成本"为风控理念，扎实落地全面风险管理指引的各项要求，不断完善全面、全员、全流程的风险管理体系，积极适应银行业新常态下风险管理的需要，努力将各项风险成本降到最低，确保公司各项业务稳健可持续发展。以"融合创新、转型升级"为发展方向，长期以来，公司将科技作为银行最重要的生产力之一，加大投入，提升水平。

在企业文化宣贯方面很多银行都采取了讲故事的方式，但是宁波银行的做法更有代表性。宁波银行总结了企业文化的培训宣导方式单一、企业文化的传播渠道有待创新突破、符合企业文化的优秀行为缺少生动直观的展现形式等问题，历时4个月在全行范围内开展"感动宁行·榜样力量"企业文化先进巡回演讲活动，通过先进人物的感人故事传播企业文化，号召向榜样学习，推动价值观引领员工行为。宁波银行认为，好的巡讲活动必须有好的故事，为此，他们通过故事征集、故事提炼、故事升华、故事沉淀四个步骤，开展先进巡讲活动。

三、张家港农商行企业文化实践

张家港农商行的企业愿景：一流区域性商业银行。即立足本地金融，发展区域经济，实行多元一统的区域性经营方略，打造治理有方、竞合有序、监督有效、文化有力的发展新模式，逐步实现"立足张家港、辐射江苏省、布局长三角、面向全中国"的宏伟目标。企业使命：责任立业，金融创优，价值共筑。责任立业：情系"三农"、小微，与客户共成长，引领机制先行；关注社会，服务实体经济，积极履行社会责任。金融创优：立足客户需求，创造客户价值，实现模式创先；加快机制改革，提高管理效能，深化体制改革；发挥独特优势，提高服务品质，传递服务价值。价值共筑：以人为本，致力员工事先自我价值；创造持续价值，协力客户深耕投资价值。核心价值观：伴随你，成就你，真诚问候，主动沟通，细心周到，赢得信任，风雨相伴；尊重个人，换位思考，延展服务，品质保障，卓越成就。企业精神：锲而不舍，领先一步，共同成长，分享未来，以持之以恒、坚韧不拔的积极心态不懈工作，以勇为人先、追求卓越的争创意识奋力前行，以相互助力、至诚相随的赤子情怀共同成长，以协同合作、共赢共进的团队精神分享未来。经营理念：植根地方，助力中小，创新求变。在区域定位上，立足张家港、布局江苏省、辐射长三角、面向全中国；在市场定位上，扶持农工商、助力中小微、服务全方位；在体制模式上，突破旧传统、追求新思维、实现大跨越。发展理念：积极稳健，永续发展，追求卓越，抢抓机遇，稳健发展，科学管理，永续经营，始终坚持做到永不自满，永不懈怠，永不停步。机制本身不是优势，员工的努力加上科学的机制才能形成独特优势，才能促使张家港农村商业银行始终有持久的生命力、创新力、影响力，赢得公众信赖，成就卓越的发展成绩。管理理念：精致高效，审慎灵活，和谐至美，精细地分解战略目标，周密地落实管理责任，确保高效地展开工作；健全内控机制，提升全员素质，灵活应对市场变化；营造和谐环境，协调组织内外关系，构建至诚至美银行。风险理念：效率基于安全，信誉源于品质。每个岗位都要做到以身作则，遵规守纪，按章操作，安全第一，向安全要效率；每条支线都要做到诚信严谨，认真负责，标准专业，品质出众，共同提高信誉；每位员工都要做到主动学习，敬业专注，精细入微，专注客户，努力提升品质。营销理念：敢于超越，勇争第一。耐心听、细心问、留心看、用心记，快速发现客户需求，有效满足客户需求。勇于超越自我、超越同行、超越市场，永远不服输，永远不低头，永远争第一。服务理念：诚心诚意，成就客户。从客户的需求点和利益点出发，以真诚热情的态度为客户服务，做到"笑相迎、礼貌问、双手接、快速办、巧推荐、提醒递、目相送"。人才理念：知人善用，人尽其才，共谋发展。人才是银行最宝贵的财富。我们要建立健全人才选拔、培养、评价机制，做到发现人才，团结人才，使用人才，最大限度地让合适的人在合适的岗位上，用其所长，人尽其才。同时注重激发活力，凝聚人心，让员工有前进的动力，中层有创新的压力，高层有变革的领导力，通过上下联动，无间隙合作，共同创造卓越未来。

张家港农商行企业文化宣贯方面也令人印象深刻。一是在农商行中率先引入 CI 形象策划。2002 年率先引入企业文化理念，进行整体 CI 形象策划，对企业核心价值进行了提炼和建构。2009 年正式推出全行 VI 设计手册，同时进行网点全面规范化改造，展示了全行统一规范的全新形象。二是在员工中开展了文化灌输行动，编写《张家港农村商业银行员工手册》，推广普及企业文化建设理论知识，增强文化认同感，通过举办员工喜闻乐见的活动增强企业的凝聚力。三是拥有良好的以人为本的企业文化。率先实施了员工持股计划，让每个员工手中均有股份，让员工的切身利益与农商行的改革发展成果挂钩，从而激发了员工的工作积极性、主动性、能动性和创造性。高管层采用薪酬和利润直接挂钩的激励办法，有效保证资产质量和规模效益的协同增长。张家港农商行经济效益的持续平稳快速增长，保障了员工的收入水平，吸纳了大批人才，有效增强了张家港农商行持续效益裂变发展的后劲。四是注重品牌塑造。2008 年 7 月，随着跨区域发展和推进上市的需要，张家港农商行启动新一轮名为"超越工程"的品牌塑造工程。五是思路决定出路，行动决定成效。全行上下以"等不起"的责任感、"慢不得"的危机感、"坐不住"的紧迫感、"欠不起"的使命感，树立"发展是第一要务"的思想，把发展作为一切工作的出发点和落脚点，掀起了一股奋力拓展业务的热潮。

第四节　商业银行企业文化建设的经验总结与启示

综观国内外先进银行企业文化实践，我们发现，领先银行在企业文化建设方面具有共性。

一、企业文化是好银行标准配置

我们观察到，好的商业银行都有独到的经营理念，有独特的对市场的认识。前文提到的招商银行，很早就确立了零售业务的战略地位，而且始终坚持。兴业银行，较早地提出了绿色金融的发展理念，目前来看，社会效益非常好。还有前面没有提到的泰隆银行，专注深耕小微金融。这些银行坚定的战略背后，反映出对经济金融以及银行业独特的理解。这种独特的理解也是优秀银行核心竞争力的根本体现。同时，企业文化所包含的发展观、绩效观，以及由此形成的绩效考核机制、人才选拔任用机制，成为银行核心竞争力的最大来源。

二、好银行企业文化建设具有共同特点

从领先银行的情况看，企业文化建设具有三个共同特点：一是在内容方面具有共性。那就是一般都强调良好的服务文化、风险文化、创新文化，一般都强调独特的战略思考和战略的坚定性。二是在企业文化宣贯方面，能够做到与战略管理、制度流程、风险管理、业务创新实践、人力资源管理等的融合。三是就企业文化的效果而言，领先银行的企业文化与经营管理、人力资源管理、风险管理、银行业绩都有着良性互动关系。

三、好银行的企业文化是动态的

从富国银行、花旗银行、招商银行、兴业银行、建设银行几家银行的实践看，其企业文化一方面随着市场环境、经济形势、监管制度的改变而改变；另一方面一些核心的东西一直在存续。好银行企业文化的这种传承与创新，正是它们成为好银行的原因之一，也将会是其基业长青的决定性因素之一。

第二章　中小银行
企业文化建设误区与挑战

随着国际国内金融环境越来越复杂，银行业的整体竞争也越来越激烈，从传统的金融产品竞争、服务竞争和业务竞争，向更宽、更深入的金融文化竞争延伸。但是，就中小银行而言，无论是对企业文化重要性、内涵的认识方面，还是在企业文化建设的管理、宣贯方面，都存在很多误区与挑战。本章重点围绕中小银行对企业文化的认识、企业文化建设及面临的挑战等方面进行分析。

第一节　当前中小银行对
企业文化建设认识上的误区

中小银行企业文化建设的现状，很大程度上源于对企业文化认识上的误区。部分中小银行管理者观念陈旧，认为商业银行经营就是追求利润和规模的最大化，就是拉存款、放贷款，不能正确认识企业文化的重要性，难以准确把握企业文化的内涵和外延。基于这样的认识，自然不会在企业文化的提炼和宣贯上下功夫。

一、对企业文化建设的重要性认识不够

有一句流行的网络用语，世上最难的事情莫过于两件事，即把别人的钱放入自己的口袋，把自己的思想装进别人的脑子。如果中小银行管理者并没有认识到企业文化的重要性，那么企业文化建设的前提就不存在了。

（一）认为企业文化可有可无

从目前来看，国内认为企业文化可有可无的中小银行为数不少。情形

一：部分中小银行的管理者和员工认为银行经营就是追求业绩，全行上下没有人考虑企业文化的塑造问题。情形二：部分中小银行的管理者和员工认为企业文化是虚的东西，对于企业发展没有什么实质性的作用，没有企业文化，企业也照样可以发展得很好。情形三：部分中小银行的管理者和员工虽然对企业文化的作用有一定的认识，但仅仅具有宣传的作用，而并不能提升企业的核心竞争力。情形四：部分中小银行的管理者和员工认为企业文化就是思想政治工作，属于工会等部门的职责。情形五：部分中小银行的管理者和员工认为商业银行要靠业绩说话，企业文化是闲杂事宜，并非专家所言的软实力。

（二）认为抓企业文化建设会影响经营效益

部分中小银行不仅不认为企业文化对银行发展有正面的促进作用，反而认为企业文化建设是中小银行的一种负担，要投入人力、物力、财力，需要额外的预算投入。近年来，随着宏观经济下行、监管趋严等因素的影响，加上金融科技的快速发展，中小银行的经营压力越来越大。在这种情况下，部分中小银行的领导坚定地认为，工作重心应主要集中在业务经营上，将企业文化当作一种负担。部分中小银行的员工更加认为企业文化就是说教，不仅难以解决经营的实际问题，还会占用精力，影响任务的完成。

（三）忽视企业文化建设的系统性和长效性

中小银行企业文化建设是一个系统性、长期工程，但很多中小银行对此没有充分的认识。一是部分中小银行未认识到企业文化建设的系统性。中小银行的企业文化建设需要经过提炼—宣贯—评估等不同的步骤，每一个步骤又需要分解为不同的环节，每一个环节都需要大量的工作。二是部分中小银行未认识到企业文化建设的长期性。中小银行企业文化建设需要与经营管理行为结合起来。通过向经营管理行为的渗透，最终得到固化。这就需要较长时期的持续努力。由于部分中小银行未能充分认识企业文化建设的系统性、长期性，从而使银行的企业文化建设一直处于低水平、低层次上而徘徊不前。这些中小银行管理者没有意识到创新发展不仅仅是经营战略、发展模式的重新选择，更重要的是重构既有的利益格局，意味着资源的重新配置，也是对组织体系和企业文化的重塑。

二、对企业文化建设的内涵缺少正确的认识

中小银行领导和员工对企业文化不够重视，其背后的原因在于不能恰当地认识企业文化的内涵和外延。在错误的企业文化观的指引下，即使中小银行开展企业文化建设，也必然处于相当肤浅的层面。

（一）对内涵理解存在偏差

部分中小银行的管理者不能全面、系统、深入地理解企业文化的内涵和外延，致使以偏概全、理念模糊、操作不得其法。主要表现在：一是将企业文化看作是思想政治工作，认为其主要功能是协助党组织、工会，引导员工的思想。二是将企业文化看作是搞活动，认为其主要功能是通过组织文体活动活跃单位气氛，向外界展示企业形象。三是将企业文化看作是搞宣传，认为其主要功能是树立典型，宣传单位发展成绩，进而提升企业的知名度。

（二）扩大企业文化内涵的作用

与前述认为企业文化可有可无的认识相反，部分中小银行过分地夸大了企业文化的作用，认为企业文化无所不能、无所不包、包治百病、能解百毒，认为所有的经营行为都与企业文化有关，所有的经营策略都要从企业文化入手，所有的企业经营问题都能够通过企业文化加以解决。这种错误认识，从一个极端走向另一个极端，同样是对企业文化内涵的错误认识。基于这种错误的认识，部分中小银行领导对企业文化期望过高，试图通过企业文化建设达到解决一切问题的目的，导致员工对企业文化建设极度反感。

（三）认为企业文化建设仅是领导者的事

与一般工商企业一样，对于中小银行的企业文化，银行的领导具有更大的影响力。中小银行"一把手"的经营理念、对于银行业的理解和认识都将成为决定企业文化的重要因素。领导者的市场观念、时间观念、营销观念、竞争观念等，影响着企业文化建设的质量。正因为如此，部分中小银行管理者错误地认为，企业文化建设不需要员工的参与。同时，在部分员工看来，企业文化是由领导者直接决定和倡导的文化，员工只是被动接

受者。这种错误的认知没有将中小银行管理者的战略思想和主导作用与员工参与的基础作用和主体作用相结合，造成部分中小银行企业文化与员工关联度不紧密，员工参与建设企业文化的程度相对较低，无法准确地把握企业文化的理论具备的内涵，不能正确理解，也没有形成共同的价值观，从而使企业文化在日常的工作中失去其应有的作用。

三、企业文化建设观念守旧、缺乏个性

（一）思想观念因循守旧

部分中小银行的管理者虽然认同企业文化的重要性，但是在提炼企业文化的过程中，表现出陈旧的思想观念。对于商业银行的经营管理还停留在过去 20 年的水平，对于创新、风险等关键领域更是表现出因循守旧、故步自封的特征。而这些银行的员工也长期受领导者思想的影响，失去了变革的动力和勇气，也失去了革新的意愿和能力。对于这一类中小银行，如果不能从管理理念上进行拓展和提升，谈论企业文化建设必然不会有好的效果。

一些中小银行的管理者传统思想观念已根深蒂固，经济效益是这些管理者经营的重中之重，但是建设企业文化并不能带来直接的经济效益，所以企业文化建设往往被忽视。一些中小银行在建设企业文化时，由于管理者过于急功近利，企业文化不切合员工利益趋求和价值观念，与银行自身的发展实际不能做到同频共振，甚至由于过分功利化，导致与企业发展背道而驰。因此，虽然企业文化搞得轰轰烈烈，员工口头表示赞成和拥护，但真正落实到思想和行动上的却不多。因此，加强企业文化建设首先要从思想认识上下功夫，改变员工的固有观念，提高对企业文化重要性的认识，内化于心，外化于行，方能完成转变。

（二）缺乏自身特征和个性

中小银行企业文化建设没有固定程式，每家银行自身情况不同，与之相适应的企业文化也应该具有区别于其他银行的特征和个性。当前经济转型时期，金融业内外部环境发生了巨大的变化，中小银行要建设符合时代特点和行业发展趋势的企业文化，不能人云亦云，一定要摸清自身企业的

特点，同时结合整个金融行业的特征，塑造与自己契合度很高的企业文化。但是中小银行由于对企业文化的理解存在误区，在实践中一般都是"随大流"，把企业文化当成一种企业形象的"时尚包装"，企业管理者则把建设企业文化视为"赶时髦""应景"，成为体现自身领导水平的"标签"，因此在搞企业文化建设时采用拿来主义，生搬硬套，企业文化千篇一律，也发挥不了应有的作用。多数中小银行以总体替代个体，不重视个体特征，推出一些过于形式化、仅体现银行诉求的口号、理念等，对于打造个性化、特色化的金融企业文化不够重视，根据自身情况建设适合本行特点的企业文化少之又少，现实中很多银行在企业文化建设上下的功夫不够深，互相抄袭、千篇一律，甚至普遍有简单模仿的现象，没有按照自身情况量体裁衣，建设能够体现本单位特征的企业文化，创意严重不足。企业文化建设需要充分考虑企业发展情况、发展目标、发展战略、经营策略等本企业的具体情况，然后形成一套能够充分体现企业特征的文化管理模式。因此，脱离自身不同阶段的业绩水平与经营管理的现实，银行企业文化建设实施起来效果不会很理想。

第二节　中小银行企业文化建设存在的问题

随着经济全球化时代的到来，中小银行面临的机遇和挑战不再仅仅局限于原来的地域，竞争对手遍布全球，必须着眼全局，开阔视野、发散思维。因此，建立符合自身性质、特点和发展方向的企业文化，用企业文化来固化目标、引领发展对当今企业高质量发展至关重要。当前，虽然大多数中小银行都已经充分认识到了企业文化建设对于银行事业发展塑造核心竞争力、增强发展凝聚力的重要作用和积极意义，并把建立企业文化摆上了重要位置，企业文化建设对一些银行的发展已经初见成效。但是多数中小银行对企业文化的理解还不够深入，在实践过程中各种问题层出不穷。

一、企业文化建设缺乏系统的筹划

中小银行企业文化直接影响员工的日常思维和工作方式，众多个体的行为加总起来，形成合力，最终体现在中小银行的经营层面，包括中小银行的决策、经营业绩等相关事项。因此，中小银行目标的达成在一定程度上受到企业文化总体规划的影响。然而在现实中，很多中小银行存在企业文化建设缺乏统筹规划的问题。

（一）"文化强企"站位不高

部分中小银行虽然提出了企业文化建设的思路，但如果没有摆脱错误理念的束缚，如果不能充分认识企业文化的战略性、系统性、长期性，则必然不能从更高层面部署和推进企业文化建设。文化强企站位不高的表现：一是高层管理者忙于事务性工作，缺乏对企业文化的战略思考，不知道良好的企业文化渗透于金融行业的一切活动之中。二是不能从文化强企、文化制胜的角度看待企业文化建设，不能从战略的高度部署企业文化建设工作。三是不能将企业文化与中小银行经营的各环节、各层面工作紧密结合。

（二）内部协调不足

在企业文化建设过程中，特别是在不同分行、不同业务板块宣贯企业文化的时候，未能处理好差异性和统一性之间的关系，导致企业文化宣贯效果不佳。

一方面，部分中小银行过分强调统一性，在不同的分行、不同的部门、不同的业务板块，强求一致性、统一性。完全根据总行统一的部署实施，完全机械化地照搬照抄，忽略具体部门之间的差异，这就导致建设出来的文化严重脱离了具体部门的实际情况，导致企业文化失去其应有的作用。

另一方面，部分中小银行过分强调差异性，不同的分行、不同的部门、不同的业务板块宣贯企业文化，变成了各行其是。结果导致总行要求宣贯的企业文化走样，企业文化建设效果大打折扣。

二、企业文化建设理念与银行发展实际脱节

（一）缺少总体的目标理论指引

我们从中小银行的实际情况观察，部分开展企业文化建设的中小银行对企业文化建设的规划性不够。一是部分中小银行企业文化建设的目标不

明确。中小银行企业文化建设需要解决的长期问题，需要扭转的不良风气，都没有考虑清楚，盲目上马企业文化建设项目。二是部分中小银行企业文化建设没有相对成熟的方案。部分中小银行上马企业文化建设，并没有针对本行情况进行系统的梳理和解析，没有形成步骤清楚的方案，因此，在具体执行过程中想到哪做到哪，其结果可想而知。三是部分中小银行启动企业文化建设项目，对自身的困难估计不足。例如，某些中小银行的分支机构，有各自的人员构成、经营状况、地区人文的特征。特别是有的城商行在分支机构设立过程中，按照本地化原则招聘高管和员工，导致不同的分行存在不同的亚文化，有的分行高管从监管部门调入，有的从工行、农行、中行、建行四大行调入，有的从金融办等政府机构调入，他们调入之后，形成了不同的亚文化。类似这种情况下，需要在招聘之后，进行企业文化的固化。但由于当时的工作重点是拓展业务，因此，后续待亚文化形成之后，再进行企业文化重塑有较大的难度。

（二）银行管理与企业文化脱节

部分中小银行存在企业文化建设与银行经营管理两张皮现象。主要表现在，企业文化提炼过程中，并未充分考虑经营管理中存在的问题和经营管理的效果，盲目地堆积时髦词汇，盲目地借鉴领先银行的经验。想做一道"佛跳墙"，最后结果是"四不像"。企业文化提炼之后，并不能融入中小银行的战略规划、风险偏好、经营政策、营销指引、制度流程，并没有影响中小银行的经营理念和模式、业务选择和行为模式，且没有宣贯的实招。由此造成部分中小银行企业文化建设看似红红火火、轰轰烈烈，实则不知所云、毫无效果。违背了企业文化建设的初衷，完全失去了企业文化建设的真正意义。

（三）缺乏员工参与意识

当前，一些中小银行的基层管理者错误地认为，在企业文化的建设中，管理者在其中起着主体作用，并且主导着企业文化的走向，忽略了全体员工作为企业主体、文化建设主体的动力作用。在中小银行企业文化建设实践中，在企业文化提炼阶段，广大员工不积极参与。而企业文化建设的组织者，也没有要求和动员员工的广泛参与，由此，所提炼的企业文化纲领，未能反映员工心声。在宣贯阶段，未能考虑员工的特点和工作性质，未获得员工的认同与响应。

员工是企业文化塑造的主体。如果员工是服务客户的主体，员工是转型的主要推动力量，员工也是创新的主要实践者。部分中小银行的企业文化建设，完全走上层路线，针对一定层级的管理者进行访谈，开展宣贯，这样的企业文化建设注定失败。部分中小银行从形式上也开设了员工信箱、员工论坛，但对员工的诉求不理不睬、不闻不问，这样的企业文化也注定只能挂在墙上。

三、企业文化和制度建设理念不匹配

中小银行所秉持的经营理念、经营哲学要融入经营管理各项制度中，才能够发挥作用。但就实际情况而言，相当比例的中小银行企业文化和制度建设没有互动，企业文化建设和制度建设是平行的两条线，存在未能将企业文化建设纳入制度管理体系中、企业文化配套制度落实不到位等问题。

企业文化的作用是无形的和无法度量的。就像一只"看不见的手"用道德的力量、信念的力量和心理的力量互相贯通、促进，用软约束调节着员工的行为。但需要看得见的制度管理来融合。在开展企业文化建设工作时，有些中小银行领导对于将企业文化融入各项经营、管理制度的思路并不清晰。有些中小银行制定了以业绩为导向的物质奖励制度，但这些制度游离于企业文化之外，侧重于物质刺激，注重短期效应，忽视文化熏陶、精神引领，制度建设缺乏职业认同感、成就感和归属感。虽然短期内调动了员工的积极性，对业绩增长起到"强心剂"的作用，但由于与企业文化不匹配，甚至相背离，使得员工长时间得不到精神理念方面的指引，员工依赖物质层面的奖励，一旦物质刺激效应失去，长此以往反而影响到了员工的个人积极性。

除了要将企业文化融入各项经营管理制度之外，为了推动企业文化落到实处，中小银行需要制定相关配套的制度。比如，企业文化纲领、企业文化、员工行为守则、行为公约等。对于部分中小银行而言，企业文化相关配套制度也处于零散状态。

四、企业文化建设形式化表面化

目前，一些中小银行的企业文化创建还停留在相当肤浅的层次，把企业文化建设局限于传统的思想政治工作，形式主义倾向严重，对于企业文化建设急于求成，缺乏实践支撑。

（一）局限于传统方式

由于历史的原因，国内银行的企业文化建设多半以政治思想工作的形式出现。以至于目前很多中小银行在管理中，仍存在以政治文化取代企业文化的倾向。从内容上看，除了照搬照抄文件之外，没有任何体现行业特征、本行特征的独到思考；从形式上看，仍然以会议宣读、政治学习等形式进行说教。其效果差强人意。

（二）形式主义倾向

部分中小银行在企业文化建设过程中，形式主义倾向浓重。把企业文化建设异化为一定数量的座谈会、启动会、调研会，把企业文化宣贯异化为演讲比赛、印刷手册、张贴宣传标语、组织文体活动。内容表面化、形式化、口号化，缺乏深刻的实质性的内涵，一般集中于短期经营目标和创新工作，没有升华到文化范畴、上升至战略高度，因此引领作用有限，持续性差。这种形式主义的企业文化建设，不仅浪费了大量的人力和物力，对经营情况没有任何形式的改变和促进，反而引起了员工的极大反感。

（三）急于求成的心态

中小银行企业文化建设是一项复杂的长期的系统工程，要想让企业文化成为员工的自觉行为和共同追求，必须经历一个漫长的养成过程，不可能在一夜之间完成，从规划设计、准备筹划到宣传发动、付诸实施再到发展形成，必须几年，甚至10多年时间才能完成。部分中小银行的管理者急于求成，想在短期内见到效果，这些心态是有害的。许多中小银行管理者一开始对企业文化建设信心满满，但是，由于对企业文化缺乏足够的认识，在建设过程中一旦遇到了阻碍或问题，或一时未能见到明显效果时，则偃旗息鼓，改弦易辙，对企业文化建设的规划进行精简，缩减投入，导致企业文化建设虎头蛇尾。

（四）实践支撑缺失

前文提到的企业文化与制度建设相互割裂，导致企业文化建设缺乏经营管理行为的支撑。其主要有三个方面的表现：一是中小银行所秉持的企业文化相关理念，除了各类口号之外没有任何载体，没有体现在相关的制度和流程之中。二是中小银行所秉持的企业文化相关理念，没有代言人，找不到能够集中体现一类理念的人。比如，没有能够充分承载风险文化的审批官和客户经理，找不到充分体现本行人才观的人才类型，没有体现服务文化的柜员和行长。三是找不到体现企业文化的实操案例，找不到能够充分体现经营理念的案例，找不到能够体现创新文化的创新案例。据此，企业文化仅仅体现在墙上，而未入脑入心。

五、企业文化建设忽视人本文化关怀

中小银行企业文化建设是将企业所秉持的理念融入经营管理的过程。部分中小银行的管理者也因此错误地将企业文化建设当作纯粹的经营管理行为。实际上，企业文化的建设主体和客体都是人，所谓以文化人，恰当地说明了企业文化建设中的人本、人文理念。

（一）企业文化建设忽视员工价值观

目前，一方面，经济全球化后，外资银行渐渐进入我国市场，我国的中小银行面对实力雄厚的外资企业，经营压力无疑是巨大的。这就造成很多中小银行领导者在全面应付竞争过程中，更多的是把人本思想用于客户层面，但是应对外部竞争需要来自企业内部的支持，没有员工的努力，只顾满足客户，显然无法顺利推进业务，不能本末倒置，必须把员工建设摆在最重要的位置，同时，企业文化应该反映多数员工的意志，而不是少数领导的价值观。但很多中小银行企业文化建设忽视员工的价值观，没有遵循"以人为本"的原则，建立以人为本的企业文化体系。

（二）企业文化与人才培养的结合度不高

优秀的企业文化体系中人才培养应该是其核心内容之一，企业文化还应是人才成长和人才队伍建设的重要催化剂。但是，我国很多中小银行缺少建设企业文化方面的专业性人才。同时，很多中小银行在实施企业文化建设时，也未将人才培训和员工成长纳入与企业文化相关体系之中，导致企业文化与人才队伍建设同频共振、相互促进的效应得不到体现。第一，企业文化建设中，对培训员工素质教育方面投入的份额占比不足，部分中小银行顾短不顾长，不作长期打算，只看重短期利益，对企业文化建设没有形成系统的方案。缺乏业务培训和学习的机会，员工的相关诉求得不到满足，导致中小银行留不住人才。第二，企业文化建设中缺乏统一有效的人本管理口号与措施，很多中小银行把企业文化与经营效益联系得非常紧，而对人本建设方面没有系统的规划和指导，最重要的原因在于银行整体目标与员工个体的诉求之间不一致。第三，企业文化建设中缺乏完善而匹配的用人体制文化。在很多中小银行的职位晋升、人力考核等体系方面主要侧重于经营效益，人力资源部门制定的晋升考核规范机制与企业文化不能做到同向发力，容易导致员工缺乏团队的归属感。

（三）企业文化对员工正向激励不足

企业文化说到底是实践的文化，它产生于银行经营管理实践，在经营管理实践中发展和完善，最终又指导和服务经营管理实践。所以，中小银行的企业文化建设就是将提炼出的企业文化精髓，融入经营管理实践的过程。因此，按照银行经营的规律，企业文化的建设是激励和约束两个方面努力的结果。一方面，要通过制度、问责等，强迫员工执行企业所秉持的理念；另一方面，对企业文化执行较好的员工，给予激励。实践中，强调问责的居多，强调激励的较少。

六、品牌塑造的载体作用发挥不明显

企业文化需要通过企业品牌不断拓展文化领域，丰富文化内涵，呈现文化张力。当前，一些中小银行在品牌塑造、管理、推广等方面存在一些突出问题，丰富品牌内涵、提升品牌价值上缺乏有效手段和举措，致使品牌对企业文化传播的载体作用发挥不明显。

（一）品牌管理上的问题

目前，大多数中小银行品牌管理没有形成健全的体系，有的中小银行甚至就没有系统的管理体系和管理理念。很多中小银行品牌意识不高，品牌大多依赖总行打造，基层网点在管理方面跟不上，严重影响了中小银行的形象。中小银行的基层网点一般都是把主要精力放在业务经营指标任务的完成上，银行管理者灌输的思想和理念都是经营指标，根本理会不到什么品牌战略、品牌定义、品牌传播及品牌维护等概念，大多管理者认为这是总分行的事，基层根本不需要考虑，所以一般不会在品牌管理上花费功夫。有一些中小银行也意识到品牌的重要性，在品牌管理方面也做了一些工作，但是系统化程度不高，东一榔头西一棒槌。一些中小银行认为品牌管理就是做广告，设计标识，在各大媒体经常露脸就行了，没有意识到品牌战略中最重要的内容即品牌内涵的建设。由此导致对品牌价值提升和维护认识不到位，措施不到位。另外，大部分中小银行在品牌管理上都没有配置或指定专门的管理部门，品牌管理工作处于零散性、随意性的状态之中，无系统性体系化可言，想到哪儿干到哪儿。再有，相当比例的中小银行品牌管理不成体系，不同程度地存在品牌管理规划缺失以及品牌管理制度、流程、预案的缺失，由此导致管理行为碎片化，品牌管理长期处于低层次、低水平状态。有的中小银行也有建立品牌管理体系的愿望和行动，但是由于上级银行引导不够，基层缺乏品牌管理的经验和理论，只能生搬硬套一些不合基层实际的现成经验以及其他银行的一些做法，对品牌进行管理。

（二）品牌设计上的问题

品牌的设计与定义是品牌管理工作中的关键环节和基础，一个设计优秀的品牌能够集中彰显企业形象和精神状态，是企业对外形象的缩影。中小银行在品牌设计与定义上，一般表现在：品牌定位比较模糊，部分中小银行在设计品牌前没有做细致精准的前期准备工作，仓促行动，对细分市场、品牌战略、市场调研等直接关系到业务成败的准备工作做得不够充分、细致，定位不够准确。品牌没有做到精确定义，反映的是中小银行对自身战略定位的模糊不清。有的中小银行对产品与业务品牌理解得不准确，不清楚与银行整体品牌之间的区别，混淆使用，直接导致在品牌塑造中的定位模糊、不够精确。品牌形象设计的名称、标识及口号等各个元素之间一致性不强，甚至互相不统属、相互矛盾。品牌愿景及口号过分追求高格调，脱离实际，不接地气，与银行业务特点格格不入，各种元素传递的信息不统一，有的甚至不知所云，内容空洞，品牌形象各元素没有品牌核心价值的统领，品牌口号不是企业文化，这一点被多数中小银行忽略，在企业文化建设中过于关注喊口号，没有深刻认识到企业文化的内涵和实质，缺少企业文化内涵的口号无法体现企业的特性，仅仅流于形式，更起不到宣传优化银行形象，提升社会知名度、美誉度的作用。品牌形象设计千篇一律，体现不出自身突出的特色和个性化内容，同质化严重，吸引力不够，不能让群众眼前一亮，只有 LOGO 设计得不同，不能在产品、业态、服务理念等体现企业特色的方面提供足够的辨识度，更谈不上让人看一眼就能留下深刻的印象了。

（三）品牌推广上存在误区

中小银行不注重品牌的塑造与推广，很多中小银行在品牌的设计完成后，对品牌推广不重视，虎头蛇尾，轰轰烈烈地搞了个品牌，在媒体上投放一段时间后，短期内看不到实实在在的效果，就放弃投入，对品牌推广粗放管理，有的甚至不闻不问了。对于品牌推广的载体和渠道，各执一词，品牌推广是做好经营服务、品牌推广是打广告等观点层出不穷，误解严重。

七、营销文化、服务文化、信贷文化、风险文化存在缺陷

（一）营销文化缺乏创新

面对竞争日益激烈的市场，中小银行在营销方面的劣势不断凸显。一是营销文化转变缓慢。银行业传统的以产品为中心的营销理念是根据产品来划分客户，有什么样的产品就推销给客户什么样的产品，这种简单的营销模式无法深层次地挖掘客户潜在的金融需求。当前，大型银行已逐步建立健全以客户为中心的营销体系，而中小银行由于资本实力不足、人才储备较少、科技支撑不完备等因素，营销理念的转变相对落后。二是营销文化缺乏个性和创新。中小银行的营销制度和营销产品大多是借鉴跟风大型银行而缺乏创新，没有形成具有自身个性的营销制度和产品，受制于自身品牌知名度和客户信任度的问题，中小银行无论在负债和资产业务方面付出的成本都要比大型银行高出很多，这严重影响了中小银行的经济效益水平。

（二）服务文化建设存在短板

在当前产品同质化严重的背景下，服务质量的高低是决定中小银行能否提升市场占有率、缩小与大型银行差距的关键环节，但是就目前来看，中小银行服务文化建设存在两个方面问题：一是缺乏先进的服务理念。尽管一再强调以客户为中心的服务理念，但在日常与客户接触的过程中，员工真正践行的仍然是以产品为中心、以本行为中心、以自我为中心，并不能设身处地为客户着想。特别是，大多数中小银行都存在部门本位主义，在服务客户的问题上，后台思维严重，在前台员工心急如焚的时候，后台员工还在慢条斯理地推诿扯皮，这种现象一定程度上是存在的。二是服务文化的机制和体制建设不完善。相较于大型银行，中小银行内部没有形成浓厚的服务意识和风气，对服务文化建设的重视程度不够，在实际工作中也没有进行有效的落实，服务效率低下。

（三）信贷文化亟待完善

信贷文化是指在信贷管理工作中形成的价值取向、行为规范，是企业文化的重要组成部分。中小银行信贷文化的缺失主要表现在两个方面：一是未与客户建立亲、清的关系。部分中小银行缺乏为企业服务的信贷理念，没有真正做到去亲近自己的客户，了解自己的客户，对企业授信的审批往往基于片面的了解，未深入企业调研，了解企业经营管理全过程；也有部分银行的管理者和员工与企业接触过程中，有贪心私心，以贷谋私，搞权钱交易，近年来，因收受企业行贿而落马的银行高管不胜枚举。二是信贷操作缺乏科学的标准。放贷过程中普遍存在的现象是考虑不够长远，只看到眼前的情况，对当下热门的行业放贷零门槛，致使部分行业流动性过剩，其他行业则资金供应稀缺，而在当期国家宏观调控的背景下，这些产业的盈利水平大幅降低，造成银行收入水平的下降以及不良贷款的上升。对眼下实力平平的民营企业置之不理、避之又避，致使中小企业在寻求贷款的路途上举步维艰。

（四）风险管理文化急需改进

一是没有建立业务发展与风险管理的动态平衡机制。银行业是一个周期性比较明显的行业，好的风险文化在于，对青天而惧，闻雷霆不惊；履平地若危，涉风波无患。而实践中，很多中小银行恰恰相反。在经济环境宽松时，往往放松了风险标准，弱化了对风险管理文化的宣贯，由此在业务快速发展的同时，风险快速累积。而在经济环境严峻的时期，商业银行风险暴露，在业务经营方面，更强调风险防控，不敢轻易拓展业务，宁可不要业务发展。在周期的波动面前，畏首畏尾，进退失据。二是在风险管理机制和体制方面存在漏洞。近年来，银行系统的犯罪案件已呈逐步上升趋势，相似的作案手法重复上演，原因在于部分银行在风控管理的制度建设上存在问题，这就导致一些别有用心的人有可乘之机。三是对员工激励考核不完善。部分中小银行"以业绩论英雄"的共性问题无形中助长了过度承担风险的行为。

第三节　中小银行企业文化建设面临的挑战

当前，我国中小银行面临着企业转型日益加快、竞争日益加剧与文化变革日益多元化的新时代。但是，中小银行由于受规模限制，在企业文化建设上，还处于起步阶段，与现代企业管理的文化内涵建设要求还存在很大差距，中小银行企业文化建设的短板和先天不足也成为制约发展的重大因素之一。而当今世界优秀管理理念与国内外成功企业的实践无不表明：企业文化与其生命力和成长高度息息相关，但新的历史时期，企业文化建设也面临着前所未有的挑战。

一、战略迷茫期对中小银行企业文化建设的挑战

当前，在内外部环境的冲击下，相当比例的商业银行特别是中小银行正处于战略迷茫期。对于银行的发展方向、竞争优势产生了一定程度的怀疑。在这种情况下，是否需要开展企业文化建设、如何开展企业文化建设等问题，都困扰着中小银行的管理者。

（一）企业文化建设缺乏规划，见异思迁

企业文化建设是一项长期而又复杂的系统工程，必须设立长期的战略规划，不可能一蹴而就，一旦确立规划目标，就要矢志不渝，一直传承和

发展下去，历经企业发展的阵痛和外界复杂因素的考验，依靠几代人的艰辛努力，才能真正把一个优秀的企业文化建设成功。一些中小银行虽确立了企业文化建设的战略目标和路径，但是执行力不够，容易受到外界因素的影响，不能一以贯之、执行到底，一旦短期内看不到企业文化的功效，或者外部环境发生变化，企业经营遇到困难，很容易中途放弃，走回原来的老路。也有的中小银行经历管理者的更迭，管理观念上不能得以延续，发展理念与已经确立的企业文化存在很大的分歧，甚至存在冲突，造成了企业文化建设无法坚持和发展，有的甚至完全被推翻，这样的短期行为严重影响了企业文化建设的实施和执行。企业文化建设不能做到一贯而终，缺乏延续性和稳定性，不仅失去企业文化建设的意义，而且也让员工无所适从，对企业失去信心和依赖。

（二）企业文化建设固守陈旧，缺少创新

一些中小银行管理者传统观念顽固，存在严重的路径依赖，固守陈旧的思想观念、多年来发展的一贯模式和过去取得的成功经验，在企业文化建设中新壶装老酒，换汤不换药，企业文化包装得高大上，其实讲的还是老一套观念，没有对传统的经营管理理念进行创新，缺乏前瞻性的布局规划，企业文化实则没有生命力、创造力和感染力，有的甚至成了银行发展的桎梏和枷锁，不但起不到正面促进作用，甚至阻碍了银行的发展和壮大。有的中小银行虽有企业文化的规划布局，但对企业文化思考的深度不够，不能充分结合企业的发展特点、资源优势、区域情况等因素，找到适合自身的定位和方向，企业文化存在同质化倾向，不能够完全契合银行的发展实际，使得企业文化偏离银行的发展轨道。每一家企业的文化都应该根据企业的个性量体裁衣、量身定制，这样的企业文化才能为企业注入发展动力，启动提速增质的新引擎。

（三）企业文化建设盲从潮流，标新立异

企业文化必须适应形势的发展，在实践中不断创新，在社会发展大潮中不断完善和成长。但是企业文化的发展创新并不是改变其核心价值观和发展战略，当前，一些中小银行在企业文化建设中，被层出不穷的新名词、新理念、新模式诱惑和裹挟，在缺乏理论指导的前提下，企业文化转型建设刚起步、根基未稳之际，又为了赶时髦、逐潮流，"依葫芦画瓢"，把已经初有成效的企业文化推倒重来，如此每隔几年就要重新塑造企业文化，不仅影响了业务发展，也引起了广大员工的反感，这样的企业文化建设必然失败。

二、"80后""90后"员工占比上升对中小银行企业文化建设的挑战

随着"80后""90后"员工在中小银行中的占比不断上升，他们身上的个性特征是现代金融企业文化的丰富和补充，为企业文化带来了新鲜元素，标记了时代特征，同时也不断地挑战着传统企业文化的建设、传承和发展。

（一）企业文化的固有观念与年轻员工的诉求难以契合

当前"80后""90后"逐步成为中小银行发展的主力军，他们对物质需求的重视程度有所下降，反而对实现自身价值更加看重。由此导致对个体与企业文化之间的契合程度，对自己与企业价值观、思维模式、行为模式要求更多了。企业原有的过度管理、堆砌模式、要求下属不断汇报工作进度、狼性文化、感恩文化等，在年轻员工看来是很难理解和极为反感的。因此，中小银行企业文化重塑过程中，要充分考虑"80后""90后"员工的诉求。

（二）企业文化的趣味性不足，对年轻员工吸引力不足

当前，智能手机助力各类新媒体的崛起和兴盛，各种非主流文化逐步充斥和占领年轻员工群体，若不加以正确引导，必将成为制约新时代企业文化建设的最大障碍和挑战。现代互联网文化之所以有如此大的吸引力，最主要的还是体现在其趣味性上，各类网络游戏、视频、明星八卦等娱乐文化极易吸引年轻群体的注意力和眼球，尤其是便捷趣味的手游，更易让年轻人从虚拟世界中寻求到自身价值和成就感。因此，新时代中小银行企业文化建设一定要在趣味性上做文章，文化建设者一定要把握企业文化现实性和贴近性的优势，用身边的人和事以及更为现实的价值体现来吸引年轻群体参与其中，不断激发企业文化的生命力和活力，把年轻群体从互联

网世界带回现实文化之中。

（三）企业文化没有充分尊重年轻员工的特性

部分中小银行在开展企业文化提炼时，特别是发放问卷、召开座谈会时，没有将年龄因素考虑在内，只是随机地发放问卷或选择参会代表。由此，造成提炼的企业文化得不到年轻员工的认同。根据实际经验，青年员工对银行的发展方向、发展思路，以及对人才观、风险观、服务观的认识与其他年龄段的员工有差异。

对于企业文化宣贯而言，针对年轻员工的宣贯措施应该与中年员工的措施有所差别。例如，我们如果要采用树立典型的方式来宣贯企业文化，则要充分考虑适合的群体。

三、金融科技发展对中小银行企业文化建设的挑战

近年来，金融科技迅速发展，其影响有目共睹。一般而言，技术的进步在改变生产生活方式的同时，也会改变人们的观念。金融科技的发展正是如此，既然它已经改变了银行经营管理的方方面面，那么它必然会反映到银行经营管理有关的理念之中。具体表现在，金融科技公司、互联网金融公司通过实践提出了不同于传统银行的经营理念和认识，金融科技的发展对传统的经营理念、经营哲学形成了挑战，也冲击着人才观、创新观、风险文化、服务文化。同时，互联文化已经渗透进我们生活的各个领域，特别是对文化领域的影响极大，对文化建设的挑战不可忽视。

四、多元化社会观念对中小银行企业文化建设的影响

长期以来，个别中小银行受到不良社会思潮的影响，形成了一些消极的企业文化。特别是近年来内外部环境的急剧变化，给中小银行企业文化建设带来了新的挑战。

（一）庸俗职场文化对中小银行企业文化建设的影响

随着现代经济社会发展，在现代企业成长和发展中，形成了一些庸俗的职场文化，成为中小银行开展企业文化建设的障碍。比如说，部分中小银行的员工一味顺从上级，一切工作围绕满足领导展开，独立思考能力欠

缺，没有积极的权利意识。部分管理人员利用手中的资源分配权、考核权打压有不同意见的员工。这就为一些庸俗的职场文化传播提供了土壤，很多银行形成了"唯行长是从""领导说了算"等畸形庸俗的上下级关系和混乱不明的工作氛围。在庸俗职场文化的影响之下，部分中小银行提拔干部不看能力与业绩，而是看背景与关系；部分客户经理陪客户不多，陪领导不少；部分部门负责人遇到任务，拈轻怕重、欺上瞒下；个别中小银行仍然存在"跑官要官的人提拔重用，埋头干活的人原地不动"的现象。凡此种种，由于庸俗消极的文化已然形成，要进行重塑必然会困难重重。

（二）经济全球化对中小银行企业文化的影响

在中小银行企业文化建设中，不仅面临着转型发展的诸多困境，同时，中国正处于新一轮对外开放的起点，开放的主阵地正是金融业。而中国的银行也要"走出去"，在不同监管制度的管辖区内设置分支机构或子公司。由此，可能在同场竞技、业务往来和股权结合过程中，面临外资银行企业文化的竞争与冲击。例如，一些小银行引入了外资股东，在公司治理文化、经营理念、经营哲学、服务文化、风险文化方面都存在一定程度的冲突。又如，中国的股份制银行在海外设子公司的已经为数不少，即使城商行在海外设立了子公司、代表处、办事处，由于监管环境不同，管理理念、合规理念难免受到冲击。特别是，有海外雇员的子公司，在人力资源管理、工作作风等方面一定会遇到不同于国内的情形。在开放的环境下，中外资银行同台竞技，背后实际上也存在一定的文化竞争。

第三章 商业银行企业文化的提炼、提升与创新

中小银行能够在竞争激烈的行业中稳定、健康、持续地发展，优秀的企业文化是其内在的动力，企业文化的提炼与提升就像在回答一个人一生的终极哲学命题一样，它要解决的就是"企业从哪里来""企业要到哪里去""企业怎么去"三个问题。中小银行的企业文化一定是来源于企业自身的实践，而非"凭空创造而来"，正如同管理界一句关于企业文化的俗语所说：滴水成河，聚沙成塔。文化非一朝一夕而成，乃是由点滴行为、习惯及至传统渐渐累积演进而来的。所以企业文化并不是凭空而来的，我们可以通过提炼、整理、优化而成。在这其中，如何对文化进行提炼便成为关键。我们需要运用科学有效的工具，在中小银行所处的时代背景下，在其发展的历史进程中，提取其中演变的文化要素，以回答上述三个问题。

第一节 中小银行企业文化提炼与提升的总体要求与基本原则

在经济全球化、金融信息化、商业银行经营混业化、金融产品和服务同质化叠加的背景下，我国金融行业得到了空前的发展，中小银行如雨后春笋般快速成长，同时各家银行的竞争不仅停留在产品和服务上，更体现在企业文化的竞争上。优秀的文化来源于企业自身的实践，而非"凭空创建"。

一、中小银行企业文化提炼总体要求

中小银行的企业文化提炼和重塑的总体要求，就是能够对社会大众和

银行员工清楚地阐述两个问题：我们从何而来，我们要到何处去。这就对中小银行的企业文化提炼提出了以下要求：

（一）纵观企业历史提炼其核心文化要素

一个企业历史书写的起笔，也是它文化产生的开端。企业发展过程中关键的人和事、重要节点，笔笔镌刻于其历史年鉴中，并塑造成就了企业的今天。而文化作为信息、知识和工具的载体，它是企业历史发展的映照。对于文化而言，缺乏历史的坐标，也就失去了立足的支撑和依据。我们要提炼其精华，准确生动地为大家展示我们从何而来。

（二）把脉行业特点，提炼其独特的行业文化要素

近年来，随着宏观经济增速的下行，商业银行利润增速放缓，再叠加利率市场化加速、金融脱媒加剧、互联网金融新业态参与银行业竞争和行业准入的限制放宽等因素影响，商业银行经营面临诸多全新的挑战。我们要提炼在经济处于新常态下的行业文化特色因子。企业文化要适应时代发展的节奏，满足时代发展的要求。

（三）查考地域人文因素

地域文化是在经济社会发展、区域的环境和地域的历史传统共同作用下的综合产物，其中区域环境的特殊性又在扮演着本源的角色，由于自然环境有区别，进而带来不同的生活方式，而不同的生活方式又影响着精神文化的内容。我国中小银行的企业文化具有浓重的地域性特色，我们要结合银行所在的地域和人文因素，提炼其独有的文化因子。

（四）提炼中小银行的银行家精神

创业时期银行家精神蕴藏在中小银行企业文化中，企业文化在形成过程中会体现领导者自身的精神意志和对企业的理想规划。但是我们不能把它狭隘地理解为这就是"一把手"文化，它是全体员工在企业发展过程中共同形成和遵循的理想信念、道德操守和行为习惯；只有当银行家精神和银行的经营理念被广大员工认同并遵循时，银行家精神才会成为企业文化的重要组成部分。[①]

---

① 约翰·P. 科特，詹姆斯·L. 赫斯克特. 企业文化与经营业绩 [M]. 北京：中国人民大学出版社，2004.

（五）解读未来战略提炼文化因子

未来战略预示着企业的发展走向和市场定位，就是向员工和客户回答我们要去哪儿的问题。由于文化本身所具有的特性，它对企业的影响是不可逆转的，只有当企业的战略发展规划与企业文化相匹配，企业的战略才能真正得到员工和客户的认可，文化反过来也能承托战略，使企业战略得到有效贯穿。

二、中小银行企业文化提炼的基本原则

中小银行企业文化的塑造与建设是一项复杂的系统工程，必须有大局观和长远的意识，有计划、有重点、分层次，结合实际逐步推进和落实，企业文化的提炼和提升遵循的原则，主要包括以下几个方面：

（一）立足民族文化，打造自身鲜明的特色

中小银行的企业文化是社会文化的有机组成部分，国家和民族的鲜明特点与企业的文化存在密切的关系，印度的IT产业迅速发展，这与印度人钟情于自己的宗教信仰与生活方式相关，深邃幽远的思想与天马行空的想象力正是IT行业急需的潜质。德国的精密仪器制造在全世界领先，这与他们的严谨性和自律性文化有着莫大的关系。同处于欧洲的意大利、法国等国在建筑设计、餐饮、奢侈品和服装等艺术方面引领着时代潮流，这与其崇尚艺术和天性浪漫的特质有着巨大关系。中华民族的文化传统经久不衰、世代相传，已经深入人们的意识深层和心灵深处，我们不应该也不可能抛开我们的民族文化传统，而是要将民族文化和外来文化融会贯通。

银行的企业文化是企业文化中的一类，具有行业的特殊性。银行具有的金融特性在国民经济发展中起到举足轻重的作用，银行的企业文化具有稳健、诚信的特点，在金融行业竞争日趋激烈的今天，银行的企业文化又加入了进取和创新的基因。企业发展的阶段和发展的程度不同，以及其经历的特定生存环境的不同，由此积累沉淀的文化也不同，这就决定每个中小银行都有着不同的风格和品质，也有利于打造其鲜明的个性和唯一性。作为中小银行很多具有地域性，我们可以结合地域文化、族群文化合成极具特色的企业文化。

比如，在内蒙古银行企业文化的提炼过程中，我们在多处融入了内蒙古元素。在企业使命中，我们提出融通北疆、普惠草原；在企业精神中，我们提出蒙古马精神就是吃苦耐劳、一往无前的精神。

（二）立足以人为本、管理者推动、全员参与，共同构建

中小银行塑造企业文化作为企业一项自觉的、有意识的、系统的工作，这是一项长期而艰巨的工作，必须通过企业组织内部的通力合作，达成统一的共识方可圆满地完成。

全员达成"共识"，所谓共识就是拥有共同的价值立场，从企业文化的形成过程来看，它是经营管理实践中创造、积淀而成的，又影响着下一阶段的经营管理实践，它直接来源于实践，同时作为一种文化又直接运用于实践，无论是企业价值观、企业精神、企业道德，还是规章制度、行为规范，都必须有助于经营管理实践，同时也必须得到广大员工的认同，这样才能让文化真正地根植于员工的内心，这就要求我们一定要立足以人为本，具体表现为：尊重人、关心人、激励人和培养人，最大限度地调动人的积极性。现实生活工作中，我们更习惯以事为本，只要事情解决好了，员工的问题是次要的，企业只是着眼于成本与利润，并未真正从人本管理的高度出发考虑企业与员工之间的关系，所以很多企业出现发展的持续性不足。① 西方国家的企业文化对人是非常重视的，美国的企业文化的主要特点：尊重个人，重视员工的自我价值实现；提倡竞争，推崇自主创新；重视规章制度，具有典型的契约文化特征；注重实用主义，具有强烈的求实精神。德国的企业文化的主要特点；实行个人主义色彩浓重的理性主义管理方式；高度重视人才培养和职工素质的提高，重视职工参与企业管理；以技术管理作为企业管理的根本基础，具有强烈的质量意识，特别重视研究开发和产品创新。我们要想建立一批优秀的具有百年历史的中小银行，要明确以人为本的原则。

中小银行的发展初期，企业的管理者对企业的文化影响较为明显，作为银行的领导者直接带领员工开拓市场，领导者自身的特性会在银行发展

① 刘洪钟，孙丽，刘红. 组织效率、企业文化与日本银行业的兴衰［J］. 当代金融家，2005（6）.

过程中深深地烙印在其中，员工在领导者的号召下，在市场上抢占份额，提高自身在本地区银行业的地位，这种企业文化具有较强的凝聚力和活力。但是随着时间的推移，这种模式应该继续完善和提升，逐步转向制度化和规范化，这就要求企业的核心决策层更好地发挥至关重要的示范作用，身体力行，管理者推动文化落地。同时作为领导者应当发动整个管理层和全体员工都积极参与企业文化体系建设，对企业的核心价值观及企业文化的内容进行详细的讨论分析，讨论得越深刻，参与的面越广，最后的企业文化越能靠近企业的实际需要，只有这样，企业文化才不会是少数人的孤芳自赏，而真正成为企业全体成员享有并为之奋斗的共同的文化。

（三）抓执行落实和不断提炼完善

中小银行企业文化的塑造与建设成功在于执行和落实。由于银行的企业文化是一种抽象的理念，虽然看不见、摸不着，但它却有一种巨大无形的力量。因此，如何让企业文化不成为空洞的文化漫谈，让它转化为企业全体成员的实际行动成为关键。这就需要我们企业的管理者要以身作则起到带头示范作用，只有这样才能使广大员工信服并自觉融入一切行为之中。我们慢慢地将企业的价值观融入企业文化核心价值体系时，首先一定要做到简明扼要，不得含糊其词，同时有需要可以根据企业的实际情况进一步细化阐释。以某地方商业银行的人才理念为例，为了将以人为本的理念和企业的实际相结合，其人才理念是"崇德尚才、注重实绩、容才育才、人尽其才"。它为我们阐述了企业对待人才的态度是以人才为核心资源，认为物质资源都会枯竭，而人的智慧产出会源源不断，选人以德为先，推崇品德修养和道德水平高尚的人，不拘一格使用人才，知人善用、人尽其才，发掘员工潜力，帮助员工成长。

企业文化并非是一成不变的，而是随着内外环境的变化而相应进行调整和完善的，当企业文化形成时，它反映的是当时的企业状况和成员的追求与愿景，随着企业的内外部发展环境发生改变，可能会出现企业文化与社会发展不相适应的情况。这就需要对企业文化进行革新和完善，目的是创造一种更适合发展需要的文化。但是要尽量避免大拆大建的更新，在充分尊重企业文化传统的基础上，对原有文化中落后的内容，我们要谨慎、巧妙地转化与革新，在推行的过程中我们要倡导全员参与、加强沟通，增进共识，让企业文化对内凝聚强大的精神力量，对外塑造完美的银行形象，从而推动经营业务的发展，增强银行的竞争力。

第二节　企业理念识别形象的提炼与提升

中国经济发展新常态下，面对内外部环境发生的深刻变化，如何加快实现转型突破，我们通过分析各家中小银行共同面临的挑战发现，文化非一朝一夕而成，而是由点滴行为、习惯及至传统渐渐累积演进而来。所以企业文化不是"无源之水、无本之木"，它只能通过提炼、整理、优化来形成。中小银行在调研、诊断、评估的基础上，对包括企业愿景、使命、核心价值观、管理理念、经营理念、服务理念、企业精神等价值理念进行发掘、总结、提炼和升华，或者因地制宜地引入前沿的先进理念，以形成独具中小银行特色又具有科学性、现代性、统一性的理念识别系统，关键在于根据完整性、系统化和有序协调的原则进行整合。整合中小银行企业精神文化，既要考虑历史因素，更要考虑现实因素，要以整体化最优化有序协调的原则，整合出具有中小银行特色、时代特色的企业价值理念，在中小银行整合精神文化的过程中，要着重遵循实践性原则、特殊性原则和持久性原则，应体现出自己的个性特色，避免大同小异，同时，要避免昙花一现、朝令夕改，使人不得要领，无所适从。本章我们将重点讲述在当前中心银行如何提炼其价值理念和我国当前价值理念提炼较好的案例。

一、中小银行精神文化层建设的基本思考

当前中小银行在精神文化的建设中存在着种种问题，需要结合当下的时代背景对企业精神文化进行重新提炼和重塑。首先我们要梳理当下中小银行在精神层建设中遇到哪些困难，只有找到问题所在，才能够依托科学的方法进行有效的提炼和提升，才能找到真正有效的建设方法。

（一）中小银行的精神文化建设脱离员工独立存在

中小银行的管理者在全力以赴地打造企业的精神文化，但是没有确立

员工是中小银行精神文化的载体，如果企业愿景、使命、核心价值观、管理理念、银行的宪法、银行的哲学、核心价值观、座右铭、银行的经营理念等难以在员工身上体现出来，就不会直观地传导到客户中，可能只是宣传口号式的文化，它的生命力不会持久。假如中小银行的员工对自己所在银行都是厌恶甚至是憎恨的，那它便无文化可言。

（二）中小银行的精神文化建设缺乏顶层设计和统一的认识

中小银行精神文化建设中最为核心的内容就是管理者提炼符合自身发展的管理理论与应用实践，而有的中小银行缺乏顶层设计，形成的精神文化空洞乏味，脱离银行自身的发展，精神文化涵盖各方各面，无法集中资源进行点的突破，无法形成核心。同时银行的各个部门在发展过程中更多地关注自身的发展，并没有站在全行发展的角度上看问题，导致企业文化理念缺乏组织统一认识；同时，由于银行人员构成的背景并不统一，员工自身具有各种不同的企业文化，若企业忽视对员工进行企业精神文化的培训和灌输，基层员工在各种不同文化冲击影响之下并未形成一致的文化认同，这样会导致员工对银行的认可度逐渐下降。

（三）中小银行的精神文化建设脱离企业管理实践

我国中小银行无论是在改革开放时的快速发展阶段，还是在行业平稳的发展时期，都会自上而下建立一套相对比较完善的量化考核体制，但对银行的精神文化没有量化指标，从而使得银行的精神文化建设脱离了银行的指标考核。在中小银行的精神文化建设中，有些管理者片面地以为只是塑造企业的精神文化即可，并没有与企业的经营管理相挂钩，但是银行作为一个特殊的经济组织，它要通过生产经营实现经济效益，企业的精神文化建设可以凝聚企业员工的向心力，可以提高企业的生产效率，作用于企业发展的各个阶段，它并不是单独发挥作用的，它体现在银行的经营管理制度、市场的经营策略和员工的激励评级制度之中。银行的经营理念和价值观不能脱离管理实践，要与内外部环境变化相适应，贯穿于银行经营管理的每一个环节和整个过程。

（四）中小银行的精神文化建设缺乏更新

互联网技术给人们的生活方式及文化理念都注入了新的文化因素，其中出现了"去中心化""金融脱媒"和"信息化"等相关的趋势，银行的精神文化建设不能脱离大众，需要回归作为金融服务企业的本质属性。这样就要求银行紧跟形势，制定有效的经营策略，梳理工作流程，为广大员工普及前沿的金融及科技知识，提高员工的凝聚力和大局观，让内外关系和谐一致，为银行的发展提供内生动力。面对当今社会"懒人文化"的兴起和消费习惯的改变，银行要在传承中创新，推出服务市场、社区及各种消费者的生活应用场景；银行还需以包容的心态吸收互联网精神中普惠、开放和分享的特质，传承和创新服务文化，整合内部和外部资源，利用银行的信用背书和网点优势，为客户搭建一个"一站式"的金融服务平台。

当前中小银行在精神文化的建设中存在着种种问题，需要结合当下的时代背景对企业精神文化进行重新提炼和重塑。

二、新阶段中小银行精神文化层建设的再提炼

在经济发展的新阶段，中小银行非常重视精神文化建设，而被称为企业文化之魂的"理念文化"的提炼，是企业文化建设的着力点，我们要充分发挥精神文化建设落地的关键性作用，它能增强企业的向心力和凝聚力，逐步推动企业管理由制度管理向文化管理迈进。我们看到优秀的银行理念文化大多具有以下三个特点：一是导向正确，在完整的体系和严谨的逻辑下，全面地支持企业的战略发展，以及对员工的人文关怀和对商业规则的认同与尊重。二是具有鲜明独特的个性，在符合企业行业特质中，同时彰显企业的个性特点。三是易于理解与传扬。

优秀的文化一定来源于企业自身的实践，而非"凭空创建"，正如管理界一句关于文化的话所说："滴水成河，聚沙成塔，文化非一朝一夕而成，乃是由点滴行为、习惯及至传统渐渐累积演进而来。"在这其中，如何对文化进行提炼便成为关键。对中小银行来说，如果没有一整套逻辑严密的理念提炼与提升体系，企业文化大规模地传播和复制根本无从提起。具体该如何提炼企业文化理念体系呢？

（一）成立专门部门做好顶层设计

提炼企业文化理念之前，银行内部要组建企业文化战略委员会等相关

部门，由企业最高领导出面负责，实行"一把手工程"，将企业精神文化建设与年终考核、干部晋升等制度有机地联系在一起，同时设立各部门负责人组成的联席会议制度，对企业理念文化建设实施有效的领导和协调。

银行要与专业咨询机构合作组建企业文化执行小组，要超前谋划，做好顶层设计，建设企业文化是一项长远的战略任务，必须有重点、分层次，结合实际、全面推进。

（二）银行现状调查和梳理

银行文化理念要与行业特性和企业自身的经营特点相一致，因此，在提炼之前需要对影响银行文化理念的内、外部因素进行调查和资料收集。银行可以采用问卷调查、访谈、座谈会等多元化方式，面向企业各阶层员工，对企业文化的现状以及建设需求进行全方位调查，在这个过程中，还可事先征集银行理念内容，让企业的每位员工都有机会思考和提出自己的建议，加强企业与员工之间的凝聚力。

1. 银行现状梳理包含的内容。我们在收集和梳理企业现状时需要注重以下五个方面的内容：一是地域文化特性——地域文化是经济社会发展、区域的环境和地域的历史传统共同作用的综合产物，其中区域环境的特殊性又扮演着本源的角色，由于自然环境有区别，进而带来不同的生活方式，而不同的生活方式又影响着精神文化的内容。二是行业文化特性——企业文化是社会文化的一部分，它有着强烈的行业特性。比如，石油行业是我国具有特殊性的行业，它在国家发展的不同时期具有不同的特性，这样对企业的文化也产生较大的影响，使得这个行业的企业文化建设也呈现出明显的行业特征。三是企业发展历史——文化作为信息和知识传承的载体，它会深深印上企业发展的烙印，企业发展历程中重要的事件、人物和抉择都会在企业文化中有所反映，企业文化的开端就是企业发展的开端，对于文化而言，缺乏历史的坐标，也就失去了立足的支撑和依据。四是领导层理想——企业文化在形成过程中会体现领导者自身的精神意志和对企业的理想规划。但是我们不能把它狭隘地理解为这就是"一把手"文化，它是全体员工在企业发展过程中共同形成和遵循的理想信念、道德操守和行为习惯；只有当银行家精神和银行的经营理念被广大员工认同并遵循时，银行家精神才会成为企业文化的重要组成部分。五是战略规划——未来战略预示着企业的发展走向和市场定位，就是向员工和客户回答我们要去哪儿的问题，由于文化本身所具有的特性，它对企业的影响是不可逆转的，只有当企业的战略发展规划与企业文化相匹配，企业的战略才能真正得到员工和客户的认可，文化反过来也能承托战略，帮助企业战略得到有效贯穿。

2. 以问卷调查为手段进行企业文化梳理。要在全行范围内进行企业文化建设现状问卷调查，问卷调查由两部分构成，其中第一部分为背景资料调查，调查要素主要包括人员的年龄、性别、教育经历、目前的岗位、工作经历及工作年限等相关有效信息；第二部分调查内容主要为结构化问题，主要涉及员工对工作的期望、对企业文化的认可度、企业制度架构和核心价值体系、员工的意识以及员工承担的社会责任等相关信息。调查面向的群体主要分为员工和管理者。员工调查问卷主要涉及员工目前的工作状况、员工对银行内部制度的看法和对银行的整体认识以及未来期待的变革三个方面的内容。针对管理者的问卷调查主要包括从企业文化的三个层次着手以及领导的自我剖析和对员工的期待等内容。

首先，合理掌握问卷设计步骤。一是设定精确明晰的调查目的，调查主要从需求、组织方式、员工的满意度和领导力等方面进行。二是确定问题回答形式，多以封闭式问题为主，辅之少量开放式问题即主要让应答者从一系列应答项作出选择，而不是自由地用自己的语言来回答和解释有关想法。三是明确问卷的措辞，要兼顾应答者素质和意愿，问卷的表达必须清楚准确，不能出现诱导性用语。四是确定问题编排顺序，问卷每一部分位置的安排都具有一定的逻辑性，联系越紧密，应答者考虑得越全面，回答越严谨。五是评价问卷，草稿完成后，应对草稿进行批评性评估。应考虑以下因素：问题是否必要？问卷是否回答了调研目标所需要的信息？开放题是否留足了空间等？六是测试和修订，在问卷调查的方案在行内得到通过后，需要组织相关人员进行预先的测试，测试完成后，需要修改的地方应当及时修改。

其次，把握问卷设计的几个注意事项。调查问卷所提及的问题应与调查目的和调查内容的分析要素相对应，与公司价值观与规范所描述的角度相吻合，并尽可能是员工确应了解和切实关心的问题；我们总是想了解更多的信息，但是也不能涉及太多的问题，以保证员工回答问题的有效性；为了进行相关性分析，问卷中难免涉及某些个人信息的问题（如岗位类别、层级、所在系统、年龄、学历、加入银行年限等），调查者必须在问卷填写说明上作出保密承诺。

最后，把握高效问卷调查的方法。一是保密性原则。不仅要在问卷开头做文字说明，还应在发放问卷时进行详细讲解，使填写人明白，公司一定对他所填写的问题保密，以消除顾虑。二是真实性原则。为了保证调查问卷的真实性、高效率，应采取"集中填写"的方式，对问卷填写的人员进行合理安排，不允许任何交流讨论，填写完毕当场递交，确因时间等不允许或在外地有诸多分公司、办事处，迫不得已采用各自填写的方式，也应避免在递交部门上司后集中上交或邮寄。三是调研问卷与座谈会同期推进。企业文化调研本身就是一场声势浩大的宣导过程，为统一广大员工对企业文化的认识和理解，确保调研工作的顺利开展，建议利用集中填写调查问卷的机会，同期召开一次企业文化内部调研动员会，并举办一场有关企业文化的专题培训。此外，为提高员工的参与热情，还可开展企业文化提升建议的有奖征集活动，利用企业内部的一切宣传渠道，同步宣传介绍企业文化的相关知识。

3. 以访谈为手段进行企业文化梳理。一是合理设计访谈提纲。在设计访谈提纲时，所涉及的问题应与访谈对象所处的管理层级和工作职责相对应，同时注意问题分类，提纲要细致，每一个问题可再分小项，还要注意与不同访谈对象交流内容的相关性。二是周密安排访谈过程。访谈前准备：访谈者尽可能固定专人，且宜由 2 ~ 3 人组成一个小组担当，访谈过程中一人负责提问，一人负责记录，另一人负责访谈对象的通知衔接。访谈最好按照由基层员工到中高层员工、由企业一线员工到企业总部员工的顺序来安排。在访谈前应进行充分的准备工作，包括熟悉访谈提纲、了解有关公司文化现象的问题等。访谈提问：运用轻松开场白，简短的题外话有利于迅速拉近彼此的距离，在交流过程中应摆脱过于正式和严肃的辞藻，尽量创造融洽、亲切的谈话氛围，以引发被访谈者的兴趣，更多挖掘公司历史上没有文字记载的趣闻轶事，特别是对企业发展的特殊时期的典型事件，要保证事件中的各个要素真实完整。访谈过程中应思维敏捷，无须拘泥于提纲顺序和问题，对于提纲中未涉及的重要内容，可加以追问和修正完善。对访谈时间、节奏及时控制，一般不超过或少于原定访谈时间的四分之一。访谈记录：记录人要注意细致、准确，尽可能记录访谈过程中的每一句话，注意对方发表观点的背景和真实意思表示，不要掺杂个人观点和有任何形式的发挥，对某些有代表性的话要完整记录下来，涉及名称、数据、过程的要精确记录，并得到确认和核实，提问人也要尽可能记下所有问题的主要观点。每天访谈结束后，用 QA 的形式及时整理访谈记录，在输入电脑的同时辅以录音。访谈总结：在对员工进行访谈后，访谈的记录员要对当天所有访谈内容进行梳理和总结，对存在疑问的要在后续的访谈中加以证实和补充，并根据访谈总结，适当调整访谈提纲。

（三）导入管理模型进行评估和分析

本阶段的主要工作为对前期问卷调查和访谈积累的大量的数据进行系统的归类整理，并对数据进行统计和分析。导入文化管理的模型对上述数据进行整理和分析，从不同维度扫描企业文化存在的问题。

（四）定位扩展

这一阶段的主要工作是根据企业特点和各个层面的管理思想和方法确立理念体系的结构和核心理念的提炼方向，梳理理念的真实内涵。

（五）提炼表达

本阶段主要的工作内容为梳理理念的真实内涵，用精辟准确的语言进行表达，同时要将提炼出的理念进行简练、优美、顺畅的表述。文化理念要感性中含有理性，理性中融入感性，感性容易吸收，理性经得起推敲，用感性进入、理性强化。

（六）研讨确定

企业文化理念提炼的过程，不能只是高层或老板的事情，需要汇集全员的聪明才智，让企业的各级员工都参与，提高员工的认同度。在这一阶段，最困难的莫过于如何组织这个过程，做到既有民主又有集中，不偏废任何一方。

总之，企业核心理念提炼得好坏直接影响到企业文化的优劣和产生的价值。因此，对于每一个企业家来说，要让企业文化的理念体系既符合企业发展情况，又具备行业特性，是真实地体现企业使命和愿景实现的需要，是很重要的一环。

中小银行通过以上方式对企业精神文化的提炼，能够与企业的发展战略相匹配，体现行业的特色和企业文化的传承性，凸显银行所处的时代性，代表着广大员工和管理者的意念，有利于银行对外宣传，树立自身形象。

三、标杆银行的文化理念建设的案例分析和借鉴

招商银行企业文化建设整体上是标杆，其提炼环节也堪称典范。招商银行文化精神层的确立是由专业的团队对企业进行详细的调研后，通过与领导层和员工不断地修订后确立的，它通过生动形象的语言和准确的精神寓意描绘出招商银行精神文化层的内涵。招商银行精神文化层的内容主要包括愿景、使命、精神和作风、核心价值观。

（一）招商银行精神文化层的设计遵循的原则

1. 精神文化层的建设需要与银行的战略规划相一致，保证银行的价值体系构建与银行的发展相一致，文化建设要真正对银行的发展起到引领性的作用，促进银行的战略发展。

2. 保持文化的延续性和创新性。招商银行在企业文化建设的过程中，既保持了银行在其发展历程中优秀的传统文化理念，同时结合银行所面临的社会文化背景和行业特征。结合银行内部的文化环境进行吸收和提炼，赋予文化的传承性和时代性，同时也需要得到企业各层级的认同感，成为招商银行优秀的企业文化的核心内容。

3. 要体现招商银行所具备的行业属性和时代特征。招商银行成立之初，就是立足要"为中国金融改革探路，办具有中国特色的社会主义新型银行"。在时代的背景下，招商银行的文化建设从未停止探索，它结合当代的社会背景和行业特征提出了自己新的历史使命，为同行业的文化建设提供经验参考，促进整个行业的企业文化建设和提升企业的管理水平。

4. 要体现企业的整体性和一致性。招商银行在企业文化建设中发挥整

体优势，集中公司全部力量去推动企业文化建设，实现文化的一致性以在激烈的竞争中求得发展。

5. 要体现出全员的企业文化。企业文化既要体现领导者的精神文化，同时也要得到员工的认同，它是企业所有人员优秀思想文化的集中体现。

6. 要有利于文化的传播。企业作为社会的组成部分，优秀的企业文化不仅要增强企业内部的凝聚力，同时通过企业经营特性，把优秀的文化和习惯辐射到整个社会，以增强社会对企业的认同。

（二）招商银行文化精神层设计的方法

1. 由专业的团队制定了翔实的企业文化调研方案，对招商银行总行的职能部门和全国下设的具有代表性的 16 家分支机构进行了系统的调研，调研的方式包括但不限于以下方式：问卷调查、员工访谈、部门座谈、企业发展史回顾、组织跨部门小组研讨会等。调研的内容主要为：以企业文化为主线对总分支机构的管理者和员工了解企业经营理念、重大事件、组织架构和人文趣事等内容，通过梳理与总结明晰企业文化发展的脉络，从中提炼企业文化的要素，并构架招商银行文化精神层体系。

2. 制定招商银行文化理念白皮书。收集和整理招商银行全部的组织架构提出的精神文化理念和宣传口号，所有的理念和口号必须符合招商银行目前的战略发展规划，同时要将目前时代具有的特殊文化元素融入其中，以形成具有鲜明时代特征、具有招商银行特色的文化理念白皮书。

3. 文化理念白皮书要融入招商银行领导层的精神特质。企业的领导层经历了企业发展的各个阶段，他们是企业发展的见证者，他们丰富的实践经验和鲜明的个人特征在银行的企业文化中有鲜明的印记，他们的意见对招商银行文化精神层设计将起到十分重要的作用。

4. 企业文化需得到广大员工的认同，为此在形成招商银行的文化精神层的内核时，需要征集全体员工的意见，若有建设性意见也要被吸收进设计中。此项工作必须全面深入地贯彻到员工中特别是基层员工中，充分了解他们对企业愿景和企业文化建设的意见。

5. 了解招商银行在客户中的公众形象、价值认同和期望，为后续企业的文化建设提供重要的参考依据。

6. 参考国内外长盛不衰的优秀企业的企业文化理念的构架体系，以国际上学术界最为广泛接受的企业文化理论和研究方法构建自身的企业文化，同时最为重要的是结合招商银行的发展历程和目前状况，体现其本行业最鲜明的特征，打造具有传承性和时代性的先进的精神文化体系。

第三节　企业行为识别形象的提炼与提升

中小银行通过发掘、总结、提炼和升华，形成了中小银行自身认同并信奉倡导的价值体系和精神文化，也就是形成了银行"自己的主张"和"自己的诺言"，这些"主张和诺言"的价值理念，通过改造中小银行这种有意识的活动行为，检验价值理念，升华价值理念。能够将这种精神内核付诸实践的活动中，必须通过具体的制度、完善的组织架构进行规范和约束，同时引导员工自觉遵守职业操守，鼓励和激发员工的积极性和主动性，让企业的精神真正地融入血液，在日常的工作中得以体现。

一、对新时代下企业制度文化、行为文化的再认识

目前我国的银行业非常重视企业文化的建设，一家中小银行的企业文化理念体系建设比较完备，例如描述对待客户的宗旨时，这样写道："客户就是上帝，不要忘记从你走近银行门口那一刻，就要将微笑挂在你的脸上。"但是，当我们走进银行时发现，该行的员工都慵懒地做着事情，每个人面无表情甚至有些人愁眉不展，可见在建立银行的核心价值理念时，既要体现企业的共同价值观，又需要银行员工付诸实践的行为文化，如果不将企业文化转化为具体的行动步骤，再好的理念和制度都只是空中楼阁。

首先，我们看行为与文化的关系。文化决定行为，行为体现并创造着文化。在银行中，企业文化对企业的行为以及企业从业人员的行为具有指导性作用。企业文化对行为的影响在方方面面，有的时候是行为人自我意识的流露，有些是被动执行的反映，而那些具有有效的执行性的行为主要都是在企业价值理念的驱动下完成的。比如，企业员工对待本职工作是否

认真，对待客户的服务是否及时有效，部门之间的配合是否高效顺畅，员工与领导的关系是否和谐融洽，所有员工在工作时间、工作场所脸上都洋溢着热情笑容还是正好相反，这些具体化的生动形象的表现都会展示出企业文化的核心和本质最近的一层，它紧紧围绕企业文化的核心，通过企业和企业人的行为动态地表现出来。

其次，在制度上，例如银行要求柜台人员接听客户电话要及时，同时要充满热情地与客户进行沟通，以全面准确了解客户的需求，并为客户提供有效周到的服务。但是，怎么样才算及时充满热情地接听？员工在接客户电话时是不是真正了解客户的需求？这些银行的制度都是考核不到的，只有员工自己从心里认同这样的规定，才会按照规定作出相应的行为，甚至是更为优秀的行为。行为背后，是企业文化对员工的影响，是员工对企业价值观的认同。

最后，没有行为文化，企业文化就无法实现。企业是由无数具有复杂背景的员工构成的，员工作为企业文化的重要载体，是企业文化最真实最具体的表现。我们往往可以通过观察企业日常工作的细微的小事就可以判断该企业的企业文化的优劣、企业文化建设工作的成败。飘浮在空中再美好的文化理念，再完善的制度，没有相应的行为作为支撑，都是空中楼阁。

二、制度行为文化提炼与提升

（一）银行现有制度和行为规范梳理

没有行为文化，理念和制度都是空谈。在企业文化构成的层次关系中，理念是企业文化的核心，是指导一切的思想源泉；制度是理念的延伸，对行为产生直接的规范和约束力；物质文化是人能看到的、听到的、接触到的企业具象的表现形式，但是这三个层次都是通过行为文化来表现的。企业行为是企业核心价值观和企业制度共同作用的结果，如果行为与企业精神、价值观和制度不一致，理念就成了海市蜃楼，制度也将是一纸空文；物质文化是行为的表现，有什么样的行为文化就会有什么样的物质文化。任何的行为都是通过人来实现的，我们梳理银行行为主要就是对人的行为进行梳理和提炼，梳理内容主要包括以下三个方面。

第一，银行的领导者自身鲜明的特征体现着企业的文化，银行领导层的经营理念、性格特征、领导风格都在传递着企业的价值理念，他们通过日常的工作将此信息传递给企业的员工，他们是企业文化的积极倡导者和模范实践者。比如我国一些著名的企业与企业家，华为与任正非、马云与阿里巴巴、海尔与张瑞敏等，企业家的身体力行和实践倡导对企业员工的行为产生了重要的影响，成为本企业员工的榜样、本行的标杆，起到率先垂范的作用。

第二，银行对本企业先进模范人物的宣传，就是对企业行为文化标准的集中体现，通过对银行模范人物宣传、表彰，可以让员工明确企业倡导什么、崇尚什么、追求什么，对员工的日常工作有着很大的影响，营造良好的工作氛围。

第三，银行的员工是企业构成的主体，也是文化建设承载的主体。只有银行的文化理念、员工行为准则和提倡的核心价值观得到广大员工的认可，并且在日常的工作中得以践行，那么企业文化才能落实。员工的整体精神风貌和工作状态都体现着企业的行为文化是否有效，塑造员工的全体行为有多种方式，目前较为普遍推行的方式就是通过建立并引导员工价值观的确立、行为规范的约束和行为的不断强化和修正，让员工自身的发展与企业的战略规划一致，形成统一的价值体系，并且引导员工自觉养成优秀的行为习惯。

（二）寻找贯穿行为文化的精神实质

1. 企业行为文化建设以规范性和引导性为内核。银行作为一个特定行业的企业，在企业的管理中建立具有规范性的规章制度是企业管理的重要手段，它更加强调外在的约束，具有强制的约束性。同时银行除了要构建刚性的制度还要建立从内在约束员工的行为的文化规范，提升有情的人性管理水平，尽可能地调动员工的自觉性、增强对企业制度的认同感，在"刚柔并济"中对内打造一个和谐、具有凝聚力的经营环境，对外展示一个具有统一规范的银行形象。

（1）规范的行为文化是建设企业行为形象的核心。中小银行在进行企业管理时为实现经营利益的最大化，往往在企业的日常管理中对员工提出一些带有强制性的义务，同时为保障得到有效的落实，又制定各项规定或条例，它是实现企业目标的有力措施和手段。由于制度具有强制性和约束性，它对于员工的行为具有限制性的约束，可以为员工的行为规范提供保障。制度文化和行为文化是企业文化的保障和导向，企业任何行为的背后都有制度因素的影响，企业的出勤考核、奖惩机制、规范工作流程都来自制度的约束和激励。

规范性不仅体现在对员工的约束，同时也体现在对中小银行领导的约束，中小银行在发展初期组织结构简单、分支机构少、人员构成简单，管理起来较为容易，很多中小银行普遍面临人治问题。在我国中小银行发展初期，一家银行的成功往往不取决于它的行业属性、银行的运行环境、员工的素质，而是取决于银行的领导，银行的命运、银行全体员工的命运都系于一人，员工都希望有一个好的领导，但是好领导往往是稀缺资源，如何使任何人领导都能保证企业正常运行呢？以制度和行为规范去规范领导经营管理行为规范领导决策。

（2）企业行为文化突出引导的强大推动力。银行的企业文化要想生根于广大员工内心深处，不是仅仅停留在口头上，这就要求银行的价值理念得到员工的认同，创造一个和谐、具有凝聚力的内部经营环境，银行通过企业发展实践的经验，制定出企业的管理制度、员工的行为规范手册、岗位的操作规程等一系列标准，通过各种引导手段培养员工好的职业习惯，规范员工的职业行为，让企业的文化理念真正在员工的日常工作中得以体现，塑造良好的员工形象和企业形象。

员工在平常工作中表现出来的一种行为习惯也代表着企业文化。员工明确的岗位职责、对待客户的服务态度都呈现了企业的形象和价值观等。很多中小银行成立时间较短，银行员工普遍比较年轻，有时候容易头脑发热犯错误。因此，为了避免此类情况，使员工的行为习惯得到更好的约束，银行出台一些相关的文件，例如《员工行为准则》《员工职业行为违规处理办法》等，明确了员工在工作中所应该持有的方式方法和态度，倡导诚信、正直的价值观念和道德行为准则。员工的行为代表着企业的形象，是企业鲜活、生动的展示，要使企业文化内化于心、外化于行、固化于制，最主要的是让员工从内心真正地接受这种企业文化，让这种企业文化深深地影响每个员工的行为，使之形成正确有益的行为文化内涵。

2. 企业行为文化建设以专业性和科学性为保障。中小银行在建设本企业的制度和行为文化时，会制定本企业的规章制度、道德规范、员工行为准则、利益规范、仪式典礼等行为规范，必须以科学性和专业性为前提，这样才能够得到员工的广泛认同，这样才能够保障相关的制度和规范能力有效地推行和落实。

不积跬步，无以至千里。"从我做起"，既要从大处着眼，充分认识到行为文化对企业生产经营和个人自身发展的重要意义；更要从小处着手，从点滴小事做起，以守则为标准，以做好点滴小事的涓涓细流去汇聚和促成"完善自我"和"企业长青"之汪洋大海。

第四节　企业形象标识的提炼与提升

中小银行物质文化层的建设就是对银行文化表象层的建设，它是企业生产经营过程、产品和形象的总和，是企业文化最表层的部分，是一种可听、可见、可触摸到的直观表现和外在形象，是广大客户、员工、股东、社会公众感知企业文化的品牌触点，主要包括银行的名称、银行的标志、银行的办公环境、员工形象、产品包装、技术设备及企业广告等。银行形象是银行 DNA 的外显与升华，是银行宝贵的无形资产和企业财富。它以一种具象的方式，深刻诠释着银行秉承的使命，持续散发着银行由内而外的文化光芒。

一、新阶段企业形象建设对企业文化重塑的再认识

人们对于什么是银行形象有着不同的认识，有些人把银行形象仅仅理解为外在的包装，显然认识得不够全面，我们必须要准确地把握银行形象的基本内涵。银行形象是客户和社会大众对银行的认知和看法，它能够体现一个银行的综合实力。银行形象虽然是一种抽象的因素，不像产品、服务和员工那样具体，但是在激烈的市场竞争中，它的作用和功效却远远超

过银行本身的有形资产。

（一）中小银行要塑造有特色的银行形象

中小银行要塑造有特色的银行形象就是建设独具特色的中小银行的企业文化，就是要把文化营销与银行设计相结合，银行的形象塑造必须和企业精神文化相一致，与企业的实际经营目标相一致。也就是要通过对物质文化的宣传，从物质文化中折射出企业精神、经营理念、社会责任等企业理念。物质文化层会传导企业的精神文化，让企业得到社会更多的认同感，同时精神文化层又是物质文化层的核心，缺乏企业精神，企业的物质文化就失去了生命，如同一潭死水，毫无生气。

（二）中小银行塑造自身有特色的形象就是在塑造自身的品牌形象

中小银行塑造自身有特色的形象就是在塑造自身的品牌形象，塑造企业形象标识主要以视觉识别为角度，以展示银行的个性，突出企业精神，目的是得到内部员工和社会各界对其的认同感。这样不仅可以凝聚广大员工，而且可以获得广大社会公众广泛的认同，从而对银行产生向往，有利于吸引优秀的人才前来就职，而且良好的社会公众形象还可以赢得社会公众的好感，为银行发展提供良好的外部环境。

（三）中小银行形象的重塑，有利于提高管理水平，增强员工的凝聚力

中小银行在对企业形象的重塑过程中，会对企业的基本理念进行梳理和提炼，还需要通过对员工的培训和互动，使广大员工认知此理念，强化员工的金融服务意识。这是一种无形的指导，在日常工作中，银行的理念就会对员工行为起到潜移默化的指导作用，使员工由被动接受管理变为主动依据中小银行的理念进行工作，这样可以成功有效地重塑和确立中小银行的形象，有效推动银行的管理水平的全面提高。同时，中小银行的企业文化可以通过一种标识、一种意念传递给全体员工，还可以把银行的价值观、使命和基本理念传递给全体员工，通过在内部广泛地宣传教育，使广大员工达成共识，产生共鸣，从而形成银行员工的向心力。

二、企业形象层文化要素的提炼

银行的形象标识是一个富有生命力的有机整体，具有强烈的视觉表现

力、特有的识别力和丰富的内涵及象征意义。作为具有明确特点和便于人们识别的视觉形象，是企业的象征，中小银行系统均有自己独有的标识，中小银行具有明显的地域特性，我们在设计标识时应注重体现地方民族特色，并将企业文化的精神层次融入其中，同时我们还需要将全行的标识统一，才能给社会公众一个整体的感觉。统一的视觉包括员工的服饰、标识、徽章、建筑装饰风格、标准色、字体、办公用品、广告宣传语等，银行的形象往往都是先通过感觉认识，进而激发人们的认知、认同，以吸引更多的顾客。

（一）中小银行 LOGO 的设计和寓意与地域文化的再融合

银行 LOGO 是银行视觉识别的基础，其设计一般都以简洁、深刻、美观和可制作为原则，要体现中小银行的地域性、快速发展的特点和内涵，同时还要在形象上给大家以亲近感，提升银行的整体形象。

国有大型银行现多以规矩的圆形标识为主，寓意为铜钱，色彩简单明确，并同时形成以标识颜色为主的银行企业主色调，配合标识颜色，在银行内部装饰和外部宣传上形成呼应。中小银行采用色彩更加丰富和大胆，同时极具地域和民族特色，让我们通过两个具有我国南北特色的银行 LOGO 的设计来看现代银行该如何设计才能既有时代的气息又有银行快速发展的寓意，并且能够给客户留下深刻的印象。

杭州银行的企业形象由国内著名设计师韩家英先生创作完成，它的标识融入"绿色杭州"生态环保主题，同时又将杭州独特的地理和人文环境展现在其中，该标识整体由扇形为主要载体，色彩为蓝色和绿色渐变，以白底形成镂空的图案，简洁大方地体现了杭州的江南水乡形象，其标识上方是开放型的图案，主要有企业欣欣向荣的寓意，同时独具一格的设计，也最大程度地显现了银行业的特性。杭州银行形象地将员工与标识融合在一起，寓意为双手托起希望、托起未来的发展。这一简单的设计，加以后续形成的长久机制，树立了杭州银行企业形象在受众和内部员工心中的良好形象，为杭州银行今天的发展起到了非常重要的作用。

内蒙古银行的标识主体是银行的英文首字母 Bank 的 B 和内蒙古的英文 Inner Mongolia 中的 Mongolia 首字母 M 组合，整体形似一匹马，马代表蒙古族的文化象征，马和古币完美融合。整体的书写风格又有蒙文的书写特征，象征着内蒙古银行所具有的独特的草原文化氛围，集国际化、现代化、民族化于一身。本标识以红色为主色调，表达了蒙古人的热情好客，豪迈奔放。本标识造型外圆内方，方圆互相构成力度，融合了中华民族传统的审美意识。

（二）新时代下的银行宣传口号

中小银行的宣传口号直接表达银行的企业品牌价值观念、银行文化品位和审美取向，一般它需要语言凝练，言简意赅，用最少的文字传递最大的信息量，在最短的时间抓住人心，缩短与客户的距离，增加客户的亲近感，它是站在战略高度审视品牌文化的价值。

银行宣传口号体现时代感、使命感和民族性。在不同的时代背景下，银行宣传口号的侧重点不同。它会与社会的文化相融合，具有强烈的时代特征，在当下"互联网＋"和自媒体盛行环境下，各行各业更加注重以顾客为中心，银行业也更加注重宣传的差异化，可以满足不同消费者多样化的需求，增强顾客对本企业产品的依赖性和信任，无形中增强了在同行业的竞争优势。同时宣传口号也凸显着中小银行的强烈的社会责任感和使命感，体现银行服务和支持经济发展，促进经济结构调整和发展方式转变，响应国家的政策号召服务"三农"，支持民营经济等。同时银行的宣传口号也传承着中华民族的传统文化精华，将中华民族优秀的传统文化精髓，例如"仁爱""行善""包容"等融入企业的宣传口号，体现银行的深厚的文化底蕴。下面介绍两个非常好的案例，它们以简洁的文字传递银行的品牌形象，同时还将银行的名字巧妙地融入宣传口号中，给人留有回味遐想的空间和深刻的印象。

例如建行推出的宣传语"善建者行"，给人耳目一新的感觉。创意源自老子《道德经》第五十四章中的"善建者不拔，善报者不脱"，加以创新而成，把"建"与"行"二字巧妙地嵌入"善建者行"之中，使人们很自然地联想到建设银行，同时还达到"善者建行"的效果，可谓一箭多雕。它创意新，既有中式文化的意蕴，又令人遐想，能够让人产生较深的印象，并有效识别了建设银行与其他银行的差异。与以往很多金融宣传口号只针对某个项目或者产品宣传不同，它是站在战略高度审视品牌文化的价值，以其丰富的内涵与巧妙的修辞手法给人以深刻印象，富有亲和力和感染力，既充分体现了"仁爱""修德""行善"等中华民族的传统优秀文化，又与建设银行的愿景、使命、核心价值观相契合，展示了建设银行为客户、员工、股东、社会大众负责，同时更突出了建设银行善于开拓创新，率先走在中国银行业前列的金融形象。

民生银行的品牌口号"诚于民、道相生"和"服务大众、情系民生"。"诚于民"来源于《孟子·离娄上》中"诚者，天之道也；思诚者，人之道也"。诚信是民生银行经营管理遵循的天道。诚于民，展示出民生银行以"思诚"的精神，赢得客户、员工、股东、社会公众、监管机构信任的生存之道；"道相生"来源于《道德经》，"道生一，一生二，二生三，三生万物"。道相生，主要向客户表明民生银行会谨遵银行的发展规律，牢牢把握诚信的底线，在此基础上进行金融创新，以追求民生银行持续的长远的发展。"诚于民、道相生"，文字简洁，朗朗上口，把民生二字有节奏地融入其中，生动地传递出民生银行的品牌形象。"服务大众、情系民生"是民生银行成立时就践行的文化理念，深刻诠释了民生银行的核心价值观，意指民生银行将"为民而生、与民共生"的使命感，打造长青银行、百年民生，为客户、公众提供信息化、专业化、集团化、国际化的金融服务，文字言简意赅，准确地传递了银行的发展主题，具有历史的文化积淀和文化底蕴。

（三）新时代下的员工形象

员工标识是员工的个人形象，通常最能体现企业文化，企业员工的形象与表现所给客户的各种印象通常会直接反映到客户对企业整体形象的评价中。要求企业统一员工的着装，要求员工的着装要庄重、整齐、干净；员工风貌方面，要求企业员工注重个人道德修养和情操的提升，要有良好的精神面貌和团队意识。员工就是企业的名片，企业文化塑造就应该从日常的工作中细微的小事做起，它要求我们贴近于生活与工作，立足于身边的小事，给客户一个真诚的微笑，一次细致周到的业务讲解，都可能在顾客心中留下深刻的印象，成为银行文化的一个组成部分。例如兴业银行职员的工装由分行统一定做，并且会定期更换不同款式和颜色。目前兴业银行最新的一套行服是粉色衬衣，配深红色的马甲、西服、套裙和黑色的裤装，一改以往藏蓝色的服装色调，整体视觉变成了象征热情的深红色，给人以严肃中不失活泼的感觉，也反映出兴业银行客户至上的服务理念，体现了在制度要求下自由创新的企业文化。

（四）新时代下的办公环境展示

中小银行的总分支机构在建筑物的特点、室内外的装修风格、营业大厅、业务室、会议室、接待室等方面，样式要力求统一，结构特征要鲜明。兴业银行统一装修装饰特点。兴业银行在各地的分行以及支行都要根据总行提出的标准对银行内外进行统一风格的装修，并且其营业布置也要统一起来。股份制商业银行的办公环境建设值得同行学习，比如兴业银行，总行对各分支机构的办公环境有统一的装修标准，有专职的部门进行评估和审核，目前兴业银行整体外观的装修以蓝色为基调，柜台分为对公柜台和对私柜台，其中对公柜台为开放式，对私柜台为封闭式。同时还会设立贵宾室，为银行的优质客户提供一对一的服务，同时行内必须要有醒目的"兴业银行"的标识。

同时客户使用的账簿凭证和产品宣传展示单、员工的名片和徽章，要尽可能设计出统一的格式和样式，同时可以将本行的经营理念、企业文化相融合，给人以鲜明的特色。塑造良好的银行形象，必须以理念为原点，使其具有识别性，在闪亮的品牌中充分体现商业银行整体要素及企业精神。

（五）中小银行品牌的提炼

根据本行的市场定位、愿景和产品业务结构，建立有效的品牌架构，要遵循以下原则：从名字、LOGO元素上进行有效组合，强化客户印象；进行区隔品牌联系，让品牌与组织间风险冲突最小；在品牌战略和定位下建立，体现银行的战略导向。品牌组合间动态优化，随着资源和市场环境的变化，各品牌的成长率、利润率、市场占有率将会发生变化，这些变化会对企业总利润率起到影响。

结合市场调研情况，包括市场现状、发展趋势、机会、威胁等；目标客户分析，即目标客群界定、客群分析等；差异化定位策略，即核心优势提炼、定位策略、广告语等，确定品牌定位。

结合前述设计，形成品牌形象设计。建立品牌视觉识别系统，即 VI，中小银行根据自身发展的需求不同，可以有策略性地在 VI 类别中选择性地做一些项目，基础包括 LOGO、标准字、标准色、象征图案、宣传语、市场营销报告等；应用系统包括办公用品、建筑环境、广告媒体、交通工具、衣着制服、旗帜、标识牌等。

第五节　中小银行高管需具备的银行家精神提炼

考虑到中小银行高管在企业文化建设过程中的独特作用，我们建议在企业文化提炼阶段，也要特别提炼中小银行高管所需具备的银行家精神。近年来，中小银行的经营形势趋于复杂，宏观经济下行压力较大，加上其他内外部因素影响，中小银行发展面临着较大的挑战，对中小银行高管的银行家精神提出了新的要求。

一、适应二次创业的创新精神和自我否定精神

银行家的成功大多伴随着银行从初创期的艰辛、成长期的烦恼、变革期的焦虑等不同阶段。很多银行家往往在创业时期能够艰苦奋斗，为了使企业"活下去"付出自己所有的智慧。但是，当企业逐步发展壮大，在市场竞争中站稳脚跟之后，有些企业家认为创业过程太辛苦，是时候好好享福了，这时候企业家面对各种诱惑，迷失了自我，丧失了继续前进的动力，企业往往也会开始走下坡路。因此，银行家的信念和追求不是口号，需要持续地坚守，并随着企业的发展不断强化这种理想信念，才能把企业家精神真正内化到企业的发展中去。

银行家要具有创新基因。我们非常清楚，银行作为服务业，很容易被模仿。金融科技大发展的背景下，这种模仿的门槛会逐步提高。中国近代著名银行家陈光甫先生曾强调创新于银行之重要意义："所谓生意云者，新意生生不息之谓也。我行做生意，当天天发生新意，方可站住脚跟。一日不进则退，余尝以此自警。"一个近代的银行家，都在时时刻刻强调创

新，当代的银行工作者更应该以创新为生存发展的根本。银行家的价值在于敏锐的直觉、系统的逻辑分析、高效的团队组织能力，银行家个人的创新能力最终要转换为组织的创新能力，将创新的企业家精神内化于组织之中，形成企业的创新文化。

中国企业要具有全球的竞争力，必须着眼于创新，从"中国制造"到"中国智造"，才能满足消费升级和多层次的需求，才能从价值链的底端跃升到价值链的顶端，最终提升企业的核心竞争力。

二、适应战略管理升级的长远的战略眼光

"自古不谋万世者，不足谋一时，不谋全局者，不足谋一域。"中小银行的高管必须具有战略视野。中小银行的董事长更应该是首席战略官。"原始察终，见盛观衰"，中小银行高管特别是掌舵者，要有前瞻性眼光，要有危机意识。战略管理是最高层级的管理，它是一般管理的纲领。如果战略管理不到位，日常管理的精细化就是背道而驰。如果中小银行的高管没有战略眼光，则其决策难免陷入头痛医头、脚痛医脚的窘境。

三、适应业务复杂化，银行家要具有卓越的领导能力

中小银行的业务也正在走向复杂化，过去简单概括为存贷汇，现在投行业务、理财业务、跨境业务、金融科技等都得到了较快的发展，员工队伍的专业化程度也越来越高。在这种情况下，新时代的银行家，要具有卓越的领导能力。主要包括，要有突出的个人专业能力和个人魅力，具备在复杂环境下引领业务发展的综合能力以及决断能力。特别是，新时代的银行家必然是建立在专才之上的通才，具有内外兼修的领袖人格，进而能够引导中小银行冲破焦虑和迷茫。

四、适应风险经营趋势的银行家要具有高超的风险管控水平

商业银行是经营货币的行业，也是经营风险的行业。在金融科技的作用下，商业银行对于风险的认识正在发生改变。目前，对于大多数中小银

行而言，前期暴露的风险还没有完全消化，新增业务的风险依然复杂。在这种情况下，中小银行企业文化重塑过程中，应该进一步强调风险经营，强调对风险的专业化判断。对于中小银行的高管而言，要具有高超的风险防控水平，不能再割裂地看待风险和业务、风险和营销。

五、适应开放格局，银行家要具有宽广的国际视野

中国开启了新一轮金融业开放，在此过程中，中国的银行要走出国门，外国的银行要进入中国市场。对于中小银行的高管而言，要具有宽广的国际视野。一是要有面向国际金融市场谋篇布局的勇气。随着中国企业"走出去"步伐的加快，客观上要求中国的银行提供跨境金融服务。即使一些城商行，跨境金融的发展也已经取得了长足的发展。二是要有学习国际银行业领先实践的胸怀。目前，中国银行业在某些领域在国际上取得了领先，但总体而言，我们仍要学习国际银行领先的服务理念、产品和服务内容、IT支持等。三是要有在国际范围内配置资源、资产、人才的格局。就资产而言，我们了解到东南沿海的中小银行，早就开始谋划跨境理财服务。就资源的利用而言，我们可以利用海外资本市场，补充资本，例如，在国际金融市场发行绿色金融债券。就人才而言，我们完全可以引进国际金融市场上的专业人才，包括风险管理人才、资产负债管理人才、金融科技人才，以谋求超常规跨越式发展。

第四章　中小银行企业文化建设的
落地步骤和措施

企业文化是企业发展的根本动力，根植于我们的内心，潜移默化地影响着我们的行为选择。文化是神，制度是纲；文化是神，员工是体；文化是神，产品是形。缺乏执行的文化毫无意义。中小银行需要在核心层、制度层面、行为层面、物质层面持续进行配套深化，真正推动文化要义"内化于心、固化于制、外化于行"。中小银行企业文化重新提炼之后，要有恰当的方法、步骤，要投入必要的资源，推进落地。而企业文化建设落地所需要的工作量之大，工作之复杂，在没有真正开始这项工作之前，往往难以想象。

第一节　中小银行企业文化建设落地的
总体要求、步骤

许多中小银行创建的理念纲要十分有文采，十分成体系，也十分符合战略要求，被领导寄予厚望，成为大小会议的口头禅，但推行多年后，星星还是那颗星星，月亮还是那个月亮，业绩还是老样子，团队还是老样子，服务还是老样子。其根本原因是没有根据中小银行自身的特点以及企业文化落地的一般规律，进行系统化的宣导，并对落地过程进行严格管理。

一、中小银行企业文化建设落地总体要求

中小银行推进企业文化落地要有核心团队，要实现企业文化与经营管理的深度融合，要形成企业文化宣贯的管理闭环。

（一）要有企业文化落地的核心团队

中小银行企业文化建设落地总体上要解决四个逃不开的问题，那就是"落地什么？谁来落地？为什么落地？怎样落地？"企业文化的提炼，解决了落地什么的问题。建立企业文化落地的核心团队，就是解决谁来落地的问题。文化的客体是人，所谓以文化人，就是将思想和理念通过一定的传输手段，转化为客体的思想和理念。

核心团队要有这种传输能力。"知"是"传播"，是行领导倡导的理念转化成"干部精通、员工理解、客户知晓"的过程，让他们知道组织在倡导什么、反对什么，传播不是单纯地接受，被动式地灌输，可以选择多种让全员参与到企业文化建设落地宣贯的方式，如培训、会议、共创活动、典型人物事迹、文艺活动、竞赛活动等，以最大的宣传力度和最广泛的传播渠道，甚至可以铺天盖地宣传，运用网络、行内环境、办公用品、行内刊物、公文乃至口口相传等，使内部资源充分利用起来，充分营造企业文化氛围，遵循渠道和方式的客观规律，形成全行上下统一的价值导向，统一的行动作风，随着时间的推移，伴随不间断的文化建设，潜移默化地形成"强文化"的氛围。

（二）企业文化宣贯与管理行为双管齐下

一是高层领导足够重视，自己先认可，并率先垂范，在众多场合尽可能宣传和诠释，督促和要求中层领导及基层员工践行企业文化，这是让全行相信企业文化的基础；二是在管理上多管齐下，在各方面制度上融入企业文化，在分配资源、报酬原则上体现企业文化，这是让全行相信企业文化的关键；三是营造浓厚的企业文化氛围，让全行在参与仪式活动中直接体验，逐渐感化，氛围营造是让员工相信企业文化的促进剂。总的来说，全员达成共识并能自觉遵守是优秀的企业文化的必然要求，领导不重视，员工不相信；制度不匹配，员工没动力；氛围不营造，员工没感觉。

（三）形成企业文化宣贯的闭环

企业文化是理念，通过一定的宣贯行为，逐步映射到制度，影响到行为，最终成为可以辨识的行为准则和集体气质。从企业文化宣贯的起点即企业文化整套纲领，到企业文化宣贯的重点即全员对理念的认同，全员的行为特征和工作作风，这之间的映射关系是否恰当，是否与理想状态还有偏差，有多大偏差，这些都需要用科学的方法进行评估，并进一步优化宣贯行为。这是一个周而复始的闭环。没有竞争力的文化不能称其为好文化，无法带来良好业绩的文化不能称其为好文化。中小银行企业文化纲要是我们经年积累的管理方法和经验的总结，应该成为我们的行动纲领和经营管理的基本方针。同时，我们的企业文化需要继承，也需要发展。我们将根据外部形势和内部环境的变化定期进行文化的优化和重塑。优化重塑的过程遵循从贤不从众的原则，文化由员工共同塑造，也必将由员工共同推动更新。

二、中小银行企业文化建设落地措施

总结起来，中小银行企业文化落地，要依靠多渠道的宣传，要营造浓厚的企业文化氛围，要依靠高层带头，要将企业文化作为配置资源的重要依据。

（一）运用广泛有效的传播渠道

此部分属于"知"的环节范畴，解决落地什么的问题，企业文化建设落地的传播方式可分为对内和对外。对内传播解决"干部精通"和"员工理解"的问题，对外解决"客户知晓"的问题。

从渠道上分为正式与非正式，本节着重表述有效的传播渠道措施。正式渠道可以选择会议、OA 系统培训和媒体。利用工作中接触最多的会议和OA 系统直接或间接地植入企业文化内容，会起到事半功倍的效果，把专项的企业文化培训成为中小银行必上的一门课。例如，像联想控股闻名的"入模子"工程，通过这项系统培训工程让来自五湖四海的各色各样的人成为有共同价值观、共同目标的联想人，尤其要把专项企业文化培训应用到新员工入职培训中。很多中小银行都建立了内部报刊、宣传栏、网站等宣传媒介，应尽可能地充分利用起来。然而，以上渠道方式已经较为传统，只是"单向推送"的模式，传播效力较低，对员工吸引力低，形式刻板，不接地气，尤其对于年轻员工容易产生排斥，大大限制了企业文化的有效落地。近年来，随着互联网和新媒体的快速发展。企业文化传播渠道可以有更多的选择，例如可利用受年轻员工欢迎的内网论坛、企业微博、微信公众号、员工微信群、QQ 群等，搭建起与员工之间交流的媒介桥梁，是员工参与企业文化、发表观点、交流感想的"双向互动"途径。另外，可以运用互联网技术和信息化设备，建立企业文化互动传播平台，将文化理念融入文化培训、文化交流、文化活动、文化动态、优秀事迹、榜样人物、党团文化等各个方面。

企业文化非正式渠道有口口相传和个人自媒体传播。个人自媒体具体指微信朋友圈、微博、论坛等，非正式渠道具有形式灵活、个性亲民、交互强、传播快、吸引力强、影响力大的特点，让企业文化的受众转变为传播载体。但此种方式的缺点是不受控制，如果不规范引导，将会造成舆论破坏。非正式渠道的传播内容较为适合的是讲故事，而不是道理，故事易引起兴趣，易让人记忆。故事的选题广泛，可以是体现企业文化的过去的故事，也可以是其他企业的故事，正面、反面都可以，总结一点，就是做到故事理念化、理念故事化。我们注意到，很多商业银行都有自己的内部刊物，这个刊物如果办好了，的确能够实现传播企业文化的目的。

（二）营造浓厚的企业文化氛围

企业文化氛围营造包括物理氛围和情感氛围。物理氛围以空间环境营造企业文化，空间是相对封闭还是开放，上级领导与基层员工办公空间差别的明显程度，甚至上下级办公室窗户的朝向优劣都能反映企业文化。江苏泰州移动公司高层领导办公室朝北，背阳背风背水，基层员工的朝向位置却是最好的，这样的空间布局氛围反映了"以人为本"的企业文化。另外，银行 Logo、软装饰和办公用品都可以成为企业文化传播的介质。以仪式、活动传播企业文化即是营造情感氛围，文化离不开形式。在中小银行，用好仪式推行理念和价值观，紧扣企业文化设计仪式，可以强化信念，增加工作的干劲和团队凝聚力。举办庆典、表彰、生日祝福是很好的仪式形式，在销售方面，成单的庆祝仪式可直接转化为业绩数据。营造企业文化情感氛围的另一个方法是举办各种企业文化活动，包括文娱活动，例如年会、运动类比赛、才艺类比赛、户外拓展训练等；包括公益文化活动，例如希望小学捐助、环境保护活动等；包括企业文化理念落地的重要形式——主题文化活动，与使命、愿景、价值观相结合的有鲜明主题的活动。以上活动要结合中小银行自身的实际情况，充分发挥自身特色、创意、策划，才能受到广大员工的欢迎。借鉴当下比较受欢迎的娱乐活动，可开展俱乐部活动、颁奖盛典、油画活动、音乐活动、真人 CS、参与微电影拍摄等。在活动体验中，员工们提高了创意创新能力，发挥更大的主动作为能力，团队凝聚力大大提高。

（三）中小银行中高层领导诠释宣讲、率先垂范

领导是企业文化的设计者，是第一和持续的推动力，充分发挥领导带动作用，对于企业文化落地而言，起到的是事半功倍的作用。许多中小银行中高层领导，苦于不能让员工认可企业文化，但实际问题却出在自己身上，平日的行内业务、开会、培训、发文件都只说业务，从来不提企业文化这样看似很空很虚的话题，时间一长，别说认可了，文化理念是什么都想不起来了。华为老总任正非，写下《华为的冬天》《北国之春》《我的父亲母亲》宣贯企业文化，公司内外人尽皆知，海尔老总张瑞敏三句话不离海尔理念。领导必须承担起企业文化的诠释宣讲的责任，这个任务是其他任何角色都不能代替的。

孔子《论语·宪问》中说：君子之德风，小人之德草，草上之风，必偃。这句话的意思是，君子的道德和行为像风一样，小人的道德和行为像草一样，小人的道德和行为会倒向风的方向。其总体含义是，小人的道德行为向君子看齐。这句话用于形容领导和普通员工的道德行为也比较贴切，普通员工的道德和行为会向领导者靠拢。《论语·为政》中说：为政以德，譬如北辰，居其所而众星拱之。其核心思想是以德治国，统治者管理国家，不用大费周折，只需要做他们该做的事情，老百姓就会众星拱月一样拥护统治者。孔子《论语·颜渊》中答季康子时说：政者，正也。子帅以正，孰敢不正。其含义是行政管理的根本之道在于公正、正直。管理者为人正直，下属也会公道正派。以上讲述出一个道理就是领导人的示范作用至关重要，推行企业文化也是如此，员工长期跟随领导人示范来行动，无须制度强制，没有厌烦的说教，潜移默化就会形成惯性的行为模式，银行的企业文化就形成了。然而，许多中小银行领导，认为企业文化是相关职能部

门的事情，不仅不示范行为守则，甚至违背，员工心里会产生不公平的感觉，推行自然大打折扣，举个很简单的例子，一个公司，没有考勤，但领导是一个准时上下班的人，员工自然也不敢迟到早退了。

以京东商城为例，京东商城在众多的电商中是以重视客户体验而著称的，让"购物变得简单快乐"是京东商城一直以来的使命追求，也是几万名京东员工融入骨子里面的信念，这种信念的形成与其领导者的亲力亲为有很大关系。

在企业中，往往领导关注什么，要求什么，员工就重视什么，努力做什么，领导是指挥棒，在企业文化落地推行的时候，从理解到信念，成为主动的行动，缺少不了领导人的长期关注和要求。

（四）将企业文化核心理念及其宣贯作为稀缺资源、报酬确定、职位晋升的依据

一般一个企业的稀缺资源向哪个方向倾斜，哪里就是价值观的所在，中小银行的资金，以获客营销优先，还是以服务配套建设优先，或是以系统升级优先，其战略方向就在那个方向，企业文化必须一致符合银行战略方向，与优先资源、价值方向相一致是把空泛的口号理念落到实处的其中一个方面。例如，一家企业每天高喊"以人为本、重视人才"，却将几亿元资金投到广告宣传上，而不愿意用几千万元在人才队伍建设上，这样脱离资源配置的企业文化就是没有落地的空口号。

仍以京东为例，京东商城自成立以来就是以客户为导向而著称的公司，处处为客户考虑问题，重视客户购物体验是公司创建以来就形成的企业文化。京东商城进行的客户体验调查发现，物流交付环节是网购客户最不满意的环节，也是最能够改善客户体验的环节，于是京东商城把募集的十几亿美元资金中的大部分都投到了物流领域。这是京东商城重视客户体验的最好的注释，这一投资举措无疑也会进一步强化京东商城重视客户体验的文化。

报酬分配与企业理念相匹配，是落地推动企业文化建设的有效手段之一。在中小银行，薪酬是向前台一线销售人员偏重还是后台管理人员，是向资产业务偏重还是负债业务，各分行之间以什么指标为分配标准，有些

银行报酬分配过于向高层倾斜，而忽视基层，仅以地位决定分配，对价值创造力过分忽视，严重地影响着银行的发展速度。企业文化理念倡导的核心价值观，加上薪酬的倾斜，可以影响员工的切身利益，给全体员工以明确的努力方向，必定能产生事半功倍的落地效果。

中小银行建立以企业文化为导向的用人机制，按照企业文化倡导的理念标准进行招聘、提拔和辞退，才能组成一支小而精的人才队伍，这样的人才既符合银行的素质要求，也具备同银行一致的价值理念，包括合规理念、风险理念和创新理念等。招聘认同企业文化理念的人才，工作更有动力；提拔有同样文化理念的中层领导，带动全员向倡导的理念努力行动，辞退的标准之一是违背了企业文化理念，对全员起到警示作用。反之，因亲情、友情招聘提拔，重用不符合企业文化理念的人，不仅给企业文化落地带来不利，也会给银行带来很大的潜在威胁。

（五）将企业文化理念融入业务、目标、组织、人力等方面

理念背后用制度来支撑，是企业文化落地"信"环节中最重要的措施。理念和制度是内容与形式、表和里的关系，制度应该是理念的载体，体现正确理念的制度才能够被广泛认同。许多中小银行要么仅意识到要引进先进的管理制度，推行一段时间后发现与自身的文化环境水土不服，执行起来矛盾重重、阻力重重；要么仅意识到要引进先进的文化理念，改变了原有落后的理念，但是没有相应的制度作为落地保障，成了空话；或者把两者都进行了改革，但是存在相互冲突的地方，导致制度和企业文化都不能彻底落地。要解决以上问题，就要经常审视制度管理体系是否与文化理念相一致，发现与理念背离之处及时对制度进行修订。并且，制度体系的设计还要在中小银行方方面面实际情况的基础上建立，然后再追求先进和创新，充分听取自己银行各环节各级别员工的意见和建议，才能极大地增强员工的参与感，更有利于制度的贯彻。

中小银行企业文化的宣贯，就是将企业文化与经营管理相结合的过程，就是将企业文化投影于银行经营管理方方面面的过程。一是将企业文化投影于中小银行的战略及战略管理。中小银行企业文化中关于发展观的认识、经营哲学等，如果不体现在战略规划中，并通过战略管理体系进行分解执

行，则必然成为空谈。二是将企业文化投影于风险偏好陈述书。中小银行企业文化中关于风险的认识，如果不能体现在风险偏好陈述书中，进而体现在风险管理政策之中，则必然流于形式。三是将企业文化投影于各类经营管理制度、组织管理制度、绩效考核制度之中。具体而言，将经营理念、风险理念体现于资产管理制度、财务管理制度、产品准入、授信制度、营销策略、价格策略等政策和制度；将人才观、绩效观体现于岗位说明书、胜任能力模型；将绩效观体现于绩效考核制度。

正如前文所述，银行的资源倾斜与企业文化价值导向相匹配更有利于企业文化的落地实施，建立与价值观导向一致的财务制度，让银行的资源配置依据制度流向，达到整体的统一；中小银行还有风险制度、审计制度等多方面制度，将企业文化与之融合，中小银行的各部门就不会各自为战，甚至互相间产生冲突无法调和，遵循企业文化理念为原则，全行上下一致，整盘规划才能让银行高效、稳定地发展下去。

以华为为例，《华为基本法》明确了靠业绩、靠能力获得职务、任职资格的基本原则。在华为的发展过程中，有不少员工凭借突出的业绩和才干获得破格提拔。李一男就是其中最突出的代表。他于1993年加入华为之后，由于业绩卓著，创造了多个快速升迁方面的纪录。李一男成为无数华为青年才俊的榜样。这一案例给中小银行开展企业文化建设重要的启示：在人才观、绩效观、发展观、发展理念的宣贯方面，最好的抓手是用人。我们将符合发展观、人才观、绩效观的人才提拔任用到重要的岗位，就是对这种文化的最好宣贯。

（六）制定行为规范、树立榜样激励

员工行为规范，是银行中的每一个员工遵循的准则，是具有约束力的行为标准。中小银行员工行为规范是企业文化核心理念的外化和显现，它通过约束员工行为，形成全行共同行为标准，合力促进全行战略的实施。它包括行为规则、道德规范、行政规章、团体章程等。行为规范建立在社会秩序理念基础之上，提出从高层领导到基层员工要遵循的"提倡的行为、反对的行为、严禁的行为"，尤其是对管理者的行为规范，管理者对银行对员工的影响更大，必须要对其单独制定针对性的行为规范。中小银行执行好行为规范，可以使银行提升工作效率和质量，增强凝聚力，部门与部门间的沟通协调更顺畅。行为规范的规范化、系统化、科学化、严谨化，是其建立的基本要求。标准规范、严格执行、系统思考、全盘考虑、整体推进、制度保障，建立长效机制，通过引导、激励、约束与惩罚保证行为规范有据可依。另外，员工行为规范可归类以下范畴，即日常工作行为规范、服务礼仪规范、人事合一行为规范等。

树立榜样的激励，是把企业文化具体到生动的人物身上，榜样人物对全员的示范是最真实、最具有影响力的，是企业文化践行的代言人。阿伦·肯尼迪和特伦斯·迪尔曾这样评价榜样人物："榜样人物是伟大的鼓动者，是魔法师，是在事情棘手时人人都指望的人物。他们有坚忍不拔的品质和风度。他们干一些别人想干又不敢于尝试的事情。榜样人物是一种象征性形象，其所作所为与众不同，但又不太出格。"树立持续贯彻企业文化理念和价值观的人为榜样人物，并且定义他们是成功的，给予充分的奖励，要给予形式上的表彰，要给予薪酬待遇和提拔任用，还要对其事迹和经验充分广泛地传播，使全体员工看到在中小银行怎样做能走向成功，成功并不是遥不可及和毫无头绪，企业文化就是成功的具体行动指南。榜样人物能够突出地表现出中小银行企业文化所信奉的理念、所推崇的思想，通过宣传榜样人物，广大员工能够较快理解银行所推崇的理念和思想。榜样人物日常工作的行为代表着优秀的工作行为标准，他们的存在成为员工们工作行为的标尺。榜样人物也可以分为很多种，有创新方面的榜样、有忠于职守的榜样、有团结协作的榜样，根据职能属性也可以有研发榜样、生产榜样、销售榜样、采购榜样、财务榜样、人力资源榜样等。要注意的是，切勿仅以某一方面为榜样，例如仅以业绩论英雄，在短期看可能收效明显，但是容易陷入功利主义，不利于中小银行长远全面的发展。

（七）建设落地工作组织、管理流程体系并及时评估改进

企业文化建设是一项十分复杂、涉及范围广、持续时间长的庞大工程。必须设计十分完善的管理及流程体系，建设落地工作组织予以保障，否则，会导致中途失败，白白付出了较大的人力、财力和较长的时间。有很多企业，企业文化成了相关职能部门的独角戏，企业文化建设应该是全体员工、

中高层领导、所有机构的职责，建设落地工作组织，落实责任主体，让中小银行上下各司其职。企业文化落地实施的组织包含三个层次，即决策指挥层、统筹谋划层、实施推进层。有了推动组织，由于牵扯部门较多，各部门的协调配合也很重要，需要设计和明确管理流程体系，基本包含三项工作，分别是计划编制、计划实施、成果评估。

给企业文化及时评估，可以使企业文化推进周期产生闭环，是企业文化得以落地和持续推进的关键。通过评估，保留有效的措施，摒弃无效的措施，考察各环节执行人的工作情况，进行必要奖惩，带给企业文化建设工作长期动力。如果说文化落地是一场长距离的汽车拉力赛，那么文化评估即是漫长赛程中的一个个维修补给站点，没有哪一辆汽车能够不依赖维修补给站而顺利跑完全程。后续章节将具体阐述。

三、中小银行企业文化建设的落地步骤

根据企业特别是银行业金融机构的经验，企业文化落地一般经过以下步骤：

（一）建立保障机制

为深入、扎实、稳步推进企业文化建设落地，需要建立相应的保障机制。

1. 组织保障。组织保障的决策指挥层，发挥组织机构的领导对企业文化建设的决策作用，加大实施力度，由中小银行的"一把手"担任企业文化建设委员会组长，做好统筹、协调、管理和监督；由工会、党群、人力等与企业文化密切相关的部门成员组成企业文化建设职能部门，负责企业文化各项基础体系建设工作；实施推进层由各部门、各分支行组成，各部门和各分支行组成的负责人分别担任其所在机构的实施推进第一责任人。此外，应重视企业文化管理组织与企业组织的整合，构建党政、劳动、团组织模式，共同推进文化管理。形成"高层领导牵头负责、各职能部门相互配合实施、基层小组全面渗透、外聘专家指导支持"的组织结构。

2. 队伍保障。建设专业化的团队，在行内培养企业文化方面专业的指导团队、执行团队，真正实现"从员工到员工"的企业文化。着力培养企

业文化人才队伍，重点是打造督训师队伍、管理人员队伍。拓宽人才培养途径，明确员工在企业文化建设中的权利和义务，采取长、中、短期相结合的培训方式，建立企业文化建设高水平的管理人员队伍。

3. 制度保障。制度保障的建立应遵循和谐、竞争、有序的原则，建立科学合理的控制机制，使员工受制于企业文化，不断强化企业认同，最终形成一套企业文化建设体系，促进企业文化的日常管理。制度体系内容包含两部分：第一，企业文化建设内部日常管理制度与规范，包括企业文化建设规划与工作实施计划、企业文化建设委员会管理制度、目标分解与职责分工相关制度、员工行为规范、企业文化建设经费预算管理办法、企业文化传播（宣贯）管理办法、企业文化专业人才培养管理办法、企业文化内训师管理办法、企业视觉识别体系管理办法等。第二，企业文化建设评价、考核与激励制度，包括企业文化建设效果评价办法、企业文化建设工作评价办法、企业文化建设先进单位与个人评选办法、企业文化优秀案例征集办法、企业文化内训师或宣贯员评价与考核制度等。具体要求：一是定期评选企业文化建设工作先进部门和个人，树立榜样人物、典型事件。二是将企业文化建设工作纳入企业的方针目标，考核各部门主要负责人。三是将企业文化建设与全体员工的绩效考核挂钩。

4. 物质保障。物质保障是基础，保障企业文化有所依托。主要包括硬件与软件两个部分，硬件即"物力"支撑，包括场地、设施设备、工作环境、所需物品、传播平台、视觉识别体系建设等，可以建设和完善职工教育培训中心、教育基地、荣誉室、展览馆、图书馆、职工文体活动中心等，同时，结合传播载体建设内刊、展板、文化墙、社交媒体等；软件即"智力""财力"支撑，设立企业文化建设专项资金，通过严格的预算，确保专款专用。

（二）设立专项培训

企业文化培训是提高员工对企业文化理念认知、认同的一个重要方法。我们了解到，部分中小银行开始谋划建立培训学校，其目的是在培养员工业务技能的同时，传承、固化企业文化。在企业文化宣贯过程中，中小银行可以将培训作为重要抓手，围绕企业文化宣贯，系统规划培训主题、培训客体、培训讲师、培训方法等。从层次上看，中小银行的高层管理者需要深入理解企业文化的过去和现在，需要从原理上理解新提炼企业文化的必要性和必然性，需要深入理解企业文化的本质，理解企业文化和战略、核心竞争力的关系。中层领导重点关注与所在条线有关的理念和发展观，重点关注如何在条线建设、团队建设中体现企业文化。基层员工重点关注服务文化、执行力文化的方面，以便在他们的行为中进行反思，在他们的岗位上实施，并在过程中存放；新员工需要了解公司的发展和日常行为守则等。从岗位职能来说，营销部门需要了解营销文化、服务品牌建设、宣传推广、主题策划的内容；人力资源部门需要了解中小银行的发展观、人才观，并与招聘、考核、薪酬、激励、奖惩的有机结合；财务部门需要了解中小银行的发展观以及企业文化核心理念在预算管理、成本控制、增值等方面的应用。从每一个员工的职业生涯来说，通过企业文化培训，能提高自身知识技能和在银行中的综合竞争力；通过了解企业文化在职位晋升中的理念，明确自身在银行内的发展方向和目标；把企业文化培训作为一项工作考核内容，让员工更加重视并主动地学习企业文化。培训实施时可以采取多样形式，常见的有党委会议、集中讲座、专题讲座、文化研讨会、观看故事片、文化讲座、案例故事学习、角色扮演、拓展训练、实地调查研究等。按照时间频率安排可以包括定期、不定期培训，嵌入式培训。培训结束之后要开展评估，重点分析培训是否达到了预期目标，同时，总结培训过程中遇到的问题，对以后的培训提出改进建议，微调培训的内容和形式。

（三）开展内外宣贯

根据商业银行企业文化建设的领先实践，要把企业文化的传播工作组织化、传播主体专业化、传播载体多样化、传播内容可视化。将中小银行提炼出的经营哲学、经营理念、风险理念、服务理念等向全体员工及其家属、股东、其他利益相关者、客户传播，提升中小银行企业文化理念的渗透率，取得广泛认同和树立良好形象。一是传播工作组织化。需要明确各部门、分行在企业文化建设过程中所担负的传播职责、任务和目标，设立长效机制，可组织成立流程制度修订小组、活动策划小组、案例征集小组、编辑小组、新媒体应用小组等。二是传播主体专业化。建立对企业文化具有专业知识和实操经验的专业化团队。三是传播内容可视化。利用传播载体，将视觉识别体系、理念识别体系等内容尽量可视化，便于员工时时看到、时时听到，利于员工理解和记忆。四是传播载体多样化。对内利用视听媒体、培训会议、组织活动、树立标杆典型、领导示范、建立制度等渠道传播，促使行内全员把企业文化内化于心。对外利用公众媒体、自有媒体、品牌推广、社会责任等渠道传播，促使对外树立良好的银行品牌形象。以下列举几种具体方式，对内传播渠道，试听媒体有标语、内刊、文化手册、行歌、案例故事集、电子屏幕、宣传栏、文化墙、专题片、故事片、漫画、广播、荣誉室等；培训会议有集中授课、主题演讲会、文化研讨会、文化讲座、传帮带、党组会议、全体员工会议、晨夕会、部门工作例会、研讨会、大型讲座、年会、表彰会等；组织活动有书画展览、文艺演出、运动会、兴趣小组、拓展训练、角色模拟、标杆学习、先进组织个人评选、知识竞赛、演讲比赛、技能竞赛、征文评选、社会公益活动等；对外传播渠道，公众媒体有电视、报纸、杂志、网络、社交媒体、楼宇媒体、户外广告牌等；自有媒体有网站、微博、微信；社会责任有扶贫活动、环境保护、捐资救灾等活动。

（四）建立激励机制

建立企业文化激励体系，将员工践行企业文化的行为表现与个人薪酬绩效挂钩，建立考核激励制度，能够更有效地确保企业文化落地执行，激励全体员工积极参与企业文化的推动工作。在注重"以人为本、公平公正"的同时，还要注重制度的时效性，鼓励正向激励，做到对不同人群、部门的特点属性更具针对性。建立企业文化激励机制可以结合评估体系，另外，可与银行精神文明建设评比、年度评优评先、党组织评优评先等进行关联。

（五）融入制度管理

将企业文化全面融入中小银行的各个方面，包括融入战略、品牌、制度、团队、岗位、业务、产品、服务、营销、风险控制等，推动管理创新与变革，提高中小银行的经营管理水平。

（六）及时评估改进

把企业文化评估贯穿于建设的全流程，内容包括评估原则、步骤、对象、形式、内容、实施方案和改进建议，企业文化评价是企业文化建设的闭环系统，是企业自我完善和提升的关键环节。

1. 评估内容。评估内容包括企业文化建设工作评估和效果评估，工作评估是对计划和落实情况进行评估，内容涵盖企业文化建设系统的各个方面。效果评估的指标包括过程性评估的指标和结果性评估的指标，过程性评估的指标具体包括以下方面：

（1）培训宣贯：培训课件、培训场次、培训人数；

（2）物化展示：营业、办公场所、办公用品、网站文化标识和理念展示；

（3）内部宣传：宣传文化理念的文章、活动；

（4）外部宣传：外部媒体宣传文章、外部宣传活动；

（5）案例传播：文化故事的征集、整理、传播；

（6）领导关注：公司的核心层对文化建设工作的重视、关注程度；

（7）管理示范：公司管理团队自身行为的改变情况；

（8）制度配合：公司制度、流程与文化理念的一致性情况；

（9）仪式活动：公司文化仪式、文化活动的开展情况；

（10）典型引导：公司对文化英雄的评比宣传情况；

（11）行为标准：对行为的具体的、可操作、可考量的要求；

（12）行为提炼：对文化英雄的先进行为的总结、提炼；

（13）行为推广：对文化英雄的先进行为的推广；

（14）行为环境：促使或诱导人们做出某种行为的各种提示性环境。

结果性评估的指标具体包括以下方面：

（1）员工认知度：员工对企业文化理念的知晓程度；

（2）客户认知度：客户对企业文化理念的知晓程度；

（3）相关利益者认知度：相关利益者对企业文化理念的知晓程度；

（4）员工认同度：员工对企业文化理念的认同程度；

（5）客户认同度：客户对企业文化理念的认同程度；

（6）相关利益者认同度：相关利益者对企业文化理念的认同程度；

（7）员工满意度：员工对于公司的整体满意度；

（8）员工敬业度：员工对于工作的投入程度；

（9）制度匹配度：企业制度政策与企业文化理念的匹配程度；

（10）行为匹配度：员工行为与企业文化理念的匹配程度；

（11）客户忠诚度：客户的稳定程度；

（12）社会美誉度：社会各界对企业的评价。

2. 评估方案。从评估方式来说包括自我评估和外部评估；评估具体实施方案需要确定企业文化建设考核评价机构，明确评估的目标、任务和范围，确定评估周期，拟定评估工作进度安排。实施评估方案的具体工作包括问卷调研、座谈访谈、现场评审会、评估数据分析整理、形成评估报告并反馈发布。

3. 评估结果。企业文化评估结果主要应用于经验总结和体现不足，形成具体的改进方案，改进方案应具有较强的指导性和可操作性，实施时在确保方案落地前提下，还需不断优化，提升企业文化建设水平。

第二节　中小银行精神文化层重塑措施

中小银行企业文化重塑从精神文化层开始，就是将我们提炼出来的愿景、使命、核心价值观、管理主理念、银行哲学、核心价值观、座右铭、银行的经营理念、服务理念、风险管理理念、人才与人力资源管理理念、经营宗旨、企业精神、企业道德、企业作风等全部价值理念进行宣贯和升华，最终成为银行全员的自觉行为，得到完整贯彻。

一、新形势下精神文化层重塑的再思考

企业文化的核心层完整地回答了企业的经营方向（企业使命、企业愿景、价值观）、企业如何经营（经营理念、发展观、经营哲学、企业的经济学等）、企业对重要问题的看法（风险文化、服务文化、人才观等）。中小银行的企业文化核心层是中小银行的基因，它在很大程度上决定了企业

的成长轨迹和市场形象，不仅影响中小银行的发展战略，也影响着战略的执行和员工行为。中小银行精神层文化是凝聚全体员工应对市场竞争的核心力量。当前中国经济处于爬坡过坎的关键时期，中小银行也处于经营的低谷期，在困难条件下，中小银行如何突围，需要新的发展观、业绩观，需要二次创业的勇气，需要更加清晰明确的企业使命、发展观、经营哲学等。

二、提升精神文化的措施

提升中小银行的理念文化是一个系统的复杂工程，每一项措施都未必立竿见影，需要在实际的文化宣贯、理念内化中总结成功的经验，固化有效的措施，不断修正纠偏，把优秀的精神文化真正根植银行深处。我们姑且从现有的认知水平和实践经验出发，提出几点提升精神文化的措施方法。

（一）完善战略制定和战略宣导流程

战略规划制定不是走过场，不是简单的数据收集，不是对分解主题的汇总，不是单方面的分析研究，而应该是一个自上而下、自下而上地反复沟通、凝聚共识的过程，是对中小银行面临的机会、威胁和自身优势、劣势等逐个梳理，对中小银行使命定位、发展方向、业务布局、发展路径以及各职能提升方向和行动的系统性回答。中小银行完成战略草拟之后，后续可考虑通过多种形式邀请董事会、总行经营层、各部门负责人，各分支机构负责人的广泛参与，应该围绕战略开展讨论，并强化战略宣导，把战略宣导和战略制定融合起来进行，驱动战略共识。

完善战略解码机制。战略解码是将公司战略和经营目标逐级落实的一种工具。总行层面的战略解码就是将中小银行的年度战略和经营目标落实到总行各部门、各分支机构的过程。战略解码通过激发讨论、透明沟通的方式，呈现组织展露的样貌，明确战略重点，探讨为实现组织战略需要开展的行动计划，并落实为绩效合约，最终将总行战略转化为全体员工可以理解、可以执行的行为过程。在战略解码会讨论、PK 的过程中，参与者逐渐达成对年度战略执行的共识，形成上下同欲的氛围。

（二）加强领导力体系建设，打造具有竞争力的核心管理团队

构建领导力解码机制。中小银行应该聚焦战略目标、文化理念、组织

能力以及关键挑战，对领导力要求形成覆盖总行各部门管理团队及其后备、各分支机构经营管理团队的领导力发展标准——领导力模型，明确中小银行对核心管理团队的能力要求；在此基础上，中小银行应该完善领导力盘点机制，按照绩效和能力两个维度每年开展对核心管理团队的领导力盘点，在盘点的基础上，确定管理人员领导力提升计划，同时作为任用调整的参考。

完善领导力发展机制。中小银行应该在领导力盘点的基础上，针对核心管理团队的领导力短板开展针对性的领导力提升项目；中小银行可从未来发展角度，搭建后备管理干部人才梯队，利用评价中心等手段选择具有发展潜力的干部进入后备库，系统开展培养活动。

明确战略发展、核心竞争力打造和企业文化建设总、分、支行管理者的要求，明晰胜任行为标准，明确用人价值导向，为管理者的选拔任用、现状能力评估、培养发展提供依据，也为后续各级管理者的行为改进提供引导。

明确干部培养晋升规则，建立中层正职与副职后备两支队伍，传递用人价值导向，给有潜质的管理者以希望，同时识别具有良好潜质的干部作为后续重点培养的对象，并以储备后备干部的方式驱动现有管理人员的能力改进。

通过中层正副职及其后备培养项目实施，有针对性地提升现任管理者和后备干部的能力素质，并通过培训方式实现企业文化理念和行为标准在核心管理团队中的导入；同时通过培养项目过程中的对标评估，实施对现任管理者的盘点，传递压力，驱动行为改善。

中小银行应该根据战略发展要求和业务分布状况，确定核心人才分层分类框架，定义总行核心人才队伍胜任能力模型。引入核心人才的盘点机制，从定量和定性角度对核心人才队伍数量、质量、结构现状进行分析，把握核心人才的战略满足度状况，之后中小银行应该开展核心人才发展规划，结合总行人才管理状况，确定发展思路和理念。

构建完善人才标准。开展全行岗位梳理工作，在岗位梳理的基础上进行人才标准的细化。拓展人才发展通道。针对管理序列、专业序列、技术序列等设置针对性的发展通道。打通各序列转化通道，打造构建核心人才的培养体系。设置好培训课程，对中小银行而言，多利用走出去学习的方式。在培训过程中，强化企业文化宣导、强化经营理念的渗透。尊重员工首创精神，回应员工呼声和期盼。

（三）形成精神理念宣贯的闭环

以往中小银行在企业文化宣贯上最大的不足是未能建立精神理念宣贯的闭环。借鉴领先工商企业和商业银行精神理念宣贯的做法，中小银行要建立宣贯传播、践行、评估的闭环。传播就是运用各种方式、渠道对内对外进行宣传。践行就是在日常经营管理实践中执行。评估就是按照固化于制、领导践行、员工为本、文化传播、文化效能的角度，对企业文化宣贯的效果进行评价。根据存在的问题，改进宣贯方式和措施，进一步加大宣贯力度（见表4-1）。

表4-1　　　　　　　中小银行企业文化评价指标体系

固化于制	领导践行	员工为本	文化传播	文化效能
战略管理 组织优化 信息管理 组织创新 组织协同 客户导向	以身作则 业务引领 团队建设	任用配置 培养发展 考核评价 员工激励 员工关爱	传播组织 传播载体 传播策略	组织认同 团队凝聚 组织效能 品牌影响

（四）推行"一把手"工程，发挥首席文化官作用

领导的身体力行是最有效的方法和措施，党委书记、董事长不但要重视和推动企业精神文化建设，更要担当起深化企业文化建设的决策者、倡导者和推动者的责任，会讲、爱讲、常讲精神文化，倡导和践行优秀文化，焕发精神魅力，带动全员接受和内化精神文化。领导层真正理解企业文化的内涵，对于新提炼的经营哲学、经营理念等，是引导员工学懂弄通的前提；领导层发自肺腑地认可、遵从经营哲学、经营理念、人才观、风险文化理念、服务文化理念等，是引导员工认可的前提。领导层真学、真懂、真信，是做好企业文化宣贯的前提。全体高管、各分行、各部门负责人，要真正成为企业文化的传播者，要在各自的领域践行企业文化的核心理念，

并引导员工践行企业文化所信奉的理念。

第三节　新形势下中小银行制度文化、
行为文化的重塑措施

按照企业文化的一般原理，制度文化、行为文化属于企业文化的第二、第三层，是企业文化宣贯承上启下的层次，也是重要环节。

一、新形势下对中小银行制度文化的再思考及重塑措施

制度文化不同于制度，制度只是管理规范，是对员工的外在约束，当制度在长期经营实践中被企业员工普遍认同和遵守时，它才具备了文化的属性。银行的制度文化就是核心层理念在制度层面进行映射并发挥作用的过程。

在新的历史时期，我们要重新反思企业制度文化层。相信很多中小银行一直困扰于这样一个问题：银行的制度基本上覆盖了所有的领域，监管部门要求的制度也都有，为什么执行的时候总存在问题，为什么没有达到想要的管理效果。实际上造成这种情况的原因是多方面的。我们从实践中观察，有的制度从发布之日起，就注定难以执行，但因为方方面面的原因还不得不印发。最关键的一点，制度和银行所倡导的理念相互冲突，导致制度文化层与精神文化层相互背离。制度文化层是企业核心理念向外辐射过程中的重要环节，如果制度文化层不能体现核心理念，这必然造成企业文化建设的异化。建立完善的制度文化、切实的行为文化，保证企业文化扎根于员工心中，才能为中小银行的经营管理提供文化保障。

（一）对存量制度进行重检，对于不符合核心层理念的部分进行修订

中小银行完成企业文化重新提炼之后，我们会发现一个问题：现有很多制度与企业文化是相背离的。例如，现行的风险和授信制度是否与风险文化相一致，现行的人才招聘、管理，干部任用标准和制度是否与人才观相一致，现有的产品制度、流程是否与经营观念相一致，现有的营销指引是否与发展定位相一致。经过制度的梳理和重检，我们要发现不一致的地

方、相抵触的地方，然后有计划地修订制度。

（二）在新建制度中融入核心层理念

要求全行所有新修订的制度，都要经过企业文化牵头部门的审核，这样可以确保所有新出台的制度符合企业文化确定的理念。此外，应该要求合规部门充分掌握企业文化相应的理念，在今后的制度制定、修订过程中，体现企业文化有关内容和要求。

建立完善的制度体系，梳理现有的信贷制度手册，编制相应的操作手册等，让中小银行的价值观得到刚性的制度保障。总行成立制度委员会，严把制度发起关口，保障制度制定的合理性和科学性。要求各分支机构认真学习并有效掌握各项制度，让制度文化建设有抓手，同时要保证制度文化与理念文化相一致，把发挥价值体系导向作用与强化制度规范较好地结合在一起。

（三）通过激励约束机制，确保制度发挥作用

企业文化核心层内容融入制度是制度文化建设的第一步。后续还需要通过激励约束确保制度充分落实到位。激励方面，对于能够模范遵守各项制度的员工和管理者，给予物质奖励、精神奖励，表现特别好的员工和管理者，在职级提升和职务晋升方面优先考虑。约束方面，加强条块检查监督考核，不断提高制度执行力和执行效果，学习执行制度，靠制度管人、按制度办事成为大家的自觉行为。对于违反制度者，进行处罚和问责。轻微违规者，按照轻微微观进行积分。严重违规者，直接进行处分。通过激励约束的固化，使制度成为大家共同认可的契约。

二、新形势下对中小银行行为文化的再思考及重塑措施

近年来，银行业的经营环境发生了深刻的变化。银行机构的数量正在迅速增长，包括人才、存款和业务在内的机构之间的竞争将变得越来越激烈。中小银行一直在提升客户的信赖度，提升产品创新与服务质量，提升人才专业化的道路上不懈努力，随着市场的脚步发展，金融服务从单一到综合、从线下到线上，这需要银行团队到员工都充分发挥专业能力和爱岗敬业的精神，这说明培养员工的价值观和行为模式与银行的行为文化相一

致是十分必要的。行为文化包含经营管理行为和员工行为两部分。管理行为表现为计划、组织、指挥和控制等，反映了银行使命、愿景和价值观，凝聚团队和塑造良好公众形象；员工行为在不同级别员工身上发挥着不同的作用。通过行为文化的建设，指导、约束、整合员工的行为，发挥团队最大的效能和服务创新能力，才能在竞争激烈的市场环境中领先一步。提升行为文化要建立范式、规定和准则，既要遵循客观规律又要符合中小银行的价值需要和目的，可以从以下三个方面开展：

（一）将核心理念融入行为准则

没有统一的理念和行为，就没有一致的行动。部分中小银行如何看待风险，如何看待人才、如何看待创新，如何获取业绩，如何进行价值激励等方面都存在观念上的不一致，中小银行立足于使命愿景、战略目标、经营策略与员工的整体诉求，明确组织在这些关键领域提倡什么理念，反对什么理念，倡导什么行为，反对什么行为，正是企业文化提炼过程中需要解决的问题。企业文化提炼完成之后，要以此汇聚行动共识。

正如核心理念要融入各项管理制度一样，核心理念也要融入银行的各类行为准则，包括员工行为规范、员工行为准则、职业道德规范、员工礼仪规范等。中小银行所倡导的价值观、核心理念等，如果能够转化为员工的行为准则，则企业文化的宣贯在很大程度上是成功的。

（二）设立行为标杆

在行为层文化宣贯的过程中，通过设立行为标杆，是行之有效的措施之一。

1. 建立行为标杆规范制度。这项工作可以由工会开展，主要建立服务标兵评先制度和流程、执行力标兵评选管理办法、学习型研究型职工标兵评选管理办法、创新型员工标兵评选管理办法、道德标兵评选管理办法、模范员工评选管理办法。还可以考虑建立制度执行标兵评选管理办法等。围绕建立行为标杆，制定一系列制度。

2. 发挥专业示范、先进模范的标杆作用，总结宣传典型事迹，鼓励先进、弘扬正气，让员工以之为榜样不断学习，提升专业能力，提高团队战斗力和凝聚力。

3. 强化各类行为规范的培训。强化制度的解读，明确制度执行的细节和标准，确保各类制度执行不走样。强化行为规范的解读和培训，将行为规范固化于员工的大脑。通过培训使员工把行为文化转变为习惯，强化职业道德、自我审视和服务意识的重要性。通过职业技能、职业知识、职业态度的全面培训，使员工在工作态度、专业能力上形成良好习惯，并能在工作当中有计划、有总结，充分重视细节，能够与客户、同事、领导有效沟通，克服懒惰习惯，培养良好的学习习惯。

（三）塑造行为形象

中小银行要重视经营管理质量、信誉和良好的客户管理，充分展示特色，从而在众多银行中脱颖而出，取得客户的认可。塑造行为形象要符合差别化、整体性和战略性三大原则。塑造良好形象要重视首因效应，首因效应即初次印象，银行厅堂环境营造、厅堂服务员工仪表和标准化的服务礼仪的提升，是对客户的尊重，用微笑和热情感染客户，给客户宾至如归的感觉。

1. 中小银行塑造行为形象，需要重塑服务文化。中小银行要不忘初心，牢记使命，始终把自己当成一个服务企业。中小银行的员工，要有服务意识。真正把客户当成上帝。始终致力于提升服务质量，千方百计改善客户体验。具体而言，在员工的行为上，管理人员要将普通员工当作服务对象；后台人员将中台作为服务对象，中台将前台作为服务对象。在对待客户方面，从服务态度、服务形式、服务内容方面体现出本行的特色，让客户满意。从语言表述、行为举止、办事风格、办事效率方面体现出本行烙印，让客户留下深刻印象，并产生良好的口碑。

2. 中小银行塑造行为形象，需要重塑工作作风。目前行政部门和国有企业正在整顿庸官、懒官、乖官、巧官，慵懒乖巧的问题在中小银行也不同程度地存在。整顿中小银行干部队伍中存在的官僚文化。银行是一个企业，但部分中小银行官僚文化浓重。部分工作人员特别是中高层管理者，干工作不求有功，但求无过，遇到问题、矛盾"绕道走"，工作中拈轻怕重、挑肥拣瘦、推诿扯皮，面对困难退避三舍，在工作中造成不良影响；能力不强、本领欠缺、"自命不凡"又毫无建树，把"不会干""干不了"

"不好干"当成完不成任务的"正当理由"。在改革发展进程中，没有思路、没有办法，畏首畏尾、怕担风险，致使工作没有起色、没有突破、不见成效。部分中高层管理者，不思进取、安于现状，"混"字当头、得过且过，虚张声势不干活；工作不积极，办事拖拉，热衷于开会等于落实、发文等于做过，摆姿势、做样子。部分中高层管理者言听计从、唯唯诺诺，领导说什么就是什么、让做什么就做什么，不问缘由、不管对错；奉行好人主义，搞无原则一团和气，对身边的不良风气态度漠然、听之任之；回避矛盾、明哲保身，领导爱听什么就说什么，口不多言，唯恐言多语失；热衷于虚张声势，"喊口号很积极，行动上难见影"；大事小事层层请示汇报，看似勤勤恳恳，实则不敢或不愿担当。部分中高层管理人员，处事圆滑、看人下菜碟，善于揣摩领导意图，投其所好、见风使舵；干工作耍"花架子"，把主要精力放在搞"材料工程""形象工程"上，只注重留痕、不注重实效，靠编数据、做假账出政绩；惯于搞"选择性"作为，见到荣誉利益就上，遇到矛盾困难就躲，什么对自己有利就干什么。中小银行可以将党建作为抓手，严抓领导干部的作风建设，深入整治"四官"问题。

3. 中小银行塑造行为形象，需要打破目前存在的一些潜规则。个别中小银行基层的客户经理，在与客户的交往中，不能做到"清、亲"两个字。只要有个别客户经理存在这样的情况，客户就会认为这家银行风气不正，所有的关于行为形象塑造的努力都将付诸东流。

应该指出的是：让这样的工作部署落在实处，还要创造各级领导干部和员工"敢讲实话"的工作氛围。一是要建立"领导干部能上能下"的用人机制。二是要建立对能讲实话的工作人员的保护机制。要破除现在一些不良的风气，下级吹捧上级，下级宴请上级。要想重塑行为文化、制度文化，这些细节必须改变。任正非先生与下属吃饭，从来都坚持自己付款，然后将发票撕掉。史玉柱先生曾经说过[1]："当年我搞巨人大厦濒临破产，公司有难，第一批走的人就是那些经常拍马屁的人。所以我东山再起做脑白金的时候，公司文化上有一个规定，如果下级当着上级的面说上级的好

---

[1] 史玉柱 2015 年员工大会演讲稿。

话，当场罚款五百。"这些都是很有启发性的言行。三是在选人用人方面要敢于任用讲真话、能作为、有担当的人员。

第四节　物质形象层与品牌文化建设、提升措施

一、新形势下对中小银行品牌文化及形象设计的再思考

目前，中小银行品牌建设明显滞后，多数在战略管理和市场营销能力方面偏弱，部分中小银行对品牌的认知还停留在传统广告上，没有认识到品牌文化的价值内涵，品牌培育和形象建设能力不足，难以把自身优势和产品亮点转化为客户感知的品牌价值。制定系统整体的品牌文化战略，提升品牌形象，才能增强中小银行在金融市场的核心竞争力，推动业务转型发展。

在中国，品牌经济时代已经到来，客户在追求金融产品和服务的物质满足的同时，更注重精神体验和个性魅力。在这个阶段，具有个性化和文化增值的品牌对客户更具吸引力。客户需求方面，从理性需求上升到感情需求再到体验需求；银行金融产品方面，从同质化上升到差异化再到加上文化概念；竞争环境方面，从产品竞争上升到服务竞争再到品牌竞争。银行是基于信用和信心的服务行业，品牌是维护公众信心的重要载体，加强中小银行品牌管理，增强品牌质量、文化附加值、品牌知名度、品牌美誉度、客户忠诚度、市场占有率、经济效益、无形资产价值、社会效应、市场生命周期等，能够在很大程度上减少交易成本、培育稳定客户。在生产经营过程中树立被目标客户认可的一系列品牌精神文化、制度行为文化和物质文化，对于中小银行未来发展，提升软实力都具有重要深远的意义。

二、品牌文化及形象设计的提升措施

品牌规划和形象设计完成之后，最终要看员工、客户和市场的认可程度。因此，品牌的推广和维护至关重要。

（一）遵循原则

1. 坚持系统运作原则。建立品牌管理体系，它是一种方法体系，也是

思想体系，它是关于品牌如何设计，品牌规划如何开展，品牌如何推广，品牌如何维护，品牌如何修复等一系列问题的系统化方法。对于中小银行而言，碎片化的品牌宣传行为、总分行品牌管理行为的冲突、子品牌与总品牌不协调一致等问题，背后原因都是未能坚持系统化运作的原则。

2. 坚持与时俱进原则。品牌在设计之初必然融入先进理念和文化技术特征，又在发展中不断融入创新理念，从而推动自身向前发展，形成良性循环。没有一个品牌能在过去成功的基础上获得成功。市场从来都不是静止的，顾客，尤其是年轻顾客的口味一直在变化。如果在银行发展的很长一段时间中，一直没有带给客户新鲜感和与时俱进的信息，银行的品牌将走向老化的行列。

3. 坚持突出特色原则。中小银行在建设品牌文化和设计形象时，应带有自身的个性和特色，品牌文化的个性是品牌生活的核心。美国著名品牌战略大师大卫·奥格威说："像一个人的个性一样，品牌个性既独特又可持续。"中小银行品牌战略都应该适应市场的变化，从而创造出让同业难以模仿甚至短时间难以模仿的个性化品牌。在金融行业高度同质化时，鲜明的品牌个性能够更容易在客户心目中留下烙印。品牌个性化从以下几个方面凸显，一方面，品牌形象和产品、服务表现；另一方面，建立一种品牌信息的传播机制，更容易让客户认识品牌的真实象征，使品牌所代表的文化与客户产生共鸣。

4. 坚持品质至上原则。品牌的基础是服务的品质。对于中小银行而言，我们设计出的品牌最终是被市场认可，还是被市场所抛弃，是能够广泛传播，还是只能自我陶醉，关键取决于我们所提供的产品、服务的质量。在当前金融供给侧结构性改革的大潮中，中小银行能否立足，中小银行品牌能否得到认可，需要我们对自身服务的品质进行重新审视。

（二）提升措施

有的中小银行的管理者认为，在总的品牌、LOGO 等完成设计之后，品牌建设与形象设计就万事大吉了。实际上，品牌与形象设计完成，品牌与形象的推广更为关键。

1. 随着业务的发展，逐步完善品牌架构。商业银行的品牌是由主品牌子品牌构成的品牌体系。子品牌是主品牌的延伸和阐释，主品牌是子品牌的凝练和统领。设计了主品牌，品牌管理体系的建设才刚刚起步。中小银行的业务种类较大行少，但是品牌体系的建设却更为重要。在中小银行主品牌之下，大零售条线的产品品牌、资管领域的产品品牌、互联网银行品牌、交易金融品牌等都需要设计和完善。品牌架构的意义，从内部看，能有效整合内部资源，界定业务发展战略；从外部看，能达成与目标客户的有效沟通，传递清晰的品牌内涵，强化品牌影响力，促使品牌资产增值。

2. 做一个高质量的品牌规划。中小银行要改变品牌建设、品牌推广的碎片化状态，就要有一个专业化的品牌规划。围绕品牌建设，应该有一个牵头部门。同时要通过品牌规划，划分各部门、各机构的职责和统领关系，明确子品牌与主品牌的统领关系，围绕品牌宣传推广、品牌维护，配置资源。明确品牌管理的阶段性目标。更主要的是，明确各部门、各机构统一的品牌推广行动，使得各类行动相互配合、相互衔接。

3. 建立健全品牌传播体系。优秀的品牌沟通是建立品牌资产，树立品牌形象，形成品牌转型，提升品牌声誉，扩大品牌影响力，实现品牌自发传播的有效途径。品牌传播包括主体、客体、渠道和内容四个要素。主体定位表达"我是谁"的问题，确立传播主线，树立成功形象；对象研究表达"对谁说"的问题，其目的是在受众心目中达成所需的品牌影响力，研究传播对象的心态尤为重要，切勿对牛弹琴。渠道分析表达"怎么说"的问题，即传播的载体，用什么时机、什么理由、什么方式诉说；内容辨别表达"说什么"的问题，内容需要凸显个性、符合市场环境并且适合中小银行的发展战略。品牌传播是中小银行的综合营销。一方面，它涵盖了所有的传播活动，如广告、促销、公关、CI、包装、新闻媒体等；另一方面，它使企业能够向客户传递统一的通信信息。

4. 做好品牌维护有关工作。中小银行要借鉴领先同业及其他工商企业的经验，做好品牌保护管理、品牌危机管理和品牌扩张策略管理。一是树立品牌保护意识，积极做好品牌保护工作，通过正规注册确立商标权，通过品牌监测，防止商标被盗用，必要时，要运用法律武器保护品牌。二是科学开展品牌危机管理。从主观意愿上讲，任何一家银行都不愿意遇到品牌危机。但是中小银行在市场上生存，服务各类客户，由于员工不当行为、特殊事件引起的舆情风波等，品牌危机难以完全避免。这种情况下，应该建立品牌危机管理应急预案，合理应对、有效管理品牌危机。三是合理应用品牌拓展策略。将现有成功品牌用于新产品或改良产品的推广。

第五章　中小银行人才与人力资源管理文化重塑之道

"治国经邦，人才为急"，人才是企业成长的关键资源，人力资本是工商企业做大做强、基业长青的关键驱动因素。企业制胜的秘密在于是否能获得优秀人才，并通过合适的人力资源管理手段使人才发挥出他们最大的潜能。人力资源管理的核心即是实现员工与企业的"合一"，使企业与员工成为利益共同体，达成一致的目标，同心同力实现员工与企业的共同发展。从效率到智慧的思维转变，是人力资源领域的发展趋势。人才的开发有待于企业建立符合社会和经济发展规律的人才政策以及选育用留措施。企业人才文化和人力资源管理文化能够从方向上指导人力资源管理策略的确定。

第一节　中小银行人才文化重塑

重塑中小银行的人才文化，首先需要完成对科技发展和金融领域快速变化的新形势下中小银行的人才文化再认识，把握人才文化的核心观念，理解企业文化与人才文化之间的密切联系，进而开拓重塑人才的具体措施。重塑人才文化需要中小银行树立以人为本的人才观，转变高层管理者对人才文化的认知，提升员工在中小银行中的地位，构建多层次的人才文化理念。

一、新形势下中小银行人才文化再认识

美国管理大师德鲁克曾经说："人是企业最大的资产。""企业管理就是人力资源管理。"IBM 创始人托马斯·沃森曾经说："一个企业成败的关

键在于它能否激励员工的力量和才智。"日本丰田公司经理石田退三说："事业在于人。任何工作，任何事业，要想大力发展，最要紧的一条就是造就人才。"美国著名企业家艾科卡说，你可以取走我企业的所有员工存款，拆走我工厂里所有设备，但务必有员工，因为他们才是我企业里的真正财产。这些大师的话无一不证明人才在企业中的重要地位。人才是中小银行的核心资源，一切物质资源都会枯竭，而人的智慧产出却源源不断。企业的竞争以人才竞争为最终表现形式，优秀的人才总是向优秀的企业靠拢。选择优秀人才，让优秀人才为我所用是企业文化建设的第一要义，是每一个企业持续发展、基业长青的战略重点。功以才成，人才文化是中小银行软实力的重要组成部分，是中小银行核心竞争力建设的根本，是让中小银行保持持续创新活力的必备要件。

支持中小银行的人才文化观念的核心观点包括：

如何对待人才？吸引优秀人才是银行经营和发展的基本方针，也是企业保持竞争力的核心手段。

选拔人才的标准？认真、敬业且胜任的员工是公司的财富。

怎样管理人才？客观公正的评价、包容开放的发展环境、有竞争力的发展平台和发展机会是人才吸引和保留的重要手段。

谁负责人才培养？管理者肩负培养人才的重要责任。

企业创立优质的人才成长环境的基础是建立适宜的人才文化。着力进行人才文化建设，培养和造就一支有实力的人才队伍，对于中小银行的长远发展和战略成功具有战略意义。

（一）人才文化的概念

人才文化，集合了人才的核心价值观、良好的人才公共道德和人才正能量。中小银行的人才文化，指银行全员拥有的核心价值观，是银行全员公共道德和正能量的集中体现。中小银行的人才文化是银行在长期经营和管理活动中形成的人才管理的思想观念内核，能够对银行员工行为习惯的产生、持续、承接等起到不可抗拒的作用。中小银行人才成长发展的文化环境必须根据中小银行的发展阶段、经营情况，配合商业银行发展战略建设实施，开发创新符合中小银行自身特点和发展特质的人才文化制度，建设重视人才发展的精神家园。

人才文化是企业文化的次级文化，也是企业文化的亚文化形态。人才文化从企业文化中分离、提炼。首先，中小银行需要根据自身发展战略思想形成企业独特的看待人才视角；其次，从人才的吸引、保留、赋能、激励等一系列人力资源管理方案和经营氛围创造等方面进行全要素开发。中小银行人才文化建设中最基本、最核心的概念是树立"人本管理"的理念，在管理制度和方法上时刻体现"以人为本"的核心，挖掘员工潜能，调动员工的创造精神，从构成企业的基本单元——人才这一根本上改善企业素质，不断增强企业活力和竞争能力。

（二）中小银行企业文化与人才文化的关系

从内涵上来看，企业文化是主文化，人才文化是次级文化，人才文化从属于企业文化，是企业文化的构成，但是在管理实践中，企业文化需要依赖人才文化加以体现，人才文化能折射出企业文化的内涵和真谛。如果一家企业所宣称的企业文化与人才文化不同，甚至相冲突，说明这家企业的企业文化并非如其所言。人是文化的创造者和展现者，企业文化需要经由企业中人的行为和特质来展现。人才文化是企业如何看待人的基本价值观念，是企业人才类型，人才培养方向，人才特质的集中体现。美国花旗银行即秉承以人为本的企业文化内核，提出对员工培养与选拔的七个要求[①]：第一，保持专注力；第二，积极的思考能力；第三，专业知识充沛；第四，增强抗压能力；第五，高效工作；第六，超乎寻常的想象力；第七，赢家式的正向观念。这七个方面的要求体现了花旗银行企业文化的精髓。

中小银行企业文化与人才的更深层次关系可以从人才适应性的角度剖析：一方面中小银行的经营者经由企业文化缔造一个平台或者烘托出一种氛围，这一平台和氛围自带人才吸引力，并决定相应人才为银行的发展施展自己的才能的主动性。如果这个平台（氛围）能够让人才感到舒心快乐，身心放松，在工作中能够发挥才干，甚至达成心流体验，那么这些优秀人才就甘愿为企业所用，甚至是普通员工也愿意不断提升自身能力，向

---

① 牛晓娟. 富贵旗开得胜——花旗银行人力资源培训启示 [J]. 商业文化（上半月），2011 – 03 – 15.

着精英的目标发展自己，从"能干事"变成"想干事"，甚至"干成事"。相反，如果企业提供的平台或氛围令员工，甚至优秀人才感到不适应、不舒服，甚至受打击、受压抑，那么这些"能干成事"的人才自然会有所保留，甚至离开企业，无法为企业所用，平庸的人才也会对企业产生种种抱怨。如果企业文化与人才需求不相融合的怪圈总是围绕着中小银行，那么这样银行的发展前景着实令人担忧。因此，人才的利用和开发与企业文化的整体基调之间相互影响，人才与文化的适应能够带来企业与员工彼此的成长，对中小银行的长远发展起到不可估量的作用。银行企业文化的形成受到银行上下员工的整体素质、管理团队的能力以及银行综合管理实力的影响。形成合力的团队具有强大的凝聚力，能够激励团队成员向着共同目标前进，在这种形势之下形成的团队精神能够构成企业文化的内核，并继承和发扬团队核心力、凝聚力，形成企业文化与团队精神互相促进的良性循环，有利于中小银行长远发展。反之，如果银行内部充斥着不团结、不公正、不务实的小团体，随之形成的必定是消极、颓废，缺乏精气神的团队氛围，这种小团队氛围下构成的企业文化精神内核也是不稳定、不健康的，最终发展下去必然导致中小银行培育不出也吸引不到优秀人才，长远发展受阻。

二、重塑中小银行人才文化的措施

近十年来，我国商业银行数量和规模迅速发展，商业银行人才梯队建设和人才质量也随之得到跨越式发展。从国家层面看，人才强国的战略地位已经确立，科学人才观日益深入人心；从金融科技领域人才发展全局来看，金融人才队伍的整体实力和素质明显增强，人力资源管理能力逐渐升级，人力资源效能不断提高。但对中小银行来说，人才队伍的建设和发展仍然面临瓶颈。

我国商业银行人才文化建设既受传统文化影响，也受外来文化影响，中小银行的人才成长和人才战略受到较大的影响，人才文化的突出缺陷表现在：在人才使用方面缺乏尊重、欣赏不同类型员工的文化认同；人才收入分配机制缺乏公平的文化氛围；人才的管理机制缺乏竞争的文化意识；

高技能人才在中小银行各个岗位分配不均衡；中小银行的关键岗位存在人才流失现象；创新型人才的匮乏制约中小银行的创新发展。

在中小银行经营发展中，存在重经营管理，轻文化建设的现象，致使中小银行的人才文化与人力资源文化建设落后于金融行业发展的新形势。要解决这些问题，需要在人才管理和人力资源管理工作的体制和机制上进行突破性改革，高度重视中小银行人才成长与发挥作用的文化环境建设。那么，中小银行怎样构建优秀的企业人才文化，如何建立符合自身特点的企业文化和人才文化，达到用优秀的企业文化吸引到优秀人才的目的，并能够容纳人才在企业的平台上充分施展自身才华呢？这些问题是所有中小银行管理者都必须面对并着力解决的重要问题。重塑中小银行人才文化的具体措施包括以下几个方面。

（一）重塑以人为本的人才文化

以人为本，是科学发展观的核心。以人为本，是把人类的生存作为根本，或者把人当作社会活动的成功资本。以人为本，是企业文化建设的基础，也是重塑人才文化的基础。以人为本是中小银行核心能力打造的方式。2008 年发生的国际金融危机给各行各业带来深刻启示，作为一家企业尤其是金融机构的首要责任是必须遵守诚信、稳健等市场规则，不能够盲目追求利润最大化等短期目标，危险的经营操作行为不仅会损害广大金融消费者的利益，更加会使自身受损，乃至被市场抛弃。就中小银行业而言，遵守国家相关金融法律法规，遵循稳步发展、公平竞争、风险控制等基本的商业准则，是寻求发展必须遵守的底线，只有这样才能实现生存和可持续发展。中小银行内部的诚信系统是外部诚信的根本。以人为本的外部焦点是客户，内部焦点是员工，组织服务员工，员工服务客户。对外以客户为本，尊重客户多元化、个性化的需求，真诚用心、精致精细地满足客户需要，获得客户信赖；对内以员工为本，尊重员工，公平公正对待员工，信息公开，合理任用，帮助员工实现自我价值。花旗银行的企业文化体系可由"以人为本，客户至上，寻求创新"三个词概括。瑞士百达银行将企业文化蕴于经营之中，虽然没有形成象征性的口号，却在经营管理惯例中贯彻了内涵式的企业文化体系。英国渣打银行以"吸引、培养和留住人才"

"创建以实力为基础的组织""保持多元化及包容性的工作场所"等理念为人力资源管理的系列目标。中小银行吸纳先进银行的管理精髓，需要坚持以人为本，不断改进人力资源管理，优化人才成长环境，吸引和造就一大批现代银行专家与经营能手，集聚和发挥人才优势，为发展奠定坚实的人才基石。银行的经营目标同时兼顾银行战略愿景实现和员工个人成长及潜力开发。

以人为本的核心理念并不是强制执行的制度规范，而是深化于企业文化精神内核的养料，是企业营造"和谐共生"环境的基础。制度的执行力度虽然关系到企业经营的失败，但制度发挥作用的大小却有赖于制度制定过程是否遵守了以人为本的原则，来护航制度执行。只有建立在以人为本基础上的制度才能在贯彻执行过程中对不同等级、部门的员工一视同仁，公平对待，保证执行的制度对企业全员有绝对的约束力、震慑力、信服力。在生产关系中，人是生产力中最活跃的因素，人决定了企业其他资源的利用程度。因此，注重人才、尊重人才、开发人才的竞争在现代社会各类组织中展开，这就更加需要企业在制度执行的过程中把握以人为本的原则，了解人性的本来面目，把握人性伸展尺度，在制度执行中保护员工被尊重和自我实现的需要。以人为本要求中小银行适时为员工提供和创造发展的平台和空间，同时也要鼓励员工怀揣自我实现的梦想。人才是我们的核心资源，一切物质资源都会枯竭，而人的智慧产出却源源不断。功以才成，业由才广，"爱才""聚才""用才""容才"应该是对待人才的态度。应该不拘一格使用人才，坚持用人所长，用专业的人办专业的事。坚持因事设岗、以岗选人、人岗相适，反对因人设岗。我们既要建立伯乐机制，发掘人才，也要建立赛马机制，开放竞争，择优选用，能上能下。在经营和管理过程中，中小银行需要通过契约（多种形式的劳动合同）形式与员工规定各自的权利和义务，通过契约的履行保证员工的安全需求得到满足，并实现银行的诚信管理，进而树立银行规范化的企业形象，使员工基本利益得到保障，使留人成为可能。优秀的企业人才文化能够为员工营造健康成长环境，对员工来说是一种"精神薪酬"，也是一个优秀人才加盟的"磁场"，因此，企业需要建立良好的人才文化氛围、营造舒心的工作场所。在以人为本的文化氛围下形成对人才的尊重、理解、信任和支持，充分发挥人才的积极性，实现感情留人，使人才和企业环境相匹配，使中小银行整个团队和谐相处、积极发展。

（二）转变高层管理者对人才文化的认知

转变中小银行高层管理人员对人才文化的认识和理念是重塑中小银行人才文化的先决条件。中小银行的决策层需要厘清自身思路，深刻认识企业文化和人才文化的建设与完善与中小银行战略愿景的实现密切相关。银行的人员结构，银行获利能力的提升，也同样基于企业文化和人才文化的建设。《论语》中说要"修己以敬""修己以安人""修己以安百姓"。企业人才文化建设是银行经营管理的重要组成部分。转变中小银行高层管理者对人才文化的认识需要领导者自觉自悟地提高自身素质和认知。

中小银行的高层管理者担负着决策与管理的责任，他们不仅需要具体全面的管理能力、先进的意识形态、优秀的思想作风以及良好的沟通技术，更需要具备独特的个人魅力。高素质领导者作出的决策不仅效率高，成功率也大，员工愿意围绕在优秀的管理者周围，提升自己，并感受到付出和收获的平衡，自然而然地实现自我价值。这种凝聚力会吸引员工自觉地、以饱满的热忱投入工作。而一个素质差的领导不仅会导致决策失误，企业衰败，还会使人才的积极性备受打击。在这种企业文化氛围中，不管优秀的人才怎样努力，也难以有所成就，结果必然造成人才的背离。中小银行管理中的企业文化、人才文化、思想政治工作以及精神文明建设之间有着密切的联系。厘清、协调这些关系也是银行高层管理人员的重任。因此，中小银行的高层管理人员需要理清思路，在把握大形势、大方向，提高专业能力的同时不断提高自身素质，明确企业文化、人才文化、思想政治工作以及银行精神文化建设之间的四层关系：首先，中小银行的四类文化建设互为依存关系。培育和激发中小银行的企业精神是银行的思想政治工作和精神文明建设的重点，也是银行企业文化和人才文化建立的目标和根本。从某种程度上说，企业人才文化建设是载体，是银行思想政治工作和精神文明建设的起始，也是银行经营管理的思想承载。其次，加强银行企业文化和人才文化建设，可以有效融合中小银行的思想政治工作、精神文明建设和企业管理工作，在管理实践中促使银行精神文明建设与时俱进，企业文化建设因势利导。再次，处理好企业人才文化建设中的集中和分配关系，中小银行作为一级法人，银行整体文化及人才文化需要有统一性，商业银行的整体战略、目标体系、价值标准和制度规范等需要整齐划一，银行各分支机构需要贯彻总行统一的人才文化，才能保证银行整体精神文明建设和思想政治工作的贯彻实施。最后，在中小银行集团总部、总行企业文化和人才文化总体理念的指导下，各分支机构需要结合自身的实际情况，综合考虑本部门经营业绩、人员配比、业务重点和地区特色等因素，开展具有自身丰富特点的企业文化和人才文化建设工作。例如，中国银行就是在银行集团战略发展规划下，建立以银行长远发展为目标的人力资源战略，着力于人才培养与赋能计划。以战略为导向，优化资源配置，并加快人力资源管理由传统职能型向服务型转变。逐步建立市场化、战略化、服务化的人力资源管理体系。这种战略方向的制定，体现了集团与分行不同职能的变化，有利于整体的发展。

（三）提升中小银行员工的地位

提升中小银行员工地位是建立人才文化的基础。员工行为是否能够满足企业需要，是否爱岗敬业是按照心理学中的激励理论来运作的。参照心理学中的激励理论，动机产生需要，需要产生行为，激励是强化需要的手段。以人为本原则即承认人的本质属性。建立人才文化的核心前提是确立员工在中小银行体系中的重要地位。人才文化建设使员工真正受益，员工在享受企业提供的工资福利、股票期权等物质待遇的同时，能够进一步获得尊重、荣誉、自我实现等体现自身价值的无形资产。从个体到整体，实现中小银行的人才管理目标，从利益和效益驱动，走向价值及精神驱动。

检验员工是否受到企业重视的一个有效方法是进行员工工作满意度调查和反馈。工作满意的员工会提高对职业的投入，也就会带来高效的工作结果。美国一项对工作满意与企业绩效关系研究的成果显示：如果员工的工作满意度提高5%，那么顾客的满意度就会相应提升1.3%，企业绩效也会随之提高0.5%。由此可见，提高员工满意度，会给企业带来意想不到的效果。从这个角度来看，企业文化建设的终极目标，也是为了提升员工的个人价值感与工作满意度。通过各项人力资源管理与开发措施，尊重并满足员工的个人需求，培养和提高员工的工作能力，为员工未来发展提供空间支持，为员工提供相应的激励性报酬并关怀员工的个人成长，以及他们的生活幸福。实现员工个人发展与商业银行持续发展的内外和谐，进而实现商业银行的可持续发展。提高员工的工作满意度需要中小银行树立与员工为善的思想。成功的企业人才文化建设协助企业营造员工之间善意、友好、和谐的工作关系，使大家共同进步。整个组织在开放、协调的内部组织环境中稳步前进。

提升员工在中小银行中地位的途径：第一，深刻认识到员工是企业发展之源。公平、公正对待员工是对员工最大的尊重。每位员工都应得到平等的机会和应有的鼓励，并感受到自身的价值。遵循公开原则是保障人力资源管理公正和公平的必要条件。抑侥幸，明褒贬，提高制度执行上的公平性和透明度，是我们应给予员工的基本权利。认同文化理念、胜任岗位条件、创造真正价值的员工是我们最大的财富。敬业、专业、执行力强、愿意并能够推进组织目标实现的人是我们的核心人才。在人才界定上我们始终坚持：看过程更看结果，看表现更看业绩。企业是由不同类型员工结合的整体，个体是整体的力量之源。银行的发展战略以及大政方针是由高层管理者决定，但是政策的贯彻执行，逐步地落地落实，需要一点一滴的细节加以完成。战略实现的每个步骤都离不开银行每一位员工每一天踏踏实实地做好眼前之事，沿着共同的目标前进。如果没有员工每一天在具体的工作上配合企业战略的执行与落地，那么高层管理者的任何战略和构想都只能是空话，无法实现。建立良好的企业文化和人才文化，就是要让梦想落地，团结不同类型、不同个性特质的员工，为了共同的目标前进。第二，关系是认同的基础。员工与中小银行之间的和谐关系，是员工认同企业文化的基础。建立和谐关系的关键在于银行为员工提供个人发展的空间和平台，以及保证生存的物质基础和促进发展的精神动力。员工认同整体目标和文化，并且愿意全力以赴，为之努力。和谐与认同是银行良性运转的前提。第三，银行内部员工相互之间也要建立以和为贵的工作氛围。如果员工之间只存在竞争关系，遇事只考虑个人利益，而无视他人与整体利益，那么个体与组织之间也必将离心离德。组织的发展被个人多方向的个体目标所驱动，出现不同诉求的利益团体，整个组织犹如一盘散沙，丧失战斗能力。内部的不和与矛盾终将带来整个组织的覆灭。所以中小银行需要建立"和"文化，让员工意识到内耗对银行和自身的危害，培养员工的团队精神。第四，努力打造有利于员工成长的平台，让员工与企业一起成长。璞玉需要雕琢方能成器，人才需要历练方担大任。我们坚持成长机会向勇于负责、潜质突出的员工倾斜。我们倡导通过富有挑战性的工作来提升员工的能力，为其创造发展机会。我们坚持以开放的心态吸纳优秀人才，通过市场化机制引入人才，将使命和文化、成就和机会、政策和待遇作为核心手段。我们坚持各级管理者应承担培养继任者和员工的责任。管理者要不断提升识人、用人、育人的能力，发掘员工潜质，帮助员工成长。

（四）构建多层次的人才文化

中小银行可以通过构建多层次的人才文化，创造有利于人才成长的文化环境，充分发挥人才在企业建设中的作用。中小银行需要顺应社会发展需要，构建科学化的人才观念，建立良好的企业道德文化风尚，全面引领银行的人才文化建设。具体实现方式包括在银行管理实践的过程当中，建立人才融合、兼容、经营、业绩和创新文化，使整个银行充满创造性活力。

首先，中小银行应该建立人才融合文化。在国际金融业迅速发展，国际人才流动加速的背景下，中小银行需要实行开放的人才政策，加大国际化视野的人才需求，对人才融合的需求也越来越迫切。建立人才融合文化，需要银行自身保持和培养实事求是、积极进取、勇于创新、独立自主的企业精神内核与文化建设氛围。其次，中小银行应该倡导建立人才兼容文化。例如在人才选拔方面，要敢于任用"有争议"的创新型人才。对于传统组织来说任用创新人才意味着不可预知的风险，但中小银行未来的发展就在于是否能够大胆起用创新型人才，是否能够宽容创新型人才，既宽容他们的个性，也宽容他们的失误。为广大员工创造宽松环境，让员工在心情愉悦、环境宽松的兼容文化氛围下工作更有利于他们创造性的发挥。兼容文化为人才创造"权利公平、机会公平、规则公平"的制度平台，强调实现公平正义，使员工被平等对待，心情愉悦地投入工作，发挥自身创造性的才能。再次，中小银行需要进一步建立人才经营文化。深化人才管理体制改革，创新人才使用机制，充分发挥企业内部按才聘岗的人才资源决定性作用。美国花旗银行的一项人力资源管理制度是在全球各地建立"人才库"。在"人才库"计划中的员工，既包括各个地区和部门的核心骨干与精英，也包括有才能的个性员工。集团无论哪个区域有相应的职位空缺，便会在花旗中国的"人才库"中根据条件选择员工中的精英人才来应聘海外的职位。最后，中小银行应倡导构建人才业绩文化。具体内容包括注重人才创新能力。在人才任用方面不唯学历，而应重视专业技能、管理经验、职业操守等综合素质；整合构建基于岗位胜任标准的人才胜任力体系，让每一位员工知道自身能力差距，明确发展方向。

第二节 中小银行人力资源管理文化重塑

中小银行人力资源文化重塑要求中小银行认清自身发展以及社会环境发展变化形势，顺应人力资源管理发展变化趋势，适时推动人力资源管理变革，将人力资源管理文化和企业文化建设相融合。探索重塑人力资源管理文化的多种方式，将优秀的人力资源管理理念引入银行，逐步完成人力资源管理模式的升级。将人力资源管理文化建设融入企业人力资源招聘、选拔、激励、职业生涯管理以及员工培训等各项具体管理实践领域，完善并升级人力资源流程管理，实现文化与制度的统一。

一、新形势下人力资源管理文化再认识

改革开放四十年以来，我国企业的人力资源管理发生了巨大的变革。中小银行的管理模式和人力资源管理也同样进行了持续的创新，呈现出从经验管理到科学管理、从科学管理到文化管理的变革趋向。以人为本的管理理念开始出现在中小银行的人力资源管理模式和经营理念中。人力资源管理呈现战略化、科学化、制度化、专业化、人性化、社会化等显著特点。人力资源管理的发展目标不再是单一地为企业服务，而是实现企业和员工的共同成长。企业人力资源管理和企业文化建设有机结合，建立规范化、

平台化的人力资源管理体系逐渐成为企业文化体系建设的核心内容之一。

企业文化或是企业创立者个人意志的体现，或产生于企业自身的成长与发展历程。企业文化沉淀于企业长期生产经营过程中，也是企业全体成员共同努力形成的价值观念、经营思想、集体意识以及行为规范。中小银行企业文化的诞生也是如此。中小银行的各个经营管理领域都会受到企业文化的深刻影响。企业文化与人力资源管理之间形成了紧密的良性互动关系。美国著名的人力资源管理专家麦克纳和比奇就曾经表达过这一管理思想：企业人力资源管理的关注点就是企业文化建设、企业文化的变革与管理。企业文化与组织战略和战略结构紧密联系。并且对人力资源管理的各项活动，如招聘、人员选拔、人员评估、员工培训及激励制度等均产生深远影响。这一观点说明企业文化和人力资源管理的密切关系。

（一）中小银行人力资源管理变革的特征

纵观人力资源管理思想的发展历程，从亚当·斯密的劳动力分工理论，到德鲁克人力资源概念和内容的提出，再到舒尔茨人力资本理论的发现，以及沃尔里奇人力资源管理新角色的定位，直至劳勒的人力资源产品线理论，人力资源管理理论的发展脉络充分体现了员工从企业的"劳动力"发展到"雇员"直到成为"资源"的过程，而企业的人力资源管理者在这些转变过程中经历了从"专业者"提升至"战略伙伴"直到成为企业战略和发展的"参赛者"的一系列角色转换。根据战略人力资源管理和企业发展的需要，人力资源管理部门需要逐步将非核心的、过于细节化的传统人事管理业务和行政性事务分离出去，聚焦于人力资源管理政策的制定与执行、关键人才的识别与开发、职能导向的绩效管理、职业生涯规划等具有全局性、前瞻性、战略性的人力资源管理。人力资源管理地位的提升同样要求人力资源管理文化的升级，以及在企业文化贯彻、落实过程中人力资源管理者承担变化性的角色。

20世纪90年代，美国著名的人力资源管理专家沃尔里奇在《人力资源管理最佳事务》一书中探讨了人力资源管理者如何为企业带来看得见的成效，并探讨了人力资源管理者在企业中扮演的四种角色，即战略伙伴、变革推动者、行政专家和员工支持者。其中战略伙伴角色负责在企业经营战略下制定相应的人力资源管理战略，助力企业战略的实现。行政专家角色负责为企业各个经营模块提供他们所需要的人力资源管理方面的方法和工具，协助进行人力资源管理方面的诊断分析并提供解决方案。员工支持者角色专注于企业当中员工的个性化需求，满足员工个体需要和所需资源。变革推动者角色为组织的各类变革和变革活动，例如收购和兼并，提供相应的人力资源管理变革流程方法以及技巧咨询。其中，成为战略伙伴意味着人力资源管理者由助跑者转变为参赛者。人力资源管理者必须对组织进行定位、审核，甄别组织变革的方法并就本职工作设定优先顺序。为演好这些新角色，人力资源管理者需要接受更多的教育以进行深度分析；成为行政专家，需要人力资源管理者摆脱传统的刻板角色，不再单纯投入政策制定以及维护中，而是需要掌握先进的技术以及一流的方案设计能力，为人力资源管理流程开发提供解决方案。包括人员的招聘、开发、晋升、激励以及其他企业内部人力资源流动的各类事项；成为员工的支持者意味着人力资源管理者要深刻理解员工的需求，并体会到自身专业的限制以及能力的界限，转而去引导和培训员工的直接领导者掌握激励员工的技巧和方法。同时，还可以成为员工的代言人，参与到企业各项管理制度的讨论当中；成为企业变革的推动者意味着人力资源管理者需要彻底跳脱过去的职能角色，发挥自己构建和掌握变革的能力，发挥创造力，确保公司的变革方案能够顺利实施，甚至在变革的过程当中，起到引导和领导的作用。

中小银行的人力资源管理实践证明，依据人力资源管理理论的发展脉络和人力资源管理者角色的转变，中小银行的人力资源管理将呈现出以下特点。第一，人力资源管理部门由传统的事务和职能型部门转变为战略化部门，由战略指导人力资源管理活动。根据人力资源战略管理和中小银行发展的需要，人力资源管理部门需要逐步将非核心的、过于细节化的传统人事管理业务和行政性事务分离出去，聚焦于人力资源管理政策的制定与执行、关键人才的识别与开发、职能导向的绩效管理、职业生涯规划等具有全局性、前瞻性、战略性的人力资源管理。第二，由传统的随意性大的经验管理走向科学管理，凸显科学化的特点。传统银行的人力资源管理聚焦人事管理的核心功能，在人才的选拔、开发和使用方面缺乏科学方法和明确标准，人力资源行政事务的分离要求中小银行建立更加精准的人才管理系统，以专业化的眼光指导中小银行的人才管理体系。第三，人治走向法治，凸显制度化的特点。人力资源管理中的人力资源专家角色从传统人力资源管理者的角色中分离，作为行政专家的首要任务是健全人力资源管理流程的制度化进程。第四，人力资源管理由封闭式管理走向开放式管理，凸显社会化的特点。美国花旗银行的人力资源管理部门就打破了传统模式，在部门内部重新划分为前台、中台和后台三个部分。前台即业务合作伙伴，直接面向人力资源管理部门的客户，也就是业务部门，主要工作内容是时刻关注业务部门的人力资源管理需求，为业务部门自身的人员更新以及激励提供即时的需求响应和政策支持、专业指导，并配合政策与制度的实现。因此，前台部门的人力资源管理者也被称为人力资源客户经理。中台类似于人力资源管理的传统职能，被划分为员工招聘、人才发展和薪酬福利三个模块。主要工作内容是为前台的人力资源开发政策提供更加专业化的技术支持、资源保证，以及整体解决方案。后台属于人力资源管理支持团队，主要工作职责是各项人力资源管理的具体操作型事务，例如制作工资表等。此外，更加重要的是，人力资源管理模式在中小银行中的管理升级，不只是人力资源管理者本身的责任，更是企业更高级管理者的职责。企业的高层管理人员，各部门经理以及人力资源总监和经理，必须结合成为人力资源管理发展转型的合作伙伴，集体定方向、定调子，彻底而迅速地重新设计和确立人力资源管理的战略职能的转变和升级，破除传统企业中人力资源管理职能分而治之的现状，将一个服务部门转变成注重结果的、提供价值的部门。在传统商业银行中实现人力资源管理者的升级和转型，首先需要银行高层管理者的支持。

（二）人力资源管理和企业文化建设的整合

激励理论是人力资源管理的基础理论。有需求才有激励，满足不同的需求相应的激励方式肯定不同。在经济条件和生产力发展水平较低的时候，衣食住行等基本的生存需要是人民最迫切需要满足的。在这个时期，工资作为一种有效的激励手段，受到管理者的青睐。但是，当人们的生存需要得到满足之后，精神方面的需求开始逐渐出现，尊重需要和社会需要逐步成为员工的主要需求。随着社会的进步以及经济形势的迅速发展，员工的学历水平不断提高，整体素质逐渐升级，随着知识经济以及信息时代的发展，知识型员工在各行各业中的占比逐步增加，金融领域更是如此。高层次员工也具有高层次的需求。这些员工除了基本的物质需要外，更在意精神需求的满足。他们会考虑在工作中能否获得更多的组织归属感、认同感、成就感，并逐步实现自我价值。银行员工的个人需要正是符合马斯洛需求层次理论逐渐提高的特征，并且向多元化的方向发展，员工的需要发生改变，从物质需要逐渐变化为精神需要。金钱等各项物质化报酬可以满足员工的物质需求，而精神需求的满足需要企业采用人性化的管理制度为员工创造广阔的发展空间，以满足他们不断提高的精神要求。只有满足了员工在社会交往、自尊以及自我实现等方面更加高级的个人独特需要后，银行的各项管理制度和措施才能够在员工身上发挥作用，指引他们开展工作，增加对工作的投入和积极性。企业文化在这一过程中发挥引领作用。人力资源管理激励功能的实现将从薪酬管理和绩效管理逐渐走向薪酬和绩效与企业文化管理并行。企业文化将会成为一项员工激励因素，发挥更加积极的作用。

人力资源开发管理具有双重目标，一个目标是为了实现员工潜能的开发，并寻求科学途径实现潜能开发；另一个目标是追求最优化的组织绩效，使团体的力量得到最大程度的发挥。人力资源管理需要将组织中的个人目标与集体目标相统一，并寻求调和个人利益与组织利益的方法，使二者达到相互融合。在企业的所有管理措施和理念中企业文化建设最能担此重任。同时，企业人力资源管理政策的具体制度条例也是企业文化性质的体现。企业优秀人才的获得，人才的管理以及激励，人才能力的开发、整合等一系列管理职能的实现，都与企业文化密切相关。人力资源管理实践的执行又会对企业文化的持续发展与改变形成反作用。在中小银行的人力资源管理过程中坚持科学发展观的人本精神，有利于中小银行企业文化发展和核心人才的持续成长。形成以人为本的文化氛围的基础和目标都是让员工保留并发扬独立个性，在学习继承企业传统的同时，更加敢于张扬自身观点，具备怀疑、批判和创新能力。这也正是造就创造性人才强调的人文精神环境，更是在人力资源管理中重塑企业的人力资源管理文化的目的。

中小银行在重新定义自身的企业文化和人力资源管理文化后，需要根据定义的文化内涵思考是否需要变革银行的人力资源管理系统和管理制度，保证银行的人力资源管理的各个方面能够有效支持与护航金融科技迅速发展下的中小银行价值观念和经营原则。在人力资源管理过程中贯彻、重塑企业文化的方式包括：在招聘和人员流动过程中，随着企业内部和外部人员流动，将新的思想观念和创新性行为带入中小银行，影响银行的组织文化；在进行员工培训时，如果中小银行正在建立一种新的企业文化，并需要推广这种义化，就可以利用多种员工培训方式，在培训活动中让员工了解、理解并接受企业的新文化。在新文化的指导下，形成新的工作理念，逐渐改变自己的工作模式和行为习惯；在员工激励环节，为了建立和推行企业新文化，适当改变和完善绩效评估方法与流程、制定与之相适应的薪酬奖励标准，形成员工行为约束与改造的新规范；在组织信息流动与沟通环节，开拓人力资源管理中的正式沟通与非正式沟通方式相结合的多种渠道向员工阐明组织文化改变的重要性及其对员工本身的影响等。

二、重塑中小银行人力资源管理文化的措施

中小银行人力资源管理最重要的内容就是如何提升银行的凝聚力以及如何有效地激励总行和分行员工。一个组织越是具有强大的凝聚力，就越能吸引和保留优秀的人才。这些人才在组织中也能够充分发挥他们的积极性、带动性和创造精神，充分展示自身的才华和能力。中小银行的人才凝聚力和吸引力的来源包括银行为员工提供的各项物质激励与精神激励，即企业文化吸引等因素。例如，日本三菱东京日联银行在人力资源管理制度建设方面非常完备，员工在企业中能够获得完善的岗位轮换、能力提升、职位晋升以及优越的工作福利等条件，可以毫无后顾之忧地全身心投入工作中。这家银行因此获得了日本政府颁发的"健康劳动和福利"奖项，被全社会广泛认可。香港汇丰银行的企业文化非常强调公平对待每一位员工，与之相匹配的人力资源管理体系也秉持这一原则，为所有员工提供平等的发展与竞争机会。在员工激励考核以及晋升制度方面，完全按照员工自身

的条件以及绩效来决定，绝不考虑其他性别、种族、国籍、年龄、宗教等不相关因素。在薪酬与约束机制方面，也采用奖罚分明的制度，关心员工的生活，为他们提供尽可能多的福利，为员工提供实现个人潜能以及开发创造性的工作条件与平台，认可他们在工作当中获得的所有成绩，并给予相应的奖励。这些企业在人力资源管理方面的措施和政策，都与企业文化的影响力相关，是企业文化在企业人才管理实践方面的真实体现。

企业文化是中小银行凝聚力的本源，是全面满足银行员工的社交、尊重、自我实现以及自我超越等精神方面的需要的基础，进而也成为满足银行不同级别客户的需求的根本。企业文化中的精神文化在中小银行人力资源管理过程中发挥着积极作用，人力资源管理各项职能的实现都是以精神文化为基础，使这一文化在银行员工的行为规范、价值观念，以及道德规范制度当中得以显现，以此来强化银行员工的凝聚力与归属感，使大家拥有为集体奋斗的使命感、积极性和能动性。除此之外，中小银行企业文化中所刻画的企业精神理念、企业风貌、员工基本作风描述等，就像引领员工前进的灯塔一样，使这一集体在航行过程中保持方向，激励大家向着共同的目标前进，充满激情与活力地实现个人与集体的共同利益。

为了能塑造更好的促进员工人力资源管理及开发的中小银行企业文化，应该从思想提升、制度建设、人力资源管理模块升级等几个方面入手实施。

（一）树立先进的人力资源管理理念

树立先进的人力资源管理理念，并坚持以这种理念指导人力资源管理实践与开发过程。先进的管理理念能够体现中小银行企业文化建设中的精神文明建设；先进的管理理念使中小银行的经营管理带有独特的精神气质，不断促进员工奋发进取、持续创新，推动商业银行整体团队能力提升与素质提高。中国历史上凡是有成就的政治家都懂得，"为政之要，惟在得人""育材造士，为国之本"的道理。树立优秀的人力资源管理理念首先需要破除传统的"人事管理"观念，建立"人力资源管理""人力资本开发"的理念。传统的中小银行人力资源管理注重的是人才的招聘、员工日常行政管理以及人员的流入流出状况。这一传统的人力资源管理过程强调做事而忽视人文关怀。这些人事管理方法和理念在中小银行当时的发展阶段能够在一定程度上促进人才队伍的建设和发展，但存在诸多的弊端，随着社会经济高速发展趋势以及金融领域人才高速成长模式，传统人事管理理念与之脱节。因此，在中小银行人力资源管理模式中，首先，应确立人力资源管理理念，改变人力资源管理者在银行中的角色定位，升级人力资源管理各项职能模式，例如通过科学的岗位设置和评聘机制，合理的绩效考核与评价流程，以及适当的分配激励机制来实现员工人力资源的保持与开发，稳步推动银行人才队伍能力提高和水平提升，调动员工的积极性，激发他们的潜能和创造力。其次，为了更好地顺应时代变化趋势与人才成长规律，创新人力资源管理机制，建立健全全员参与管理机制，通过人力资源管理委员会等多种形式，建立人力资源管理政策制定相关的民主决策机制。再次，进行人力资源决策时，借用互联网思维。人力资源管理者应该增强自己的数学能力，收集各类数据信息，辅助人力资源管理决策。例如在进行人才甄选时，采用内部现有人员岗位信息建立人才胜任能力和绩效关系的数据模型，对比候选者的个人信息特征，基于模型作出更加准确的人员选拔策略。最后，建立健全人力资源管理规划与人员流入流出机制。中小银行需要根据自身发展战略、银行金融产品结构特性，以及人才队伍建设的具体需要，制定相应的人力资源管理规划来规范银行内外部人力资源流动，满足银行发展过程中的人力资源需求。例如，通过定期采用科学方法制订人力资源短期、中期和长期人才需求计划，进行银行内部人力资源盘点，并根据需求和供给状况制定相应的人力资源管理措施。在计划执行过程中根据实际需要完善相应的银行员工内部培训与外部引进机制，保证中小银行人力资源规划目的的达成和发展目标的实现，使中小银行未来的能力提升有所保障。

（二）完善人力资源管理模式的升级

为了重塑企业人力资源管理文化，中小银行应该明确自身发展阶段以及整体人力资源管理能力，依据自身发展水平建立相应的人力资源管理模式，并在原有模式上，根据战略发展需要，及时进行升级调整，适应企业文化和银行竞争战略要求。人力资源管理不能总是做业务部门的追随者，一味被动行事，不了解一线需求就只能沦为辅助部门，或成为处理棘手问题的救火队员甚至背锅侠；人力资源经理和主管可以出自业务部门或至少懂得企业经营的业务领域。人力资源管理者需要具备业务先锋的素质，这样才能精准地为业务部门服务。根据中小银行发展阶段以及业务开展模式的不同，它们的人力资源管理体系包括职能型人力资源管理模式、客户型人力资源管理模式以及矩阵式人力资源管理模式三类。不同的人力资源管理模式采用不同的企业文化契合方式。

职能型人力资源管理模式。在这种管理模式下，人力资源部门是一个单独的后台职能部门，在人力资源管理部门内部采用专业化分工形式，相应的岗位设置和职能分配形式包括招聘、培训、薪酬、考核等传统人力资源管理职能划分。这种组织结构的特点是明确、简单，属于按照专业化分工要求设置岗位、工作任务，各人力资源管理职能模块专业化程度和工作效率较高，有利于人力资源管理人员专长的发挥，从而提高专业化服务水平。缺点是人力资源管理本身作为一项整体职能，缺乏一站式服务体验；各职能子模块之间可能存在责权不清、相互推诿的情况，所提供的人力资源管理服务整体化程度不高。对于整个银行管理体系来说，人力资源部门作为商业银行的一个后台支持部门，与前台业务部门割裂，缺乏对企业和客户需求变化的关注。与这种模式相适应的人力资源管理文化，通常是银行高层领导或银行战略规划部门等高级部门在确定了银行整体文化的内涵及精要后，指导建立相应的人力资源管理文化，人力资源管理部门在文化贯彻过程中更多地起到执行者、宣传者的作用。当然，作为人力资源管理部门中的人力资源管理者，也可以发挥自身的专业优势，在日常的人力资源管理实践活动中推行相应的企业文化及人力资源管理文化。

客户型人力资源管理模式。客户型人力资源管理组织类型是借鉴客户化管理思想，采用客户关系管理的相关原则和价值标准，将企业的人力资源管理部门视为为客户提供服务的部门，其服务对象主要是企业内部其他有任何人力资源管理相关需求的部门。人力资源管理部门需要参照业务部门的管理模式，通过提高相应客户的满意度，员工的忠诚度、保持度，降低员工流动性等指标，来实现客户化管理，并且为客户提供更加个性化的服务。作为中小银行，采用客户型人力资源管理模式符合银行经营管理的风格和要求，但这种管理模式也为人力资源管理部门的构成及人力资源管理者自身的素质、能力提出了更高的要求。在这种管理模式下，人力资源管理部门的服务对象可分类为银行普通员工、中层管理者和高层管理者，相应与其对接的人力资源管理部门为人力资源服务中心、经营伙伴小组和高管服务小组。这种划分方式打破了传统按照人力资源管理职能划分的模式，三个部分的主要职能分工分别为：人力资源服务中心负责为普通员工提供专门化的职能服务、行政管理、日常事务和信息咨询等；经营伙伴负责为中层管理者和业务部门提供人力资源管理解决方案；高管服务小组负责为高层管理者提供服务，内容包括全公司管理人才开发和高管接任计划、协助制定公司人力资源战略以及参与高层管理者筛选、协助薪酬委员会制订高管薪酬方案等。相应的企业文化、人力资源管理文化的宣贯职能也划分为三个侧重：高管服务小组负责与企业文化相匹配的人力资源管理文化提炼及设计，并与银行高管对接人力资源管理文化总体贯彻布局和实施方案；经营伙伴负责在提供人力资源管理解决方案时同时进行人力资源管理文化的贯彻落实；人力资源服务中心是人力资源管理文化落地的载体，以人力资源管理文化为指导服务于银行员工，营造企业文化氛围。

矩阵型人力资源管理模式。随着中小银行经营规模的扩大以及服务地域、领域的扩展，甚至可以实现跨省、全国化和国际化的发展趋势。这时，简单的职能型或客户型人力资源管理组织结构不能满足为跨区域的大型组织提供人力资源服务的需求，因此将职能型和客户型相结合的矩阵式组织结构应运而生。这种组织结构类型通常是在商业银行总部设立人力资源总部，同时在各分行或省份、区域行中设立与总行人力资源部一脉相承的人力资源部门。其中的人力资源经理可采用下派形式。下属的人力资源部既向各分行或区域负责人汇报，又向总行人力资源总部汇报，形成矩阵式管理模式。目前，欧美大型领先银行多采用这一组织结构形式。中小银行在发展、壮大的过程中也可以借鉴或采用这一模式。在矩阵式的人力资源组织结构下，各从属人力资源部门根据各事业部自身所属区域经营管理特点定制专门化的人力资源管理具体制度，而标准化的日常人力资源管理事务由总行或集团人力资源平台提供，实现规模效应。相应的人力资源管理文化贯彻方式由总行人力资源部统一确定，分行人力资源部按照总行要求在工作中贯彻实施，并根据分行区域特点和人文特征在具体人力资源管理措施方面进行调整。

（三）招聘管理过程中的文化管理措施

人力资源管理的招聘环节主要目的是为企业的空缺岗位匹配合适的人员，做到人岗相配。中小银行需要把握各种机会塑造自身形象，形成忠实诚信、积极进取、团结合作的企业文化，增强企业的吸引力和凝聚力。提供愉悦的企业文化氛围，营造良好的员工工作生活环境，以此来吸引人才。在员工招募阶段，传统的人才招聘标准往往过于重视应聘者的学历和品德而忽略潜在能力，对应聘者的工作态度、价值取向、兴趣爱好、个人成功标准等方面的考量也不足。当把符合企业岗位硬性标准的人员吸纳进企业后，再通过培训发展、考核激励等手段向公司灌输企业文化。这种"先引进，后培养"的方式并不能保证企业文化的整合功能完全发挥，灌输效果因人而异。如果员工个人的文化价值观与企业文化完全不相融合，不仅会影响企业文化的正常渗透，肢解企业文化的核心力量，对员工个体来说也会感到难以真实地融入环境，工作能力的发挥也有限，甚至消极怠工，职业发展的终极境况就是要么无法达到企业的岗位要求和绩效考核标准，要么因为难以融合和忍受黯然离开企业。

招聘人才标准。"治本在得人，得人在审举，审举在核真"。中小银行应该借鉴国内外先进银行招聘经验，在员工招聘时不仅关注员工的技能、工作经验等"硬实力"，也同样注重员工的个人的价值观与企业文化的一致性，把文化价值观作为招聘人才的一项衡量标准。成功企业并不在意员工当前价值的大小，他们更看重员工的长远价值，看重员工的可塑性以及未来的发展潜力，并愿意给员工空间让他们成长，推动员工个人价值观与企业文化相融合，相信员工的技能和经验可以习得。潜力型求职者能够快速适应公司的岗位要求及规范，从而出色地完成任务。大量企业在"选人"方面的成功实践表明，"价值观相一致"的未来员工与企业文化相融合的基础，鲜明和有力的企业文化特质又有助于进一步树立企业形象，增加企业对各类人才的吸引力。员工的文化价值观良莠不齐，会直接影响员工对待工作的态度，职业精神的发挥，岗位道德的坚守以及对企业的信赖忠诚，这些方面甚至关系到中小银行的生死存亡。

外部引进人才。要根据中小银行发展的实际需要和能力，引进专业对路的实用人才，而不是盲目提高人才引进要求。"为人择官者乱，为官择人者治"，引进的先进人才需要有发挥其能力的平台，而不仅仅是满足需要当摆设，或被当作有关部门的"业绩"。在整个招聘过程中，就应该遵守诚信原则，将中小银行发展的实际情况如实告知应聘者，既不要夸大其词，也不必掩藏能力，在招聘过程中促使双向基于本真意愿自由选择，让引进的人才无怨无悔。当人才引进之后，可以采用事业留人、情感留人和金钱留人的方式，为人才创造更多的发展机会和平台，重视人才的赋能与培养，为他们能够施展出更优秀的才华创造条件。坚持以开放的心态吸纳优秀人才，通过市场化机制引入人才，将使命和文化、成就和机会、政策和待遇作为核心手段。

发掘内部人才。除了外部招聘渠道外，中小银行应该同样重视内部招聘渠道，善于发现身边的人才。"宰相必起于州部，猛将必发于卒伍"。认同文化理念、胜任岗位条件、创造真正价值的员工是企业最大的财富。敬业、专业、执行力强、愿意并能够推进组织目标实现的人是企业的核心人才。除了引进外，这些人才也有待于企业从内部挖掘。一般来说，从外部引进的高级人才在企业中普遍能够引起重视，但也在不同程度存在着"引不进、用不上、留不住"的现象。对于中小银行来说，最好的选择是善于发现已有人才，采用战略眼光和创新思维，注重现有人员的潜力发展和能力素质培养，善于发现和培养银行内部的可造之才，创新银行培训和晋升机制，强化培训管理，为人才的成长提供机会，为人才的培养创造条件。对已有的优秀人才要善于用事业留人，保持人才成长的良好环境，同时在更大层面上树立唯才是举的良好社会形象，增加对外部人才的吸引力。内部人才的任用也有助于中小银行降低成本，在引进人才方面进行不必要的投入。因此，即便是外部招聘和引进人才计划，除了改善用人环境外，也需要有的放矢地制订计划，避免盲目引进。

（四）激励制度中的文化管理措施

人才关乎企业经营成败。众所周知，金融领域的人才竞争异常激烈，特别是那些具备高素质、高能力的核心人才。对于中小银行来说，如何与大银行、跨国银行竞争这些核心人才，让他们安心进入企业，留在企业与企业共同成长，确实需要银行在激励方面多下功夫。企业的激励制度主要包括绩效管理和薪酬管理两个部分。中小银行首先需要建立科学合理的绩效管理制度和薪酬管理制度。怎样提高这些核心员工的工作满意度，怎样提高他们的激励力，怎样提高他们的敬业度，企业文化在员工激励方面，也发挥着重要作用。如果拥有给力的精神激励机制，优秀人才甚至愿意放弃一部分经济方面的收入。因此，激励制度可以强化企业文化。

中小银行需要认同个体员工的价值创造，建立为强者喝彩的激励机制，同时致力于铸造一支正直诚信、高度负责、业务精湛、富有团队精神的员工队伍。企业倡导员工将个人目标融入企业目标，将小我融入大我，自觉以整体利益为重，和衷共济，共谋发展。完善的激励机制是企业文化的体现，同时对企业文化的形成、发展和贯彻起到强化作用。在美国的 IBM 公司，公司的绩效管理方案从几个方面来考察员工工作的情况，包括制胜、执行和团队精神。员工的职位晋升和薪酬发放严格按照个人绩效考核结果实行，由直线经理根据个人业绩评估结果分配自己掌握的绩效奖金额度。如果员工对绩效考核或薪酬分配产生不满，可以通过企业正常的申诉制度进行申诉并获得及时的处理。在薪酬管理方面，虽然 IBM 公司的薪金构成很复杂，但里面没有学历工资和工龄工资，员工的薪金只与岗位、职务、工作表现、业绩直接联系。有效的薪酬制度保证 IBM 在中高等薪酬水平下实现高级人才的保留，在公司"尊重个人，讲求绩效"的企业文化下，吸引优秀人才。中小银行建立公平、公正的激励机制是对员工最大的尊重。每位员工都应得到平等的机会和应有的鼓励，并感受到自身的价值。遵循公开原则是保障激励机制公正和公平的必要条件，提高绩效管理制度执行上的公平性和透明度，是企业管理者应给予员工的基本权利。

在绩效管理的过程中注入企业文化的力量能够降低绩效考核的负面效应。对于绩效考核在企业中的作用，学术领域褒贬不一，曾经有一篇文章"绩效主义毁了索尼"，文中提出在提倡绩效考核后的索尼公司正在逐步丧失原有的创造力甚至是团队精神。该文在绩效管理实践领域掀起轩然大波，管理者们开始反思为企业带来效益的绩效考核之殇。在企业绩效管理的过程中融入企业文化内核是否能够缓解甚至解决这一问题呢？企业文化对普通员工绩效产出的影响主要在于组织环境氛围建设和精神激励两个方面。融合性好的企业文化为员工创造和谐的工作氛围，保证员工能够以良好的心态投入工作中，在这种友好环境之下，有助于工作目标的达成。因此，在绩效管理过程中，企业文化更多地发挥了内在激励的作用，能够达到物质激励达不到的效果，从而间接提高员工工作成效。企业的绩效考核制度就是建立衡量员工工作业绩的标准。很多商业银行采用 KPI 或目标考核方法进行员工考核，甚至采用全员绩效考核法，关注员工是否能获得可视化的业绩。这些考核方法虽然在短期内能够使银行获得数字业绩的提升，但是却有可能造成员工为了达到业绩目标不择手段，或只关注短期利益而不关注客户关系的长期维系，甚至造成内部员工之间的恶性竞争，是不利于银行长远发展的。因此，在建立绩效考核制度和考评方法选用时，最好采用多维度、多角度的考核办法。例如汇丰银行对行政级人员绩效考核采用平衡计分卡法，采用把商业战略转化为实际行动的工具，采取综合考虑近期与远期目标、硬性与软性度量以及前瞻型和滞后型指标体系考核员工、部门乃至银行整体绩效。

　　在薪酬管理方面，中小银行薪酬政策的制定需要综合分析各利益相关者的诉求，包括员工、客户、股东和公众等。薪酬政策的制定目标需要在保证企业战略规划实现的前提之下，如实地反映企业内部员工、团队、部门和整个银行的责任划分和工作业绩，在实现战略目标达成过程中所发挥的作用大小，同时也要注意与企业文化保持一致。薪酬政策制定的公平合理，需要从企业文化出发，兼顾内部公平，外部公平与社会公平等原则，进行全方面考虑。将薪酬管理与绩效考核相结合，员工绩效薪酬的确定既要坚持以业绩指标为主，也不排除将品德的考量与企业文化的要求结合起来，促进员工用诚实诚信的方式实现业绩目标，从而实现中小银行长远利益的最大化。除了绩效和薪酬外，中小银行还可以通过完善福利制度体现企业文化对员工价值的关怀。英国汇丰银行为员工提供的福利政策包括：在新员工招聘时会优先考虑复聘因生育离职的前员工；在职员工也可以获得汇丰育儿计划支持；员工甚至可以得到无须提供抵押的个人低息贷款，免费的个人发展与投资建议等服务；银行集团所有的俱乐部、酒店和体育设施等，都对员工免费敞开，或可以享受折扣；在个人医疗保险、假期和置业计划方面，也可以获得相关的福利。德意志银行认为人力资源管理者要有数据思维，用数据说话。以对休假的数据进行分析为例，从休假的高峰和低谷中，人力资源管理者可以知道在什么时段请假的人多，进而深入探究请假的原因。基于员工提供的一手数据，人力资源管理者可以有针对性地调整福利计划。从体检资料中发现员工的身体普遍存在"三高"问题，因而2018年人力资源部门计划多安排以健康饮食、定期运动为主题的讲座。这些制度既属于企业福利，同时又在实践操作方面彰显了企业文化的深邃。

（五）职业生涯管理中的文化管理措施

职业生涯管理是从企业和员工两个角度对员工的职业生涯发展进行规划和管理，实现员工个人与企业共同发展的双赢目标。职业生涯管理的主体既包括企业也包括员工个人。职业生涯管理的内容是：职业选择、职业目标确立、职业决策、职业生涯路径的设计与选择，还包括与员工个体人生目标相配套的职业生涯发展战略。员工的职业选择、职业决策和职业生涯目标确定，既是个人的需要也与企业管理相关。企业文化能够对员工职业生涯管理起到导向、启示和激励的作用，企业文化制度也可以为员工的职业生涯发展创造客观条件。因而，职业生涯管理可以把员工个人利益和企业组织利益有机结合起来，推行以企业文化管理和人才文化贯彻为核心的员工职业生涯管理措施。企业需要打造有利于员工成长的平台，让员工与企业一起成长。璞玉需要雕琢方能成器，人才需要历练方担大任。中小银行内部的成长机会需要关注员工个人特质，并向勇于负责、潜质突出的员工倾斜。倡导通过富有挑战性的工作来提升员工的能力，为其创造发展机会。

银行角度的职业生涯管理措施。中小银行企业文化建设要求以成就员工为基本依托，尊重员工并依靠员工实现价值创造，努力提升员工的获得感、成就感，与员工分享发展收益，帮助员工实现职业发展目标。将中小银行发展与员工个人前途命运结合起来，让员工消化吸收银行赋予的企业文化内涵，并与自身职业生涯发展融合。从岗位构成来看，对员工来说中小银行有管理型、专业型和操作型三种职业类型可供选择，每一种职业都有不同的等级，这些等级构成了员工职业发展的纵向晋升路径。除了纵向晋升路径外，员工的职业发展还可以包括岗位的横向变动以及向员工经营管理核心发展等另外两种职业发展方向。银行管理层和人力资源管理部门首先应该做好不同职业类型的职业发展通道设计，划分等级并制定不同等级的标准以及晋升方法，从制度设计方面保证员工可以根据自身特点选择、开始、转换或结束职业发展方向。其次需要根据员工个人特点，协助员工进行个人职业生涯规划，采用有效的岗位晋升和绩效考核机制，多方面地肯定员工的阶段性成绩，使每位员工有明确的奋斗目标，激发他们实现人生价值。

员工个人角度的职业生涯管理措施。按照职业生涯发展理论，员工的职业生涯发展阶段大致可以分为探索期、发展期、稳定维持期以及退出期四个时期。对于处于不同职业生涯发展时期的员工，中小银行需要采用不同的人力资源管理措施重点加强企业文化的贯彻，并辅助员工个人目标的实现，实现企业与员工的共同发展。

处于职业探索期的员工。对于中小银行来说，处于职业探索期的员工主要是银行的新进员工，包括应届毕业生和部分以社会招聘形式进入银行但工作年限尚短的员工。从企业文化的视角看，这类人群在制定个体职业生涯决策时主要以自我职业价值观为主，同时考虑自我职业价值观与银行企业文化的契合程度。如果二者融合度高，这类人员通常能够在银行中有较好的职业发展。对于处在这一阶段的员工来说，相应的中小银行开展的人力资源管理活动主要包括岗位分析、人力资源规划制定，以及人力资源招聘与录用。其中，在人员聘用与选拔的过程中，银行与应聘者进行双向选择，选择的内容既包括员工对岗位的胜任能力，也包括银行企业文化与个人价值观是否一致。只有员工的个人价值观与企业文化高度融合，员工在进入企业之后，才能够更加主动地发挥自身能力，配合岗位需要和公司要求，为银行创造效益。在招聘过程中，作为应聘者也要注意银行企业文化建设是否与自身价值观相符合，企业为员工提供的平台和氛围是否有益于自身能力的提高和特长的发挥。员工在职业生涯决策阶段，不仅选择的是所工作的领域和场所，同时也要建立对工作领域基本认知上的企业文化认同。

处于职业生涯成长发展期的员工。对于进入职业生涯成长期的员工，中小银行相应的人力资源管理措施主要是新员工培训，以及员工选、育、用、留等各个方面的工作。在员工培训方面，无论是新员工培训还是在职员工培训，其中非常重要的一部分培训内容就是企业文化，包括认识企业文化，巩固和加强对企业文化的深度认知以及认同。就新员工培训来说，企业文化培训能够使他们对企业的精神层面获得感性认识，有助于员工迅速适应企业，缓解新员工对企业文化的不适应，为员工未来在银行的职业发展打好基础。随着新员工对企业文化越来越了解，以及在银行工作年限的增加，企业文化和员工个人价值观之间会产生冲突，如果这种冲突愈演愈烈，员工很有可能选择跳槽或转换工作。由此可见，在人才流失方面，企业文化肩负着重要责任。员工对企业文化的不认同，很有可能造成员工职业生涯发展受阻，使员工持续在职业生涯成长阶段而无法顺利进入职业生涯的稳定阶段。从另一个方面来看，优秀人才的流失，对于中小银行来说也是非常大的损失。

处于职业生涯稳定维持期的员工。随着员工在银行工作年限的增加，员工个人的价值观与企业文化之间不断磨合，个人价值观越来越向企业文化宣传的价值观靠拢，员工产生深刻的企业文化认同。这种认同有利于员工对银行产生深刻的信赖感和归属感，员工会更加倾向于在银行体系内部展开自己的职业生涯发展，这个时候员工就从职业生涯发展阶段进入成熟稳定阶段。但是，从发展的眼光来看，中小银行的战略发展和企业文化都存在着动态变化的可能性。根据银行发展的需要，有可能会对员工已经认同的企业文化进行变革。在这个时候，员工个人的价值观又将受到企业文化变革的再次冲击，如果员工能够适时地调整个人对新企业文化的认知，能够完成再次的磨合，那么将更加有助于他们在职业生涯稳定阶段的职业发展。而如果变革后的企业文化不再被员工认同，那么员工就有可能重新进行职业生涯决策，再次选择离开银行，或者变换工作角色，甚至跳槽转行。当然也会有一部分不适应银行发展的员工被淘汰。在社会、经济特别是金融环境不断变化的今天，中小银行的生存环境决定了银行战略、发展方向、企业文化均存在可能的变革，这些因素必然会造成员工重新审视自身的职业生涯发展路径，那些难以符合文化选择的员工将会离开企业，重新选择职业生涯。在这一时期，人力资源管理文化贯彻的重点在于根据银行员工需要为其设计适合自身发展的职业生涯通道，并为决定离开企业的员工提供一定的协助。

处于职业生涯退出期的员工。随着工作年限的持续增加，员工都将步入职业生涯发展的退出期，或是退出企业，或是彻底退出职场。处于这一时期的员工已经形成了稳定的职业价值观，并且拥有自身拥护或信仰的企业文化类型。一部分员工敬业于本职工作并获得一定的职业成就，他们的成功体验加强了对已有企业文化的认同，并得益于企业文化对他们职业生涯发展产生的良性影响。他们自身已经携带银行企业文化的基因，成为银行文化天然的代言人，并用自身的言行传递着银行企业文化，以及人力资源管理文化的精髓。而那些面临退出却未获得职业成功与满足感的员工似乎仍在碌碌无为中茫然摸索，他们的失落不仅包含未曾达到心理预期的职业高度的遗憾，还有对所持有的价值观追求未果的遗憾。在这一时期，人力资源管理文化贯彻的重点在于如何发挥认同企业文化的老员工积极、正向的影响作用，从而避免另一部分员工可能带来的消极影响。

在企业的员工职业生涯管理中，对于处于自身职业生涯发展不同时期的员工，中小银行的管理者应该认识到企业文化与员工职业生涯管理之间的持续互动过程，以及相互之间的深刻影响。从职业生涯管理的角度降低员工与企业文化之间的冲突。尽量使员工的个人价值观与企业文化价值体系相融合，使员工能够拥护企业文化，对企业产生发自本心的归属感，将企业作为追求自身终生职业生涯发展的平台。基于企业文化的人力资源管理，以及职业生涯管理措施，能够使企业内部各个层次的员工都获得相应的帮助，而不仅仅是处于管理岗位的人员，这可以在很大程度上降低人力资本浪费的可能性。员工通过企业科学的职业生涯发展规划指导，以及企业科学合理的晋升和考评机制，把握自己职业生涯发展的方向和道路，争取更多提升自身的机会，并平衡生活与工作之间的关系，在职业生涯发展的各个阶段都能获得相应的成绩与职业满足。这样的职业生涯管理方式对员工个人和中小银行的发展来说都是有利的。

（六）员工培训管理中的文化管理措施

优秀的企业文化注重为员工赋能。"致天下之治者在人才，成天下之才者在教化"，企业文化在人力资源培训与开发中必将贯穿始终。在培训管理中一个基本原则就是实事求是，按照企业、组织和员工实际需求开展培训，而不是让培训流于形式、浮于表面。因此，培训管理的第一步就是进行培训需求的调查和分析，确保后续培训的真正开展不会偏离方向。员工培训的目的是提高员工的工作技能和知识，为企业人力资本的提升和员工未来的发展提供支持。通过实施有效的培训管理，员工能够识别并把握可能的发展机会，明确自身优势和劣势，扬长避短，有计划地提升自身能力。人力资源管理中的培训职能与职业生涯管理职能相辅相成。

在中小银行培训管理的认知体系中，"培训是给予员工发展的福利"这一符合"以人为本"的理念还未必完全接纳和吸收。从现实层面来看，很多企业包括中小银行不重视培训的一个重要原因是，企业管理者容易将企业人才的高流失率与人力资本的投资行为进行分析比较，面临的一个突出困境是：企业投入了大量的人力、物力、财力和时间用于员工培训、培养，而这些企业培养出来的优秀人才很有可能很快就另谋高就，成长越快，飞得越快，培训管理成了为别人做嫁衣。因此，即使企业管理者认识到了培训为企业带来的人力资本增值作用，也会因得不偿失减少对培训工作的投入，甚至干脆不组织任何花费时间和精力的培训活动。中小银行的管理者更需要重新审视培训管理工作，将正常的人才流动与人力资本赋能活动分开来看，并充分挖掘企业文化在培训过程中的积极作用。提高员工的能力和重塑员工职业价值观，使其向企业文化方向靠拢并举并重，切忌只重视技能培训而忽视态度的培训。

实施差别化培训。当在企业培训过程中融入企业文化建设后，培训管理将致力于员工个人的精神和能力的双重成长，一方面注重提高员工工作能力，另一方面也重视在培训过程中深入浅出地引入企业价值理念。英国渣打银行的员工培训注重员工的学习与成长，坚持为员工赋能。其中，员工培训的类型包括新员工入职培训、产品培训、技能培训、在岗培训、自我学习和管理开发培训。还有特别针对人力资源经理的"卓越经理计划"，这一计划的实施充分调动了管理者的工作积极性，也提高了他们激励员工的能力，实现不断扩展的个人目标。根据培训对象的不同，中小银行应该实行分类化、差别化的员工培训政策：对于高层管理者培训来说，培训的重点在于掌握主流趋势，提高他们的把控方向能力和决策能力，培训的具体内容包括形势政策分析、决策沟通技术、国际国内同业同行先进经营管理理念等；对于客户经理与中层环节干部，培训重点在于分析不同管理领域的专业具体需求，培训内容囊括金融最新资讯、客户和营销心理学、行为学、金融领域技术与方法以及银行智能科技新业务、新产品；对普通员工层次，培训重点除了企业文化外，还包括金融领域现状和发展方向，具体业务和销售技能，素质提升等方面。

文化管理在新员工培训方面发挥着重要而积极的作用。组织理论学家路易斯提出，相对于参与民族的和种族的文化，个人参与组织文化的过程是暂时的，而且是自愿选择的。当新员工进入一个组织后，如果他能够拥有迅速掌握组织文化中核心思想和价值观念的能力，遵守组织成员赞同的信条，就能够迅速适应岗位并真正成为组织精神层面上正式的一员。因此，新员工培训过程中的企业文化培训和灌输必不可少。企业文化培训能够为新员工明确发展道路，也为他们指出了企业期望的行为方式，企业文化的培训方式越是被接受，其强调的内容就越是被强化。在管理层和普通员工培训中也需要将企业文化的文化管理作用贯穿始终，在业务培训的同时改变以往生搬硬套的方式，采用创新的培训方式，如非正式活动、体验式培训、绿色培训等方式，将企业价值观念在新颖的培训活动中流向员工心田，潜移默化地影响员工行为，深入文化管理过程。

文化管理在银行普通员工培训过程中也需要发挥重要作用。商业银行员工培训重点在于技术、管理等专业人才培训。企业整体竞争力是由员工个体能力汇集而成，银行中员工个体工作能力能够影响银行金融产品服务提供能力，进而影响银行竞争力；出产品之前先出人才，关注文化管理的技能培训是中小银行普通员工的福利。员工需要通过持续学习和终身学习才能够长久地维持自己的核心能力，适应行业发展变化。新技术革命、人工智能、网络金融、移动互联网等新事物的出现，在市场经济推动下使知识物化周期缩短，金融行业改革步伐加快，新技术和新领域不断拓宽升级，中小银行在此严峻形势下急需制定应对措施。文化管理需要加强中小银行对人才培养的持续投入，为人才能力发挥创建平台和空间，把人才的赋能纳入银行战略发展规划，建立相应的培训保障机制和激励约束机制，推行晋升和职业发展空间拓展制度，增强员工的职业发展意识，激发员工终身学习需求。中小银行的各级管理者应承担培养继任者和员工的责任。管理者要不断提升识人、用人、育人的能力，发掘员工潜质，帮助员工成长。

除了培训内容外，培训的模式也可以根据人力资源管理文化建设的需要进行创新。可以采取更加灵活的方式组织培训，例如独立式培训，开放式培训，研讨式培训，网络、人工智能培训，度假式培训等，为员工创造全面的正式与非正式沟通渠道，发挥培训的沟通作用，也使培训成为中小银行了解员工愿望和想法的桥梁。德意志银行即顺应时代需要建立了虚拟教室培训，通过网络科技为员工提供实时的在线远程培训，有多种语言和不同时区的选择，让员工不再受地理、时间、开办人数和经费等限制，只需考虑自身的学习需要和目标，自由选择适合的在线培训课程。通过丰富多彩、引人入胜的培训活动，将企业价值观念和精神内核不经意地传递给员工，潜移默化地影响员工的行为，让他们感到团队的温暖，理解企业的愿景和企业文化的深刻含义。

第六章　中小银行绩效文化与
执行力文化重塑

当前我国经济正处于从高速度发展步入高质量发展的新阶段。经济的变化促使金融业为之变革，从而催生金融业的新常态，中小银行在这场变革的浪潮中必将迎来一系列的挑战，过去传统的业务模式、粗放的经营方式以及落后的管理理念将严重制约未来的发展。中小银行唯有主动把握机遇、面对挑战，加快转型变革、重塑绩效文化与执行力文化，才能在竞争中脱颖而出，开辟出一条可持续发展之路。

第一节　中小银行绩效文化的重塑

新的历史条件下，中小银行重塑银行绩效文化的重要性日益凸显。具有新特点的绩效文化会为中小银行的经营管理注入新动能，帮助其实现业务转型和高质量发展。

一、对中小银行绩效文化的再认识

中小银行的绩效文化不仅仅是通过绩效管理而形成的组织的绩效相关的价值观、信念和规范，更是银行企业文化的灵魂和根本。中小银行不能把绩效文化单纯作为一种方法或是工具，绩效文化更应该是一种理念，在它的熏陶中不断提高和强化组织对工作结果的重视程度。中小银行和所有企业一样，如果没有一个追求的结果，没有明确的最终目标，那么所有工作该不该做、该做到什么程度，就会失去标准。在管理上，就会出现混乱而无所适从。所以从这个层面讲，绩效文化这种理念不应只是大型银行的专利，也是中小银行所应该具备的，甚至还是一切管理行为的准则。

但是，现实是中小银行容易忽略自身的目标到底是什么？目标是不是有阶段性？阶段性目标和最终目标之间的矛盾怎么协调？如果忽略了这些问题，那么绩效文化的作用和价值，就会被夸大，在具体管理行为中就会走进误区。我们知道，越是长远的目标，越是难以考核。因为我们现实的具体工作和这个长远的最终目标之间，有一个很长的间隔，这个间隔是由很多个节点组成的，而这些节点，就是我们说的短期目标、现阶段目标。管理现实和组织愿景之间的矛盾，会让绩效文化处于尴尬地位。如果我们的绩效文化冲着最终目标，那么现在的做法却不能支持；如果绩效文化冲着近期目标，又很可能和最终目标产生冲突。所以，绩效文化作为一种理念没有问题，它能通过影响包括顾客、员工和股东等各个利益相关者的态度，进而影响其行动，从而给银行经营带来转变。但是中小银行不能完全依赖文化来进行经营和管理，文化就像思想，而思想需要靠行动来落实，所以中小银行在绩效文化建设的同时必然对制度建设、组织架构、人员管理等内容有着同样的需求。

（一）中小银行绩效文化存在的问题

1. 缺乏对绩效文化的正确认识。旧的绩效观常常将绩效文化和绩效考核混为一谈，对绩效的认识还只是如何设定标准、完成考核以及发放奖励等简单模式，没有从提高银行自身竞争力和实现战略目标的角度去思考打造银行绩效文化，这就导致银行内部因为认识上的不一致而产生矛盾。实际上，绩效文化至少有以下几个层次的含义：第一个层次是银行的发展观。银行作为企业，追求利润最大化是其一般性目标。但深入地看，银行和银行的目标差别很大。有的是存款、资产规模、利润占比高；有的是 RA-ROC、ROE 的比重大；还有的是小微企业贷款、绿色信贷余额占比高。不同的目标体现了不同的发展观。第二个层次是业绩观。业绩观是发展观的直接体现，有什么样的发展观就有什么样的业绩观。具体到中小银行而言，是看重存款增加、利润增长等财务效益提升，还是更看重实现制度优化、管理改善等能力提升，是看重零售利润，还是普惠金融的利润。第三个层次是绩效文化的操作层面。中小银行能否做到有贡献就有回报，对于业绩创造者，能否做到给予充分的肯定与激励，能否做到每一次进步都将及时得到鼓励，物质报酬和精神奖励永远和贡献成正比，能否不断改进优化绩效评价方法。操作层面的绩效观，是个人与企业建立紧密联系的一个纽带，绩效文化是通过推动个人奋斗而实现组织愿景的一种氛围，它由通过制度层面的绩效计划、考核、回顾、改进等一系列设计以及精神层面的理念、态度、价值观等内容共同构成。

绩，对银行来说就是业绩，通俗地说就是创造的利润和价值。它又包含两部分，即完成本职工作和达成期望目标。本职工作就是对员工日常履职的具体安排，比如银行前台人员在办理好日常业务的同时，还要做好产品的推广、客户的后续服务等工作，这些基础性工作是为完成期望目标服务的，这方面对员工的奖励体现形式就是工资。另外，银行最终的目的是为了实现愿景也就是达到价值最大化，这里需要有一个方向感来引导银行发展，也就是通过对特定指标的考核来发挥激励作用比如增加了存款、化解了不良，这部分奖励体现在奖金和绩效上。

效，体现的是一种工作方式和方法所带来的改变的快慢，换一种说法就是为达到同样的目的我们付出成本的多少。对银行来说不仅是员工的工作效率，更是整个组织的运行效率。对个人来说通过提升能力，学习新技能、培养工作方法等途径提升工作效果，对于银行来说，通过合理的制度安排，人员的任用以及资源的充分利用改善经营效率。绩效文化讲求的一定是高效的文化，是在达成既定目标前提下耗费最少的人力和成本。

单纯地把绩效考核等同于绩效文化，就会使组织管理僵化、员工缺乏激情和创造力，同时功利化的考核会严重影响团队精神的建立。

企业文化要靠绩效来宣导和固化；而绩效考核中除了要承载拟传导的企业文化、理念之外，还要体现人文关怀。所谓工资暖胃，绩效暖心。就是说工资体现出人们基本生活的需求；绩效能够体现每一个人的贡献，公平地对待每一个人。

另外一层关系，企业文化是建立在绩效之上的。亮剑精神能够传承，因为亮剑精神所在的部队经常打胜仗。如果企业文化成为经营管理的拖累，不能带来良好的绩效，则这样的企业文化是很难得到认可和有效宣贯的。

2. 绩效文化下的考核体系不到位，缺乏对战略的有效衔接。过去很多中小银行在绩效考核上不成体系，无法科学系统地评估银行的绩效情况，没有把全行整体和各个部门、分支机构的绩效考核紧密联系起来，多数情况下还是沿袭旧有的标准。部门之间的考核缺乏合理的安排，存在为了满足局部和眼前的利益而损害全行整体和长远的利益的现象，致使部门之间不能形成合力，给协作带来困难的同时降低了整体运转的效率。同时，绩效文化如果不能坚持战略导向，就难以支持企业战略目标的实现，没有及时根据银行经营环境的变化进行动态调整也会对银行发展造成不良影响。例如，利率市场化之前，在大多数银行的理念中规模就是利润，追求发展速度和市场份额是过去很长时间银行绩效管理理念的侧重点，近两年的经济下行使得一些过去不计后果的发展模式逐渐暴露出弊端。因此，在打造新的绩效文化时更应该注重对中小银行经营效益和发展质量的考虑。

3. 缺乏有效沟通，无法得到员工的认可与支持。中小银行绩效文化观念中普遍存在却被常常忽视的问题就是上下级间沟通的缺乏。由于中国历史上长久以来的官本位制度的根深蒂固，中国式的管理中缺少沟通意识，往往是上级下达指令后下级按部就班地执行。反映在银行经营中就体现在政策推出的过程中，无论是从制定到贯彻落实，再到监督和总结成果都是上级部门的事情。一方面上面的人不愿意往下"看"，在制定经营指标的时候习惯于和过去的标准做对比，习惯于和同行做对比，但很少去关注一下基层员工怎么想。基层员工没有参与到考核标准的制定中来，只是被动接受上级安排的各项任务，而无论是大的经营方向还是短期目标都是管理层单方面考量。另一方面是基层的人不愿意"说"，银行中身在一线的工作人员是最能感受到市场和客户的变化的，但是出于组织缺乏鼓励谏言的文化氛围，或是抱着多一事不如少一事的态度，面对工作中存在的问题和机会，多数人往往选择沉默。这就导致小的问题长期影响着企业的经营，好的建议被一次次埋没下来。

4. 对绩效管理过于折中，没有摆脱"人情"文化。中小银行旧式的绩效理念还有一个中庸化的问题，体现在日常工作和考核中就是干多干少差不多，同一个部门中由于缺乏量化的考核标准，往往使那些能力出众的人和平庸的人得到的奖励差不多，尤其是在薪酬分配上。如果薪酬拉大差距又会使一部分人"吃不消"，无法接受心理上的落差。但是作为管理者一旦为了照顾员工的情绪而无法适当地作出表扬或严厉批评，并把这种评价与奖惩制度联系起来，那么整个团队最终将会走向平庸化。这时所有人工作的目标不是精益求精，而是为了达成最低标准，那么整个组织何谈提升绩效，这样的组织会在矛盾不断积累的过程中陷入不断恶化的死循环。中国式的管理中普遍存在人情大于现实的问题，在考核绩效的时候，对于关系亲近的可以避重就轻，对关系一般的不能做到一视同仁。在一些银行中分管部门负责人在对下属进行考核时难免打一些人情分，这种氛围使绩效管理无法对员工产生激励和警示作用，同时也影响了那些真正在团队中发挥作用的员工的积极性，危害了组织绩效的提升。

（二）新时代中小银行需要什么样的绩效文化

优秀的绩效文化不只是关注结果，更是对实现目标过程中的每一环节的重视。把这种态度融入银行的经营中，形成一种自然而然的氛围，这不是规章制度的硬约束，而是一种精神上的认可以及常常为之的一种习惯。

1. 能清晰传达组织的目标和策略的文化。绩效文化的影响力依赖中小银行内部全体管理层以及员工对企业战略的高度理解、管理层对战略目标的高度共识以及全体员工对绩效文化的高度承诺。中小银行要通过文化建设告诉员工什么是组织真正想要的结果，以及如何使个体行为符合组织的愿景。银行的总体目标也会通过逐步分解，转换成对每位基层员工的具体要求。当中小银行中的每个员工都深刻地明白自身在银行经营中所担负的责任，并积极热情地面对各项工作时，就会激发内在的成就感、使命感与责任感，同时在对目标和愿景的清晰把握下，员工工作起来将更加富有成效。在我们强调目标管理的同时，还要注意不能机械地为完成指标服务。我们常常看到银行管理层和下面的执行者往往在设立考核指标后，没有系统地思考经营指标与银行最终目标之间的关系，单纯地认为指标就是目标的全部。这样无疑会导致运营的短视化，不利于中小银行最终愿景的实现。举例来说，中小银行通常把为股东创造可观的利润、为顾客提供优良的服务、为员工提供生存和发展的平台作为企业愿景，但银行作为企业的一种形式通常以创造尽可能多的利润为短期考核指标，那么在过于关注利润的同时就会忽视对银行长期发展有利的方面。比如为客户提供更便捷的服务，为员工提供更多培训的机会，这两项工作短期看会提升企业的运营成本，但长期看会为企业带来潜在收益。

2. 能够敏锐地觉察市场的变化，并能迅速采取行动把握机遇的文化。拥有良好绩效文化的中小银行常常对客户的需求和市场的反馈极为重视，在外部环境发生改变时往往能在第一时间制定最有利的应对措施。员工始终关注着客户群体的动向，把目光从银行自身的得失转移到顾客的切身利益上，在专注于心、高效于行的理念下，持续提升银行服务水平。高品质的服务带来的是中小银行品牌价值的持续提升以及市场竞争力的不断增强。同时，在高绩效文化的熏陶下，每个员工将拥有更强的责任感和使命感，工作的主动性以及主人翁意识不断深化，工作状态将从被动接受任务变为主动迎接挑战。整个组织都充满了积极、进取的氛围，绩效文化使组织充满了凝聚力与战斗力。

3. 重视学习和能力提升的文化。优秀的绩效文化十分重视对人的培养，尤其是员工综合能力的提升。这样的文化认为员工发展与企业的发展同样重要，通过持续的、科学的、有针对性的培训，不断地开发他们的潜力，促进员工和组织的共同成长。因为，只有通过员工个体的成长才能带动组织整体实力的提升，才能持续地提高企业的市场竞争力。因此，中小银行的管理者必须注重对员工的指导和培育。而此时的绩效管理中，考核不仅仅是关注结果，更要在过程中及时发现问题并进行指正和引导，以及在后续工作中能够有所反思和提高。

4. 鼓励创造与变革，充分发掘人的潜力和智慧的文化。如今的时代是一个变革的时代，银行要发展就不能故步自封。那么绩效文化也要倡导创新迎接变化，要通过建立一种文化使企业做到有效管理创新，同时能够鼓励员工提出新的想法。首先，这种文化氛围能够使组织保持思想多元化，它反对工作中的一成不变，通过鼓励员工思考来不断改进工作流程。其次，它能支持员工在一定的范围内去冒险和尝试，因为在逃避风险的氛围中工作的员工不大可能创造出突破性的产品或服务。同时这种文化会包容员工的失误，事实上每一次改革和创新不一定都能成功，但是只要勇敢尝试总能找到更好的方法。中小银行必须让员工明白因为创新所犯的错误是可以得到谅解的，也就是鼓励员工放手去实践，并且在员工取得成功后必须给予精神上的认可和一定的奖励。

5. 倡导有效沟通和团队协作的文化。绩效文化的一个重要部分就是建立鼓励沟通的文化氛围，使每个成员都能畅所欲言地提出真知灼见，这些意见都会得到应有的重视。整个团队具有高度的向心力，员工之间彼此信赖且能高效地交流意见。团队的每个决定都会充分考虑员工的想法，使员工有了参与感和主人翁意识。因此，每个决定都会得到员工的广泛支持和认可，并最大程度地得到执行。此外，沟通应当贯穿绩效管理全过程，在中小银行设计绩效管理体系和管理流程的过程中，无论是上下级之间还是部门之间必须先进行深入的交流和探讨，要根据中小银行内外部的具体环境条件并结合大多数人的意见，把这些因素整合起来得出一个比较合理的方案，并尽可能地避免方案落实过程中的障碍。中小银行在落实绩效考核的整个循环中，要定期进行绩效考核者和执行者的双向沟通，一方面跟进当前工作进展情况，并适度作出调整，以保证工作方向的正确以及工作进度的及时跟进；另一方面是对执行者的进一步督促，提高工作效能。

二、对中小银行绩效文化的重塑

中小银行重塑绩效文化，应该从绩效文化三个层次的内涵入手，重新反思发展观、业绩观，并建立绩效管理与业绩观、发展观之间的紧密联系。

（一）绩效文化建设应遵循的几个原则

1. 全员参与的原则，全员参与是保证绩效文化得到有效落实的关键，企业的成败关乎从管理层到每位员工。一方面文化属于上层建筑，打造绩效文化的目的是在精神层面给予引领和动力，因此这种文化的塑造必然是"头脑工程"，只有领导者和整个管理层高度重视并积极落实，才能将文化的理念和影响力渗透到企业的每个角落。另一方面文化打造不只是管理层的任务，真正起到决定作用的是中层管理团队，尤其是业务部门负责人、分支机构领导等，他们在绩效管理和文化打造中常常花费更多的精力和时间，无论与下属讨论绩效目标、标准，经常进行检查，掌握下属的工作业绩，还是对下属进行精神的传达、观念的培养，作为连通管理层和基层的桥梁，企业中层打造一流绩效文化的作用不可或缺。最后基层员工的配合，让所有员工都能深刻理解企业的绩效文化并作为自己的行动指引，使人人肩上都有担子，事事有目标，人人有事做。这样通过上下一致的努力，文化建设才能事半功倍。

2. 注重实效原则，绩效文化的打造最终目的是为了提升企业的业绩，通过文化建设有效提升绩效管理水平，进而带动业绩的改善。单纯谈文化而不管具体的业绩，也就是说只考虑文化落实到什么程度而不去分析文化建设是否真的起到应有的作用就会舍本逐末，背离绩效文化建设的初衷。此外，在绩效文化的具体实施过程中，是注重短期结果导向还是注重长期过程改进，是更加注重对外部环境的反馈还是关注内部的管理，都需要在长期的工作中不断积累经验，不断完善并适时调整以使之更加适应企业的发展。

3. 以人为本的原则，只有通过文化建设使每个员工对企业的价值观更加认同，才能使企业的各项决策得到充分落实。文化属于精神层面的要素，但是它要依托于具体的人、事、物。其中人是始终要首先重视的因素，因此各种制度的制定和任务的设定应该更加人性化，基本的奖惩也应该得到有效的落实。绩效考核如果不尊重实际情况，没有考虑到员工作为劳动者的价值、心理感受、被尊重的需求等，可能会促使员工离心离德。

（二）打造中小银行绩效文化的具体措施

要在企业中营造良好的文化氛围，不仅仅是喊几句口号，而是需要领导层主动采取办法和措施逐步影响和带动整个员工群体的能动性。银行作为金融企业，要把经营绩效作为安身立命之本。没有营业收入，没有利润，一切管理、一切理念、一切制度等于零，这种认识应该从管理层扩大到整个队伍。企业存在的目的，最根本的就是创造效益，进而实现其社会价值。如果一个企业连正常的经营都无法维持，那么也就失去了其存在的意义。重视绩效就是牢牢抓住了企业经营这一关键，通过文化建设使企业不再需要大量的人力物力去监督其员工，而是通过一种无形的影响力带动人员的主动性和创造力。而如何打造企业的绩效文化，则可以从以下方面入手。

1. 打造绩效文化要强调建立清晰明确的战略定位。一个优秀的组织必须要有明确的愿景和清晰的价值观。坚持发展是第一要务，始终以进取的心态、扎实的工作和果断的行动面对未来。我们坚信，只有发展才可能生存，只有发展才能真正解决经营管理中出现的各种问题，只有发展才能扩展战略空间进而实现良性成长。追求有质量、可持续的发展，注重短期和长期、规模与质量、速度和效益的平衡关系。我们坚持与风险承受能力相匹配的发展，任何时候不为单纯的数量增长而忽视质量隐患，不为短期的利益而造成长远发展的损失。作为中小银行一定要明白未来的发展方向在哪里，战略上要明确，战术上要清楚。中小银行大体上就是以服务地方经济、服务中小企业、服务城市居民而定位的，如果定位有了偏差，那么绩效文化的建立也就无从谈起。明确了任务和使命之后就是对全员的传达，这种信息的传递不应该是口头上的，应该使全体员工都在心理上对企业愿景建立深刻的认同。这种认同会潜移默化地体现在管理层的决策中、基层的执行上。进而我们的每一次努力都会促使整个企业向着最终的方向迈进，而不是背道而驰。

2. 中小银行应建立以客户的满意为导向的绩效文化。彼得·德鲁克曾在《管理的实践》中一再强调企业的使命过去是，现在仍是创造客户。中小银行要实现可持续发展，无论是在绩效目标的设定，还是对内部的考核上都要始终以顾客的需求为基础，这样就保证了企业的所有行动都符合客户价值，不会背离企业的最初使命。如果没有这样的绩效文化和价值观，相信无论技术多么先进，拥有多少人才，这样的组织也难在长期取得真正的发展。以客户价值为导向的绩效文化应该考虑到，能否快速响应客户需求，能否精准地为客户提供价值，能否提供更具亲和力的产品和服务、能否尽可能地为客户降低成本。只有充分地考虑这些方面，才能打造出高效的、科学的绩效文化。

3. 培养艰苦奋斗的品质和危机意识。无论是企业的成功还是个人创造佳绩都不会是短期打鸡血或搞小聪明能实现的，只有通过踏实肯干、艰苦奋斗特别是长时间的坚持才能取得优异的成绩。我们必须意识到，没有奋斗的过程，就不可能产生优秀的绩效。作为中国最有竞争力的企业，华为的任正非把他们的奋斗这样描述：多年来，公司的管理层日夜兼程地努力工作，为了公司的发展他们放弃了节假日的休息，在任何时候都要能够立刻处理随时可能发生的问题，而且因为公司的全球化发展，在夜里开会更是家常便饭。可见任何一个伟大的组织都会是一个拼搏奋斗、永不止步的组织。管理大师杰克·韦尔奇也曾对高绩效文化做过这样一个比喻，"追求高质量和卓越要形成一种氛围，在这种氛围里，所有的员工都能感到向自己的极限挑战是一件令人愉快的事情，感到能比心目中的自己做得更好"。目前，国内大多数中小型银行还没有达到这样的高度，但是正因为这样，我们还有很大的成长空间，通过这种奋斗精神的树立，相信中小银行也能在某个细分领域做出令人瞩目的成绩。

中小银行还应该始终保持危机意识，目前传统银行业正面临着十分严峻的挑战。中小银行无论是已经取得巨大成功，还是在成长过程中艰难前行，都不可避免地被裹挟着进入这个改革的浪潮中。正是在这种外界环境剧变下，中小银行更应该树立一种警钟长鸣的忧患意识。从管理层到经营层再到基层员工，都要时刻被传递着这种生存危机，通过危机意识向全体成员传递压力，进而促使员工保持动力，只有危机感足够强烈才能不断激发每个人的潜能，使个人发挥出最佳状态，实现绩效的大幅飞跃。

4. 建立精简高效的层级组织是打造绩效文化的必经之路，我们常用尾大不掉形容一个组织过去庞大和复杂导致的管理失灵。这种失灵往往是由于信息在不同层级传递过程中逐渐失真所引起的，层级越多这种指令的偏差就越大。为什么会这样，一方面，由于不同层级的利益关切不同，高层往往习惯于从企业的整体和全景思考问题，而底层往往更关心小集体的利益和个人权益。这就导致在执行任务时，下面层级避重就轻，执行结果往往是反复权衡后做出的"最优解"。另一方面，层级过多往往会导致信息在传递过程中丢失许多细节导致信息传递失真。这里有一个恰当的比喻，如果把衣服比作组织的层级，那么每多穿一件就与外界多了一层阻隔，当你外出穿得很厚实时，就很难真切地感受到外边的气候有多么冷了。中小银行相对于大型银行人员少，机构部门相对简单，更应该倡导扁平化的管理，尽量减少不必要的管理层次。具体地说就是由董事会制定大的发展方向和战略规划，经营层制定具体的执行措施和方案，通过目前方便的信息化手段可以把战略意图和具体措施直接传达给每一个员工，这样不但使信息传递更具时效性，更加精准，也便于整个银行建立更加高效的反馈机制。

5. 建立高效的沟通机制是绩效文化的关键。通过高效沟通建立良好的跨部门协作，不仅实现了资源共享，而且可以实现 1 + 1 大于 2 的绩效结果。目前，银行在内部沟通过程中普遍存在一些问题，如信息往往是由上至下传递，缺乏足够的反馈机制，致使基层和业务前线的信息不能及时地反馈到管理层。部门和平级之间缺乏沟通，往往导致各自为政缺乏配合，信息无法及时高效地共享，致使整个企业工作效率降低。要解决以上问题就需要银行主动加强银行内部部门和层级间的沟通。首先，要健全并完善与沟通有关的相关制度，合理的制度可以预防因沟通的不及时或不流畅导致的工作脱节和互相推卸责任等问题。制度的建立使沟通各环节发生问题都能妥善高效地处理并且有据可依。把沟通相关工作纳入绩效考核，鼓励员工提升沟通的积极性，增强相互之间紧密配合的意识。其次，中小银行要根据自身情况，建立多样化的沟通方式。不仅要有工作中的正式沟通，还要通过业余活动等非正式沟通作为必要补充，无论什么形式，其最终目的都是为了让人们表达自己的真实想法。最后，绩效的落实必须得到员工的认可，可以请全体员工参与银行各层级的指标设定与分解。比如，可以在上下级之间举行"指标分解讨论会"，帮助监督者与执行者认清绩效指标达成的具体举措和所需资源，并最终达成共识。

6. 加强绩效考核对个人的评价的指引作用。中国人历来比较重视面子问题，当下属绩效不理想的时候，现实中一些管理层出于对人情的考虑，往往竭力维护和下属的感情，在考核时常常避重就轻，不愿意作出过多的负面评价。中国的企业在绩效评估之后习惯隐藏结果，不像西方那样把业绩公之于众。当然这样做的负面作用显而易见，许多员工在这样的制度和氛围下，渐渐形成了得过且过的工作态度。考核的不透明化，导致组织中的成员没有明确的参照系，不知道自己工作的完成情况达到了怎样的水平，没有对比也就没有了进取的动力，这样的文化环境下很难激发员工的内在动力，整个组织的效能也就很难发挥出来。

要重塑绩效文化首要一点就是把考核透明化、规范化。对于中小银行，首先要明确营销、信贷、风控、管理、后勤等一系列维度的考核评价标准，这里的标准应该经得起现实和时间的双重检验。其次，这些标准的制定要起到指引作用，通过员工之间的横向对比和个人职业生涯不同时间点的纵向对比，清晰地刻画出一个人的绩效水平和工作状态以及未来的发展趋势。这样不论是被管理者还是管理者都能对每一个人的工作状态有更好的掌握，一方面有利于管理层作出更准确合理的人员调配和任务安排；另一方面员工对自己的不足有了深刻的认识后会自觉查漏补缺，提升自身素质并作出更好的表现。

中小银行在打造绩效文化的过程中可以通过树立先进模范并给予较大程度的奖励的方式，迅速提升全体人员对绩效考核的认识和敏感度，进而能更容易地促进组织绩效文化氛围的形成。树立先进的作用和意义在于给组织成员设立了一个具有说服力并可以达到的标准。行为心理学指出，如果组织成员把视线聚焦到具有一定挑战性的目标上，那么就会充满挑战的兴奋感和明确的方向感，在每一次努力去实现目标的过程中又会获得巨大的满足感并不断强化这一过程。

在考核过后要建立明确的反馈机制。中小银行要打造有效的绩效文化就要慎重对待每一项和人有关的决定，如岗位安排、薪酬保障、晋升和培养，奖惩和辞退等。从每一个决定中我们要清晰地向员工传递一种信号，什么是银行所重视的、鼓励的，什么是银行所反对和禁止的。通过这样一种信息的传递，会让人们更加明确组织的愿景是什么，短期目标是什么，如何实现个人成长与企业发展以及个人利益与企业价值实现的有机统一。只有通过慎重合理考评并给予积极的反馈才能促使员工往企业战略重点和发展方向上努力。绩效文化是所有企业文化中对组织和个人最有影响力的文化，是企业文化的精髓，而这种影响力正是建立在科学的评价反馈机制基础之上的。我们也要注意到，企业管理不能同生产商品一样，唯标准不放。与商品不同，人是有情绪的个体，而文化建设之所以是一门艺术是因为它能照顾到人的情绪，激发每个人内在的力量。这就要谈谈标准的设置，作为企业文化的一部分，所有的标准制定都要有大部分人的参与和认可，这样才能被接受并更好地执行。

7. 文化塑造应鼓励建立流畅的职业通道，只有那些特别优秀的人才能达成或者超额完成绩效目标，一个高效的企业在于它能不能把合适的人安排在合适的位置上。只有建立能上能下的职业通道，才能将那些最优秀的人放到合适的位置，将那些占据着组织资源却无法发挥应有作用的人剔除。应该在企业里建立一种能者上的文化，不看关系，不看资历，就看个人能否胜任或是超越岗位的要求，并给那些进取的人以更广阔的舞台。这种公正的评价会逐渐影响每个人的言行，所有人都会明白踏实做事是唯一能做的最好选择，企业也会在这种氛围中更加坚实更具活力。作为管理者要明确考核的目的不是为了单纯地对员工进行奖惩，而是为了通过考核调动各层级人员的积极性，培养员工使命感和正确的价值观。通过合理的考核反馈使能者得其位、落后者有危机感和向上的动力。

8. 必须重视对员工能力的培养。中小银行要取得成功，必定有着一大批素质高、能力强、业务精的员工在背后支持。银行之间日益激烈的竞争不再只是比产品、拼服务，更多的是比拼谁拥有更深厚的人才队伍，谁才能走得更远。因此提高员工素质、加大人才培养是完善企业绩效文化的重要方面。一是注重对员工工作态度的培养，优秀企业文化就是让员工时刻充满斗志、热情和使命感，管理者需要学会放权以培养员工的责任感，应该多听取员工的建议使他们相信自己对企业的决策能产生作用，进而激发他们的荣誉感和创造力。二是做到言而有信，企业和员工相互信任是其他一切文化建立的前提。只有互信才有合作的可能，对企业失去信任会严重打击员工的积极性，破坏员工的存在感。没有信任感的企业很难产生足够的凝聚力，即使再多好的决策也很难执行下去。所以企业文化的建立一定少不了对员工信任的细心呵护。

第二节　中小银行执行力文化的重塑

良好的执行力不仅是银行提升竞争力的重要方式，也是实现战略目标和谋求生存发展的必然要求和重要途径。如何把执行力有效地灌注到中小银行的日常经营中呢？这里有一个办法，就是通过塑造执行力文化来提升执行力，只有当执行力根植于企业文化的土壤之中，才能最大程度地发挥执行的效果，并且这种效果能长久维持下去。

一、新形势下对执行力文化的再认识

管理学指出，要建立一个富有执行力的组织，就要使执行力形成一种文化，这种文化也是企业文化的重要组成部分。只有通过文化建设使组织中的每一个人都深刻理解并践行高效执行力，才能打造出一个充满斗志、具有战斗力的组织。在一个组织中只有少数人具有优良的执行力是不足够的，组织的成功需要的是一大批具有超强执行力的管理者和员工，因此中小银行执行文化的建设更要树立全员执行的理念，高执行力的团队离不开文化的鼓舞和指引。

管理学大师彼得·德鲁克曾经说过，"确定目标不是主要的问题，你如何实现目标和如何坚持计划才是决定性的问题"。在企业的运作中战略设计只有10%的价值，其余90%的成绩都是执行创造的。银行没有执行力就谈不上竞争力，而中小银行经营所面临的最大挑战也是执行力的打造。良好的执行能力是我们取得业绩的重要条件，所以，提升中小银行的执行力就变得尤为重要。中小银行执行力文化建设，就是从思想和文化层面统一全体员工对于执行力的认识，统一全体员工对于执行力重要性的认识，进而通过执行力文化的宣贯形成现实的执行力。

（一）中小银行执行力存在的问题

1. 制度不健全影响执行力的发挥。中小银行执行力不强很大程度是因为管理制度不严谨。部分制度在出台之初没有经过慎重考察，导致执行起来前后矛盾。或是制度建设滞后，一些制度还是多年前的产物，已经远远与时代脱节，导致制度难以执行或形同虚设。中小银行战略往往制定得多，落实得少，设置的目标多，完成的少。究其原因，部分中小银行只是强调执行力，但是没有深入研究执行主体的思想状态、能力状态和资源状态，没有深入研究任务的逻辑结构和客观条件，在这种情况下，我们仅强调员工的主观能动性、积极性，只能迫使员工上演虚假的忠诚竞赛了。个别员工在工作中看似很努力、态度很认真，实际上由于缺乏流程引导，往往多走了不少弯路，实际工作效果并不尽如人意。有企业家曾说过，不要以战术上的勤奋掩盖战略上的懒惰，点明了单纯靠所谓的积极心态不过是在执行过程其他方面的疏忽和懈怠。

美国经济学家道格拉斯曾指出，西方经济的发展主要得益于制度的变迁。严谨的制度对于组织执行力的塑造是不可或缺的重要方面。制度用来规范人的行为，不仅是一种约束，更是给员工在制度约束下自由活动的权利。所以，银行的制度在一定程度上也会制约执行力文化建设。制度对执行力的影响主要体现在通过制度可以规范执行力的标准、可以统一员工和企业的执行力、可以建立执行力激励机制。管理制度不严谨对企业执行会带来许多危害。一是制度出台过程过于仓促。部分中小银行在制度出台过程中没有充分进行市场调研和征求意见，部分制度的撰写人没有任何实务和基层经验，这种制度出台之时就注定难以执行。二是制度本身不合理。缺少针对性和可行性。每一个不合理的制度对员工都是一道枷锁，继而引发员工敷衍，执行流于形式。针对性和可行性是制定制度时必须要考虑的两个原则。优秀企业的共同特点之一是制度比较人性化但能严格执行。而很多中小银行往往是制度规定十分严格，执行起来却比较随意。这就对执行力氛围的形成造成极大的障碍。要使制度执行起来高效，在制定时就必须做到简单、清晰、全面。三是制度流程过于烦琐，制度缺乏合理性就会严重影响执行的效率。有些银行存在这样一个现象，工作中一个几分钟就可以处理的文件在前前后后的流程中往往持续四天之久。可见通过精简流程，优化制度就可以为银行提高执行力提供很大的空间。

2. 管理不到位妨碍了执行力的落实。只有好的管理才能使制度发挥出应有的作用，管理不到位也是中小银行执行力存在的普遍问题。一是缺乏清晰合理的目标，很多中小银行在经营遇到瓶颈后就没有了清晰的整体目标，或是目标制定不合理，难以实现。没有了远方的愿景就只能做好眼前的事，由于缺乏适当的引导和方向，人们陷入了为做而做的怪圈，因为迷失了方向常常产生等、靠的被动工作行为和思维方式。二是管理者没有常抓不懈，大的方面对正确执行不能始终如一地坚持，从开始的轰轰烈烈到最后的不了了之。小的方面有布置没有检查，或是检查工作时前紧后松，工作中宽以待己严于律人。管理者如果不能起到带头作用，银行的执行力很难打造出来。要想强化组织的执行力，管理者必须高度重视每一个制定的目标和方案，凡是牵涉管理层的方面则一定要以身作则，要不断认真研究项目的现状和执行情况，找出执行结果和预期效果之间的差距，并及时对组织进行合理的引导。三是只强调"服从"，不强调创新。在部分中小银行的管理者看来，执行力就是无条件服从。但是银行业是一个服务行业，其客体是人，人是有差异的，因此服务客户需要有思路、有创造性，盲目地服从不可能打造精品银行。能够推动中小银行发展的，不再是员工的劳力，而更多取决于员工能为银行贡献的智慧。中小银行需要和缺乏的是人才而不是人力，相对于人力只能服从命令完成任务，"人才"更能准确理解企业的战略方向和市场定位，能够准确理解客户需求并提出许多有价值的建议和想法。中小银行目前面临日益激烈的竞争，谁能够准确理解客户的内在需求，挖掘出更多的潜在消费意愿，谁就能在这场竞争中走得更远。如果都是只会"听话"的员工，那么将很难发挥出银行的创造力和竞争力。

3. 权、责、利的错位损害了执行的积极性。首先，管理层的责、权、利不对等，只强调员工责任，不强调管理者责任。管理者过度强调员工责任的同时，就会忽视自身管理存在的不足。员工执行不到位有很多原因，但很可能是由于管理上的问题。我们发现有些企业会使能力出色者干起工作来得过且过，而有些企业却能激发员工潜力，使普通员工超水平发挥。仔细观察那些管理不善的企业往往存在一些共性问题，一种情况是企业判断员工能力高低的不是取决于真实的业绩，而是取决于管理者的好恶。另外，有些保守型的管理者往往喜欢墨守成规的员工，对于那些追求个性和独立的员工往往存在心理排斥，在一定程度上扼杀员工创新的积极性。其次，有些银行在管理中陷入只强调团队利益、不强调个人利益的陷阱，由此导致集体凝聚力的丧失。现在很多地方都在讲团队执行，把团队看得过分重要。但是在强调团队的时候，如果不尊重个体的贡献和劳动，不尊重个体的创造性，将会导致团队个体归属感的迷失。这样的氛围下执行力文化将很难深入人心，也就难以发挥出文化应有的作用。最后，很多中小银行的执行文化往往只是一个目标、一种希望，只是简单写在墙上的几句口号，其实并没有真正地形成凝聚力，并没有有效地得到广大员工的认同。文化建设最重要的是塑造一种共有的价值观，是通过影响执行者思维方式进而影响其行为和判断来促进执行者效能的方法。因此只有当所有人都理解并认识到执行文化的重要性，才能使执行力得到有效保证。

4. 只强调竞争力，不强调核心竞争力。部分中小银行在强调执行力文化的时候，无意中已经掉入了虚假执行力的陷阱。执行力的本质是将资源配置到最有效率的领域，追求投入产出比。执行力文化的本质正是引导中小银行在正确的方向上在正确的时机用正确的方法做正确的事。既然如此，如果我们抛开了中小银行的战略，盲目地强调五加二、白加黑，盲目地强调执行，这样的执行力文化岂不是会带领我们在错误的领域浪费精力？

5. 没有人监督也没有监督的方法。监督就是追踪考核确保达到目标和完成计划。监督是执行力的灵魂。很多事情是因为没有及时的监督和控制而错过了解决问题的最佳时机。监督不到位一方面是无人监督，职责不清晰，另一方面是监督的方法不对，监督和考核的机制不合理。工作监督控制主要有三种方式：一是管理者根据制订计划和任务的特点安排特定时间跟踪检查完成情况。二是约定执行者在什么情况下应该汇报工作相关情况及相关原因。好的结果要及时总结经验。坏的结果要及时分析原因和教训。三是建立问责制，同时明确责任人。追究当事人责任要明确两个问题，一是为什么会导致不良结果，二是明确怎样作出改善，要当事人作出承诺。然后依情节轻重给予适当的处分。

（二）新形势下中小银行需要什么样的执行力文化

1. 中小银行需要一种"落实"文化。任何宏伟的蓝图如果没有人着手去付诸行动完成，那么它就是毫无意义的。无论目标制定得多么完善，条件准备得多么充分，如果没有有效地落实也就失去了其存在的价值。而对于中小银行，从制定战略到分解目标，从宣传营销到监督考核，从管理风控到运营维护，每一项都少不了落实这一关键步骤。千里之行，始于足下。对于个人来说，只有那些善于把握机会、尽情展现能力的人才会笑到最后，对于企业来说只有那些把计划贯彻执行到位，充分挖掘和利用组织资源、优势的企业才能在激烈的市场竞争中脱颖而出，而这一切都取决于我们"落实"的功夫在什么水平。"一分部署、九分落实"更是清晰地点明了落实的重要性，其实落实文化的精髓不在于做事，而在于把事情做成。强烈的责任意识和积极的工作态度是把事情落到实处的前提和基础，而现实中我们常常可以看到即使是同样的环境条件，不同的个体对任务落实的结果却天壤之别，这不是因为能力不行，最大的原因可能就是认识不到位。而"落实"文化强调的是一种无论遇到什么样的困境和难题都要没有任何借口地把事情做到位的精神。

中小银行包括股份制商业银行、城商行、农商行等，一般都具有决策链条短的优势。如何利用好这一优势，真正把这一优势转换为市场占有率和竞争力，可能需要下很大的功夫。实际上，我们看到，部分中小银行的决策效率、执行力与大型银行有很大差距。这就需要我们奋起直追。在决策上要高效，充分发挥一级法人的优势，提高信息传递效率，简化决策流程，提高决策速度。在执行上要高效，对于决策贯彻或日常工作要纪律严明、服从管理、雷厉风行。在客户服务上要高效，对于客户的需求要快速响应，办理业务要提升效率，比竞争对手走得更快，更有成效。全体管理者、全体员工对待职业专注，无论在什么岗位，都要专心致志、忠于职守，认真履责，干一行爱一行。对待工作专心，无论接受怎样的任务，都要心无旁骛、排除干扰，认真地做好每一件事、每一笔业务。无论要完成的工作是否之前擅长，都要严谨细致、精益求精，通过快速学习和进取努力输出高标准的成果，努力使自己成为领域专家。

2. 中小银行需要一种"敬业"文化。盖洛普认为敬业员工的标准是：员工工作不但投入了时间，同时，一个负责任的员工，一个有事业心的员工都是把单位看成自己施展才华的平台，在日常工作中，也体现了自身的创新，体现了自身的感情，每天都能因为工作获得荣誉和自我满足。实践中，我们看到部分员工认为"我已经尽力了""这不是我的问题""已经差不多了，谁谁还不如我呢"。一个银行的从业者在非正式场合说："工作太没意思了，我只要用50%的精力就能完成工作，为什么还要100%地投入?"这就是部分人的一种普遍心理。总觉得自己怀才不遇，如何去抓住这个"机遇"，自己又没有什么具体的路径，所以在持续的观望徘徊中，消极、抱怨越来越多，对从事的工作越来越没有认同感，上班真成了"点卯"。是否参加某项活动，要看领导重视不重视，要看活动奖品丰厚不丰厚。是否参加考试，取得某个证书，先要看是不是涨工资，是不是同升职挂钩。

敬业奉献是商业银行高管和所有银行从业人员应有的责任意识和职业道德。如何培养员工敬业尽职精神，根据实践经验和理论总结，我们尝试做以下总结：一是尽量吸纳对自己要求严格，积极想找好工作的求职者；二是懂得欣赏员工，所有的岗位和工作都受到重视，经常鼓励和肯定员工；三是建立渠道让员工了解银行的发展状况和面临的形势，让员工对战略、方向和事关切身利益的问题发表意见，参与决策；四是避免过度打击，多注意员工的负面情绪和特殊需求；五是团体奖励、表彰要公开隆重地进行，个人奖励防止过多过滥，惩罚和批评要个别、秘密地进行；六是让能力素质、个性特征不同的员工都参与工作任务，让所有人都找到位置，体现价值。

3. 中小银行需要一种"流程"文化。企业通过建立一种适宜流程管理的软环境，逐渐形成重视流程、利于流程管理的氛围。"没有规矩，不成方圆"，如果企业没有一个统一的协调机制和指挥体系，部门之间、岗位之间缺乏相互配合的方式和原则，那么企业必将是管理混乱的。执行力意味着员工工作的效率和质量，在相同的条件下，企业的效率越高，做事的质量越好，企业的盈利能力也就越强，同时意味着更强的竞争力。而保证效率和质量的基础就是流程和制度。流程管事，制度管人，两者各司其职密切配合。有了合适的流程并不意味着企业可以一劳永逸，流程"文化"在于把流程管理打造成一种动态的管理，它不是僵化的硬性要求，而是能够不断适应业务发展需要而进行升级，不断对业务流程体系进行简化和完善，是建设企业流程文化的长期任务。

二、如何重塑中小银行执行力文化

（一）打造三个流程，重塑执行力文化

中小银行要打造一套有力的执行文化，就是要将执行力的文化体现在三个关键流程中，即体现在人员流程、战略流程、运营流程之中。也就是说执行力建设要解决的是如何用正确的人去做正确的事并且能够正确地去做事。通过流程管理、流程驱动能够解决大部分关于执行主体、执行时间、执行标准的问题，从而保证执行力的稳定。而执行文化建设是否到位就要看流程管理是否在运营中得到深入和持久的重视。无论是战略还是运营都是由人来保证实施的，因此与人相关的应该放在首位。而只有战略正确，努力才会带来好的结果，否则运营能力再强也不会从根本上解决问题。可见在执行文化中人员流程是前提，战略流程是关键，而运营流程是保障。

　　人员流程是建立在企业战略和运营之间的一条纽带，可以说企业的成功很大程度上都是由于人的因素，如果是人的方面出了问题，其他一切制度和流程将很难发挥作用。人员流程包含了三方面的内容，首先是识人。企业要具有对个体做出准确评估的能力，并且知道自己需要的是什么样的人，只有这样企业才能用到合适的人，才能使战略和运营得到更有效的贯彻执行，同时会使每个员工在合适的岗位上发挥最大作用。而很多时候企业的失败往往不是因为策略失误，而是选用了错误的人。其次，人员流程还包括形成一个对人的管理框架，也就是能合理地安排和储备企业未来发展所需要的人才，在选人之后还要明白如何去培养，以使这些人力资源持久地发挥作用。这里还涉及如何处理那些表现不佳或是给企业带来不良影响的人，或是那些始终无法接受组织文化的人。这种管理的难点在于我们无法判断一个现阶段表现优异的人能否满足企业未来发展的需要，就拿银行来说，一个对柜面业务十分精通的人能否在人工智能成为主体的未来网点发挥和当下一样的作用，如何在银行转型时期更好地安排这些人的位置，这都是人员流程要解决的问题。人员流程的最后一点是为企业培养管理者和接班人，也就是要建立一套流畅的晋升通道。不仅仅是为了从企业角度选人用人，这种通道的建立会激发每个员工的工作热情和方向感，使他们知道未来自己应该扮演的角色以及需要什么样的技能和见识。一个组织的执行力很大程度上体现在对人的安排上，人员流程的完善无疑会给组织执行文化建设带来奇效。

　　执行力文化的第二个关键就是战略流程，无论企业的具体战略是如何制定的，其大体都是围绕着打造竞争力、创造利润、持续获得成长展开的。应该说任何企业的战略制定都不会有太大的偏差，但是为什么许多企业却以失败收场。应该说问题不在于方向的选择，而是在于步伐的控制。这里就涉及一个执行的问题，战略再好，如果不能得到有效的执行或是执行起来有很多难以改变的约束，那也无法使企业达到预期的效果。好的战略并不是灵光一闪就能想出来的，而必须是在考虑到企业的实际情况、外部市场环境、现有的优势和机会以及潜在的问题等多个因素后，在合理评估下审慎作出的一种判断。一个合理的战略规划必须能够分解成一个个具体的执行计划，如果没有对如何执行进行确认，那么战略很可能没有任何结果，企业在不停地制定战略却得不到落实，陷入一种恶性循环。

运营流程就是战略目标分解之后的执行流程。例如，中小银行都强调大零售转型，但是大零售转型是一个战略方向，需要具体化为任务，然后针对任务再按照一定的流程进行落地。即战略目标的具体分解，详尽的计划加上积极的行动才能保证战略的落地。具体而言，首先是制定运营策略，然后拆分目标作出具体工作安排，其次是执行落实，最后是分析总结优化的过程。执行力在这三个流程中得到不断的贯彻，反过来不断强化他们，把握了人员、战略和运营三个关键点，企业执行文化就有了可靠的保证。

（二）中小银行重塑执行力文化的具体措施

执行力文化重塑需要从制度建设、流程修订、激励机制等方面入手。具体包括以下方面。

1. 明确分工职责，是优化中小银行执行文化的基础。在企业中无论是管理者还是基层员工都要清楚地认识到自己应该承担的工作内容和责任，企业也有义务使每个人都明确这一点。当职责明确了，才会有清晰的目标，有针对性地开展工作，否则就会本末倒置。拿银行来说，公司业务主要职责是开拓市场、挖掘有效客户，而授信评审和风险管理等部门目的是为银行规避风险、降低不确定性。如果每个部门没有明确自身的主要职责，难免会顾此失彼。做市场的过度关注风险就会缩手缩脚，搞风控的过度关注效益就会铤而走险，这样组织各个部分很难发挥应有的效用，导致整个组织执行力低下。只有组织机构健全，才能保证各项工作顺利开展，在此基础上明确各部门员工岗位职责，使其能够知道自己应该做的事，按要求去开展工作，从而保证整体的有效运转。

2. 健全制度并严格贯彻是中小银行执行力文化的保证。文化的形成就如同人的习惯一样，不是一天两天就能形成的，必须通过长期的强化才能实现。没有规矩，不成方圆，首先要让大家有章可依、有据可查，这样文化建设才能有根。如果中小银行的各项制度林林总总、各种管理办法细致入微，然而不能全面贯彻，许多管理制度形同虚设，渐渐失去了其严肃性，降低了其在员工心中的分量，如果这种风气在企业内部传染开，执行文化也就很难落实。所以不但要加强制度建设，更要加强制度的贯彻执行，才能切实提高全局的执行力，为实现文化养成提供保证。中小银行可以对现有的各项制度进行梳理和整合，取消过时的制度，并根据新情况、新问题或是完善原有制度或是建立新的制度。同时，进一步完善考核和管理办法，使所有员工都能依规办事，做到工作有落实，责任有追究。

3. 培养严格执行的态度，贯彻执行的理念是中小银行执行力文化建设的前提。要提高中小银行的执行力，就必须在全行范围内强调雷厉风行的工作作风，强调时间观念，强调限时办结，杜绝推诿扯皮、办事拖拉。坚决解决执行不力，执行失败的问题。首先，领导要以身作则为下属作出表率，领导的言出必行和赏罚分明会使整个团队富有执行力和组织纪律性。其次，要培养重视执行的氛围，员工之间能够互相督促。如果说一个项目进展情况如何，可能同级之间比上级更为清楚，因为同级往往是一种无障碍沟通。那么在执行文化建设中，通过营造平级之间、部门之间比学赶帮的氛围要优于上级领导事无巨细的时刻关注。最后，在求"实"上下功夫，积极倡导"求实情，说实话，干实事，讲实效"的工作作风，大力弘扬"以奉献为先，以服务为上，以细节为重，以实干为本"的工作精神，努力在全行员工中营造开拓进取、求真务实、团结互助的工作氛围。

4. 实施合理的绩效考核，配以合理的奖惩是加强执行力文化的有力工具。一个企业没有很强的执行力激励、奖惩制度，大家都想着不知道干好了有什么好处、知道干不好没什么坏处，如果一个企业形成了这种工作氛围，那么各项工作肯定干不好。员工的工作评定最终要借助绩效考核来完成。如何实施利用好这一工具，是提高员工的工作积极性的关键。考核一定要根据本行的实际情况。一是考核范围确定要力求公正。二是实施绩效考核时应按照不同的考核对象，制定不同的考核内容，并且要易于操作。三是应根据项目、任务的推进情况以及市场的变动适时调整考核内容、考核参数。四是及时将绩效考核与员工立足岗位创先争优挂钩，增强员工的履职意识和荣誉感。中小银行在考核执行中，要不断完善绩效考核制度，制定年度、季度经营目标并将经营目标分解到各支行及每位员工。同时在绩效的分配上，遵照多劳多得，按贡献分配的原则，使员工之间拉开一定差距，绩效考核系数向优秀人员倾斜，以增强全体员工的危机感，激发全体员工的工作潜力，强化执行的贯彻力度。

5. 提高队伍素质和员工的执行能力是建设中小银行执行力文化的动力。中小银行执行力的提升，在很大程度上依赖于整个员工队伍的素质和胜任能力。尽管有一种言论认为，银行的工作技术含量很低。实际上，银行发展到最后，还是要依靠对于行业产业的判断和把握，这样的知识是无穷尽的。从员工方面来说，一项任务的落地，需要执行能力到位、对任务的理解到位，对工作关键点的判断到位。对个人来说，如何分清事物的主次关系和轻重缓急，是提升执行能力的重要步骤。执行文化应该注重对这种优先级思维的养成，因为给我们带来80%成果的可能只是20%的努力。其实工作中只要把握住关键点，其他问题自然迎刃而解。所以，中小银行的各机构层级要把上级的工作部署同本部门的工作实际有机结合起来，因地制宜，创造性地开展工作，把握工作中的重点和首要问题，不断提升工作效率。

6. 培养团队精神是打造执行文化的必要补充。我们认同个体员工的价值创造，倡导为强者喝彩，同时我们也致力于铸造一直正直诚信、高度负责、业务精湛、富有团队精神的员工队伍。我们倡导员工将个人目标融入企业目标，将小我融入大我，自觉以整体利益为重，和衷共济，共谋发展。团队精神也就是集体主义意识，是指人们按照一定的共同心理特征结合起来，在统一的原则基础上进行共同活动。人生而能群，天然具有合群倾向，在群体中消除孤独进行情感交流，获得互相抚慰。个体力量终究有限，只有利用集体的力量，通过分工和协作，形成一种个体力量无法比拟的合力和强大凝聚力，实现团队目标。团队精神在中小银行的实践中，一方面，表现为强烈的团队意识，员工与团队结为一体，大家拥有共同的价值目标和使命感；另一方面，这种团队精神又表现为团队成员以忠于团队为荣，银行鼓励和培养员工的忠诚度。团队是服务客户的基本单元。银行服务是一个系统工程，孤军奋战和个人英雄主义都不可能取得持续良好的经营绩效。我们始终倡导以团队协作的方式来满足客户的需求。良好的组织氛围是优秀团队培育成长的沃土。我们致力于打造"阳光、简单、包容"的氛围，团队在共同目标引导下，崇尚道德阳光，充满朝气，人际相处简单轻松，管理体系简明人性，人与人之间尊重、理解、坦诚、宽容、关爱。远大目标和努力坚持是团队成功的根基。我们倡导团队以事业成长为目标，团队成员共同上进，互相激励，以强烈的使命感和责任感，持之以恒地拼搏奋斗，实现人生升华。

企业的执行力在很大程度上受企业内部沟通水平、协调能力和配合默契程度影响，和谐融洽的氛围和广泛的凝聚力与向心力也是影响执行效能的重要因素。只有提高团队素质、增强团队合力才是提高执行力的基本途径。团队精神的作用首先来自内部高效的沟通，有效沟通是形成良好工作氛围的基础，只有沟通到位才能更好地执行和落实各项任务，只有每个层级的员工对银行的目标有了明确的认识和深入的理解，并在此基础上达成一致的认同，才能最大化地发挥团队的力量，才能在执行上取得更好的效果。企业可以从三个方面进行有效沟通：一是广泛采纳意见，在制订计划和目标时，进行广泛内部沟通，让每个成员各抒己见，尤其是具体执行者要尽可能地向上级全面地反映现实情况和可能出现的问题。二是建立高效的反馈机制，在落实具体任务的过程中要明确责任归属，遇到特殊情况可以直接向高层反馈，避免因多层级之间信息传递的时滞和失真而带来不良影响。三是重视沟通效果，管理层在制订计划和行动方案后，要确保这些任务和计划被各层级员工理解和认可。每一次层级间的对话要做到准确、平等、高效。中小银行为加强组织的层级沟通，可以组织各部门定期召开各个条线的工作例会。例会及时传达决策层有关精神和工作要求、通报过去一段时间的工作完成情况及工作动态、遇到的矛盾和困难、研究商讨化解的办法、提出下一步工作计划及具体措施等，通过加大执行的沟通力度，从而使每个员工都能各司其职对本职工作做到心中有数，有条不紊地开展各项工作。

7. 加强流程监督，是执行力文化建设的长期诉求。在企业中我们常常听到"我做了""我试过了"等未完成任务的托词。企业雇用员工的目的是为了创造价值，而价值的产生需要的是不折不扣地取得成果，执行力意味着跟进目标不能只有行动没有结果。在管理中常常犯这样一个错误，就是任务有布置没有跟进，部分原因是制度建设得不到位，更多的是没有科学的管理理念。或者有时没有让员工明确整体工作完成的时间节点，如果工作量很大或具有较大难度，更需要把工作目标拆分为几个阶段，并明确每个阶段的时间节点。组织的执行力体现在每个员工的执行效果上，只有形成上下级的积极互动，领导关心工作开展情况，下属主动汇报工作完成情况的氛围，才能使执行得到有效落实。所以，中小银行在执行流程上，对每项工作要安排明确督办责任人、部门和时限，对具体业务进行事前计划、事中控制、事后监督和改进，加强监管内控部门对制度落实情况的监督，加强对主要岗位、核心环节、关键人员的特别监督，把重点环节与全过程控制有机结合，形成逐级抓落实的工作督办机制。

（三）打造执行力文化、培养传统美德

执行力文化与中国的传统美德是密不可分的，文化建设需要倡导美德，美德会帮助弘扬精神文化。谈到执行力文化就少不了敬业精神，它是主观上的执行力。敬业意味着发挥本职和岗位的职能、保持职业目标、完成岗位任务的责任，遵守职业规则程序、承担职权范围内社会后果的责任，实现和保持本岗位、本职业与其他岗位职业有序合作的责任，是和执行力关系最为贴近的一项美德。企业拥有超常的执行力离不开员工对敬业精神的认同。

责任意识也是执行文化的一部分，如果把企业比作一台机器，每个员工都是企业这台机器上的一个齿轮，任何一个部件出了问题都会影响整体的运行。每个员工负责的工作都是企业运作的一个环节，一个地方出了问题可能会牵涉许多其他工作。而责任意识就是牢牢站好自己的岗位，没有任何借口地完成本职工作。只有每个员工的精诚合作，企业才能高效运转。责任还是对自己所负使命的忠诚和信守。只有那些勇于承担责任的人，才能被赋予更多使命，执行更多的任务。

热情代表着对工作的态度，是积极认真地完成工作还是消极应对，是遇到问题主动解决，还是逃避困难，体现在执行力上就是巨大的差异。没有工作的热情，无疑会降低工作的效率，这样的员工不可能高质量地完成工作。热情工作就是要积极主动，认真对待工作，把工作当作自己的唯一选择。任何企业和个人，只要放下浮躁，注意力集中在眼前的工作，一步步向前推进并不断优化，就一定会有出色的业绩。执行文化在于能使员工把公司发展当作自己的责任，站在主人的角度去付出自己的热情和才智。

勤奋是美德也是高执行力的要素，与其说这是一种美德不如说这是一种习惯。那些优秀的人往往具有勤奋的品质，他们不畏困难险阻，通过拼搏和奋斗完成一个个看似不可能完成的任务。勤能补拙，即使开始的条件和天赋不那么优秀，但是在一次次的负重前行，一场场的挥汗如雨之后，总能使自身跻身到优秀甚至是卓越的队伍中。勤奋意味着只争朝夕，具有优秀的时间观念和效率意识，接到任务"立即行动、马上就办"，不会因为懒散而使工作延误，每项工作都开始比别人早一步，落实比别人快一步，能够及时把握时机，抓住机遇。在别人还在犹豫方案的时候，勤奋的人已经取得了成果。

革新精神是新时代执行力文化最需要重视的品质。时代在进步，我们的工作方式也要与时俱进，企业要拥有改革的决心和创新的勇气，才能保持长久的活力。面对日益激烈的竞争和瞬息万变的市场，我们更要勇于拥抱变化，充分发挥主观能动性，创造性地开展工作。革新是对执行力文化这种不断进步的意识形态的最好诠释。

第七章　中小银行营销文化和
服务文化重塑之道

随着市场竞争的不断加大，商业银行面临前所未有的巨大挑战。商业银行急需在"回归本源，专注主业"方面重新探索，摸索前进。如何重新塑造具有自身特色的营销文化和服务文化，形成统一的品牌形象，商业银行内部要统一思想，提高认识，统一部署，形成总分联动，部门协同，外化于营销和服务人员的具体行动。本章拟通过对当前市场环境变化的判断，借鉴同业先进的实践经验，提出商业银行做好营销文化和服务文化的具体措施等方面进行重点阐述，以期为商业银行寻找营销文化和服务文化有效模式提供参考。

第一节　中小银行营销文化的重塑

营销文化是企业文化在市场营销过程中的具体运用和体现，是营销特色的象征，以企业服务或产品为对象，是在市场营销过程中占主导地位的习惯做法、机构安排、思维方式等的总和。具体体现在企业的营销理念、营销手段、营销道德、营销人力以及营销品牌等各个方面。它代表着企业营销的品位，也是评价企业营销能力的重要标志。

一、新形势下对营销文化的再认识

整体来看，中小银行在激烈的市场竞争环境下，承受着成本压力、收益压力和流动性压力等多方压力，存贷款利差不断收窄，不良贷款率逐步攀升，盈利能力不断下降，生存环境不容乐观。原有的"卖方市场"已不复存在，如何实现差异化经营，构建新型的营销文化，已成为中小银行急需解决的一大课题。

（一）传统营销文化已落后，急需创新模式突破瓶颈

1. 客户群体关系已发生根本改变。多年来，银行业一直处于"卖方市场"，银行有很强的议价能力。随着市场竞争不断加大，银行业已由"卖方市场"转为"买方市场"，原有的"以产品为中心"营销理念转为"以客户为中心"的理念。客户在存贷款方面有更多选择，银行方议价能力在不断下降。

2. 银行业传统的营销文化是"等客上门"为主，银行有什么产品，就向客户提供什么产品，银行基本不存在营销的概念。随着市场竞争地位变化，原有的营销模式急需改变。落后的营销文化已成为影响中小银行转型发展的重要一环。特别是中小银行总分行把握着行内核心资源，由于远离市场，缺乏调研，营销理念未有效转变，部分工作已严重与当前市场脱节，导致基层支行及一线营销人员缺乏强有力的政策支持，业务营销工作举步维艰。即使基层人员成功营销客户，也缺乏持续性支持，交叉营销跟进缓慢，导致中小银行存贷款等营销工作喊口号多，实际落地少。特别是掌握人、财、物、信贷业务审批权的个别中后台部门固化思维严重，营销导向不足，绩效考核指挥棒作用发挥不明显。制度老化僵化，未根据市场情况及时调整，分支行得到有效政策支持有限，业务发展严重受阻。

（二）中小银行在营销方面存在的主要问题

1. 市场定位不明确。目前中小银行市场定位流于形式，主要体现在总行战略层面和宣传层面，稳定的客户群体还未真正形成。以城商行为例，其在成立之初，虽然确立了"服务地方经济、服务中小企业和服务城市居民"的市场定位。然而仍有很多城商行表现出市场定位摇摆不定。由于对市场细分不够重视，导致目标市场过于庞大，目标客户群过于繁杂，从而给后续工作增加了很大难度，影响整个营销活动的效果。目前大多数中小银行都将目标锁定在中小企业上，而对中小企业市场的再细分却模糊不清、重视不够，最终导致对中小企业的实际重视程度不足。同时，几乎所有中小银行都把为数不多的效益好的大型企业客户作为工作重点，主要表现在：中小银行热衷于跟国有银行、股份制银行、外资银行争抢大客户大项目，

使本来较为广阔的市场空间和客户资源变得极为狭窄和有限，由于大型客户的议价能力强，导致其成本上升，效益下降。

2. 营销理念落后。以客户为中心的营销理念，要求商业银行满足客户多元化需求，并且要根据客户需求变化随时进行相应的策略调整，对客户反馈的问题要提出适宜的解决方案。中小银行缺乏对营销重视，服务理念落后，不能将其提高到全行的战略高度，导致银行对营销相关理论和实践研究不足，缺乏系统有效的营销战略，不能从长远的角度对市场进行分析、定位与控制，未能实现以产品为中心向以客户需求为中心进行实质性转变。

3. 金融产品趋同现象严重。目前，中小银行服务和产品市场定位不鲜明，特色服务不突出，趋同现象较为严重。当前商业银行面临的市场竞争越来越激烈，中小银行由于对本地区客户群体缺乏科学预测分析，在业务创新上存在盲目跟进的现象，由于对新产品的设计内核掌握不准确，研究不充分，有些新业务及产品是形似神离，导致市场认可度低。加之，缺乏产品推出后的后评价机制，导致新产品自我修复能力差。

此外，目前中小银行的金融产品及服务趋同现象严重，中小银行未能有效扬长避短，体现差异化竞争优势，创新方式方法不足。

4. 客户关系管理缺乏科学性。中小银行通过与客户的直接接触，可及时获得大量的客户信息，目前来看大部分中小银行对客户信息整合分析利用程度不够，对客户价值的挖掘不深入。在实践中，中小银行通常将工作重点集中在与直接客户关系维护上，而对中小银行有一定利益影响、综合贡献度高的优质客户关系重视程度不够，缺乏详细的研究与对策，容易造成优质客户的流失。

与国有银行、股份制银行和外资银行营销模式相比，中小银行服务效率普遍偏低。在服务营销渠道上，虽然中小银行目前主要依靠网点提供柜面服务，同时辅以网上银行、电话银行、自助银行、微信银行、直销银行等渠道，但总体来看服务功能不全，宣传力度不够，客户体验度不佳，导致中小银行对客户的认可度不高。互联网金融企业经过多年不断发展，已在支付结算、信用贷款等领域形成一定的垄断性，目前中小银行借助其平台或技术实现合作共赢方面还有待进一步加强。由于信息技术的落后，导致数据的获取、联动非常困难，对客户群体的细分无法进行，产品服务缺乏针对性。对于优质客户，存在被同业挖角的可能性，由于无法准确细分，导致优质客户流失率较高。条线部门新产品的开发滞后于市场需求，与其他银行竞争中处于劣势，对非传统销售渠道和网络营销的推广力度不够等。

5. 品牌保护意识薄弱。目前中小银行存在缺乏整体营销观念，金融产品创新品种多，但含金量高的品牌较少的问题，未在客户中形成一家银行有别于其他银行的独特形象，对客户的吸引力较低。中小银行不仅与外资银行、国有银行、股份制银行相差甚远，也未达到国内一些先进企业营销水准。

中小银行品牌价值随着多年的经营，实际已形成了一定价值。但是中小银行一般缺少统一的规划、包装与宣传，特别是有一些经营多年的子品牌，银行实际未在工商部门注册登记，导致品牌由其他机构抢注及价值的流失。同时存在品牌条线化管理的情况，同一属性的产品未进行统一规划，往往包装成多个子品牌，各自为政，破坏了品牌的整体性。

二、重塑中小银行营销文化的措施

要树立以"客户为中心"的营销文化，其核心是真正实现全心全意为客户服务，满足客户的全方位综合化的金融服务需求，建立银行与客户之间相互信赖、相互依存的"鱼水"关系。重塑中小银行营销文化可采取以下具体措施：

（一）重新思考市场定位

中小银行应回归本源，始终坚持并不断深化服务中小微企业、服务城乡居民的市场定位。不断开发针对中小微企业及城乡居民的产品，优化服务体系，构建适合中小微企业业务和城乡居民的组织架构、业务流程、考核机制和业务系统，逐步探索出一条专业化的服务中小微企业和城乡居民的特色银行发展道路。

在战略方面，要明确市场定位，将支持中小微企业和城乡居民的旗帜鲜明地树立起来，同时要通过对经营层班子、经营层部室、分支机构的绩效考核甚至履职评价方面细化相关指标，保证战略定力与可持续性。要进一步做好市场细分工作，在综合考核自身风险成本收益匹配的情况下，真正将营销对象由大中型企业客户转向中小微企业及城乡居民。

（二）加强营销理念建设

中小银行要牢牢树立"以客户为中心"的营销理念，构建全方位的营销文化，提升中小银行社会形象。营销理念的培育关键要从董事会、经营层主要领导抓起，领导要成为营销理念的信仰者和推行者。要把营销理念落实到经营管理的实践中，形成具体制度、办法和规范，以保证营销理念时刻体现在实际的营销活动中。营销理念的培育是一个循序渐进、不断深化的过程，需持久地对全员进行思想渗透、行为渗透，从营销规划的制定到营销制度的建立，从机构设置、人员配置、岗位职责界定到考核制度、行为规范的制定，都要充分体现出营销理念的内涵。让员工无时无刻、无所不在地受到这种理念的熏陶，从而在无形中自觉培育起先进的营销理念。鉴于目前大数据快速发展情况，中小银行要尽快增加客户黏度、增强核心竞争力，就应从以下几方面转变营销理念。

1. 从"以产品为中心"向"以客户为中心"转型。中小银行要切实做到"以客户为中心"，需要通过大数据手段深入挖掘和分析客户线上线下的行为习惯，从而更高效地满足客户的金融需求。中小银行需具有数据的思维，强化数据制衡的理念。推动决策从经验依赖性向数据依靠性转变，要求中小银行不仅要做数据大行，更要做数据分析、解读的大行。要充分利用现有数据库和数据分析系统，从客户需求分析、产品开发、市场营销、内部控制、业务流程、服务监控等方面入手，进一步充实完善客户数据分析系统。着力增强数据分析应用能力，不断提升自身对数据的整合、分析、挖掘以及转化为商业运用的能力，努力在开发和营销应用机制上逐级传导，加速实现经营模式从"以产品为中心"到"以客户为中心"的转变。

2. 从"分条线营销"向"联动交叉营销"转型。目前大部分商业银行均采用条线管理，而归属于各专业条线的客户信息缺乏整合和协同，中小银行交叉营销水平低，数据共享度不足，导致银行内部各条线在市场营销上无法形成合力，削弱了其整体市场竞争力。在客户成功使用银行一种服务及产品的同时，要进一步推荐其使用银行其他产品，如通过开卡有礼、注册有奖和减免费用等多种活动形式来引导客户办理多种服务及产品。大力实施公私联动、总分联动、前中后台联动，变坐商为行商，借助各种渠道，加强目标客户走访，制订切实可行的金融服务方案，开展一站式服务、立体化营销。

营销成功后，中小银行要特别重视后期客户关系维护，在增加客户黏性及活性上下功夫，营销的银行卡、POS机、网银、授信、理财以客户长期使用为宜，不追求数量，追求其产品使用的活跃度及好评度。

3. 从"标准化服务"向"个性化服务"转型。大数据时代的银行服务个性化表现在：一方面是以信息化为手段，为客户提供随时随地、以秒时计算的线上标准化服务；另一方面，通过面对面咨询，为客户量身设计个性化产品，并且为客户提供多渠道、跨行业的综合信息等线下服务。

要逐步转变以银行自身为出发点的产品营销模式，充分了解每一类型客户对金融产品和服务的差异化需求，再设计出与其特殊需求相适应的人性化产品组合和服务模式组合，并反馈和提供给客户。要进一步加快电商、互联网金融和渠道建设，加快离行式自助银行建设和网点优化工作，通过多维度和无处、无时不在的全方位服务，不断提升客户服务的层次和水平。增强客户黏性，提高客户对银行服务的依赖性。

4. 从"经验说话"向"数据说话"转型。大数据革命必将颠覆银行传统观念和经营模式，要强化数据办行办业务理念，建立分析数据的习惯，重视大数据开发利用，提升全行的质量管理、数据管理，真正做到"人人心中有数"。要营造"数据办行办业务"文化，倡导用数据说话，准确描述事实，反映逻辑理性，将现有数据转化为信息资源，为高层管理和决策提供强有力依据，让决策更加有的放矢，让业务发展更加贴近真实市场。

5. 从"粗放式营销"向"精准营销"转型。精准营销就是在合适的时间，将合适的产品，以恰当的方式送到合适的客户手里。精准营销策略一般与大数据挖掘技术相配套。大数据挖掘技术可通过内部数据、社交数据、外部公共数据的整合分析，多维度描述客户特征，要尽可能筛选相关数据来建立对客户的理解，包括身份背景、生活习性、消费需求、决策方式、购买偏好、价值潜力、行为倾向信息等。为每个客户"贴标签""画图像"，然后针对客户特征有效地帮助营销人员预测客户感兴趣的金融服务及产品，并第一时间通过现场、电话、短信、微信、手机银行界面等多种形式向其推送。对来到营业网点办理业务的客户，通过数据分析，为大堂经理或客户经理及时提供目标客户进行跟进，如浙江龙湾农商行通过后台数据分析确定潜在客户清单，开发收集 APP"新视角"，联动营业场所叫号机，只要潜在客户一到营业场所取号候位，客户经理和大堂经理的手机会第一时间获得客户的来客提醒和信息提示，并显示客户照片，帮助一线客户经理及大堂经理掌握信息。

6. 从"网点营销"向"场景营销"转变。随着互联网时代的到来，银行作为资金媒介，离客户越来越远。特别是营业网点离柜率逐年提高。为了寻找客户，贴近市场，一方面继续落实"走出去"策略，进园区、社区、市场，对目标客户进行批量营销；另一方面走进网络，建立开放的金融服务平台，与掌握场景的互联网平台、生活服务类企业开展更广泛的跨界合作，批量获取平台企业的流量客户，快速提高业务规模，积累跨界经营模式下产品研发及运营管理的经验。

7. 从"营销管理"向"全周期管理"转变。通过全周期的互动服务，挖掘客户综合价值。客户画像完善了客户的细节特征，在此基础上，需要最大化每个客户的生命周期，对于潜在客户、新客户、活跃客户、高价值客户、不活跃客户、已流失客户等，采取差异化营销手段，促进客户生命周期的延长；对于潜在客户，要传递产品价值，吸引客户第一次使用；对于新客户，要传递良好体验和创新产品，再结合促销手段，促进进一步使用；对于高价值客户，要设计客户忠诚计划，并结合产品体验和优惠活动的组合优化现有客户的价值贡献；对于不活跃客户，要唤醒重复购买，有研究显示，激活不动户的成本仅相当于获取新客成本的1/10，针对不活跃的客户策划营销活动，会产生事半功倍的营销效果；对于已流失客户，要重新设计具有吸引力的活动方案等。

（三）加强营销道德建设

良好的营销道德对提高客户忠诚度，促进各项业务的持续、快速发展起着重要的保障作用。但在实际银行营销活动中，营销道德失范问题时有发生。如银行人员在销售理财产品时，刻意宣传较高的利率，对可能的风险点未适当提示和讲解；客户经理在营销贷款产品时，承诺最快几个工作日放款，实际上审批时间会远远高于承诺时间，待贷款审批通过后用款时期已错过。这些会使客户产生上当受骗的感觉，而使中小银行的社会形象受损。

加强营销道德建设，要从提高员工思想业务素质入手，增强员工的道德素质，从而做到诚信守信营销。首先要大力宣传和倡导诚信道德，使每位营销人员都能够树立良好的道德规范和诚信观。通过对营销道德的深刻认识，在实际的营销活动中，以"双赢"为条件，以信用为基础，与客户建立起良好的合作关系，不断赢取客户信任，提高客户的忠诚度。其次要加强营销道德的制度建设。通过制定相关的规章制度，对违反营销道德致使中小银行形象受损的行为给予必要的处罚措施，逐渐形成谁也不敢冒失信的风险，大家都愿意形成良好的营销道德和诚实守信拓展业务的良好风气。最后是保持银行政策的相对稳定性，为开展诚信营销提供政策保障。银行制定的各项政策应保持一定时期的相对稳定性和连续性，不能朝令夕改，而造成营销人员的无所适从。

（四）加强营销人力建设

中小银行要开展有效营销，必须拥有一支精通金融知识和市场营销知识的营销队伍。抓好营销人力建设要做好以下三个方面工作：

1. 思想认识到位。董事会、经营层领导班子和各分支机构各级领导要转变思想观念，要把自己也定位为一个市场营销者，带头开展营销，认真承担高级客户经理这个角色。除了支行、业务营销管理部门，银行的其他人员也要消除市场营销只是营销部门或营销人员的事的错误思想，真正意识到自己也是营销的主体，把自己的言行与本行的营销目标、营销理念结合起来。在银行内部，要树立"总行服务分行，分行服务支行，中后台服务前台部门"的统一认识。其他各部门要无条件地服务于业务管理部门，加强协调，相互支持，切实提高办事效率和工作质量，形成竞争合力。在产品上做到人无我有，人有我优，不断创新服务品种，拓宽服务领域；在服务手段上，做到先进更先进；在服务态度上做到主动加热情；在服务环境上做到美观大方、环境幽雅。各部门、各岗位一方面要紧紧围绕客户需求通力协作，另一方面也要在企业与客户之间合理分配价值，促进银企关系可持续发展。认真研究客户，加强联动营销。对客户的需求进行全面、系统而深入的分析与研究，并作出敏感的反应，是银行的营销人员必不可少的一项重要工作。营销绝不仅仅是推销，而是从市场调查、研究客户需求开始，到设计开发产品和服务、推广销售产品和提供服务、满足客户需求的整个过程。因此，基层行要善于深入市场调查研究，挖掘客户潜在需求，各部门要整体联动，采取积极有效措施，满足客户的全面金融需求。

2. 教育培训到位。随着市场竞争的加剧，客户对银行的需求不仅仅是常规的存贷款和转账结算服务，迫切需要银行能为其提供技术含量高的综合化服务，并对服务质量和服务效率提出更高的要求。这些都在客观上要求作为银行市场营销主体的客户经理必须不断更新知识，提高服务本领。为此，必须把加强对客户经理的教育培训放在十分突出的位置抓实抓好。通过经常性地对客户经理进行多方面培训，使客户经理成为一专多能的复合型人才，以满足客户越来越高的金融服务需求。

3. 考核激励到位。营销文化建设的主要目的是最大限度地调动和发挥员工积极性，挖掘和激发员工的营销潜能。如果营销文化建设中忽视了对员工实际问题的关注，忽略了激励手段的合理运用，那么所谓的凝聚力、向心力便成为空中楼阁。因此，必须加强对营销人员的考核激励，使他们在工作中充满紧迫感、成就感，让中小银行成为其实现职业价值、人生价值的地方。基层行要充分认识到优质服务在银行经营发展中的重要作用，切实摒弃陈旧观念，把服务作为做好各项工作的突破口。一是加大处罚力度。基层行要把客户满意度真正与工作业绩挂起钩，杜绝缺乏检查、优不奖差不罚的做法。二是建立内外并举的监督机制。内设监督电话、外聘社会监督员，确保规范化服务出实效、出成绩，提高一线员工的整体素质。

（五）加强营销品牌建设

中小银行要对现有的产品及服务体系进行重新梳理，对叫得响、有影响力的子品牌加强保护，未注册的要及时注册。对缺少内涵的产品进行重新设计、包装，打上银行特有的标识。必要时，要聘请第三方专业品牌设计公司对银行的整体品牌进行统一规划，认真分析市场营销环境的变化，合理进行市场定位，确定营销策略，使营销活动高效运转。

（六）加强营销机制建设

在中小银行内部逐步建立适应市场需求的营销机制，将客户经理作为营销核心和载体，全行向客户经理倾斜相关资源，发挥其营销积极性。树立"专业的人办专业的事"理念。理顺前中后台之间的责权利关系，在全行形成前台主动营销，中后台积极为前台提供产品和服务支持的营销工作局面。在市场细分的基础上，建立分层营销体系和差异化营销体系，实现上下联动的整体营销效果。在数据库的支持下，通过电子商务的手段，与客户互通信息，掌握客户的各种需求，以便及时为客户提供服务，达到维护忠诚客户、发展终身客户的目的。

第二节　中小银行服务文化的重塑

服务文化是银行在长期客户服务过程中所形成的服务价值理念、道德规范、管理机制、服务营销、服务创新和服务形象的总和。它是以树立和实践银行价值观为核心，以创造客户忠诚，提升银行形象，增强银行市场竞争力为目标，以服务流程机制和行为规范为保证，以服务创新为动力的子文化，是商业银行企业文化的一个重要组成部分。

一、新形势下对服务文化的再认识

（一）同业机构服务文化特点与建设经验

国内工商银行、交通银行，国外维珍银行的服务理念值得国内中小银行借鉴。

1. 工商银行服务文化。工商银行服务文化核心理念包括：客户为尊，服务如意，员工为本，诚信如一。服务是金融生存之本、发展之基。工商银行一直以"以客户为中心""服务创造价值"的精神内核始终一脉相承。十六字服务文化理念，为工行服务改进指明了方向、筑牢了根基。其中"客户为尊"是工商银行服务文化的核心，表明了工商银行打造客户首选银行的决心。在实际操作中，工商银行构建了线上＋线下，7×24小时全天候响应的服务模式。工商银行强调了解客户的需求，挖掘客户的需求，围绕客户需求持续优化服务。"服务如意"的含义是，始终关注客户痛点，深入了解客户关切，积极改进服务，提升服务供给能力，通过解决客户痛点问题，打造"客户优质体验银行"。"员工为本"表明工商银行充分理解员工是服务的提供者，积极打造"管理者为员工，二线为一线，全员为客户"的大服务格局，只有满意的员工提供的服务，客户才可能是满意的。"诚信如一"表明工商银行及全体员工以诚信对待客户，忠于自己的职业，以良好的职业操守，打造"客户最信赖的银行"。

2. 交通银行服务文化。交通银行是较早将服务作为战略目标的银行。交通银行较早提出，要做服务最好的银行。这表明交通银行在服务文化的思考方面，要领先同业一个身位。交通银行强调大服务理念，即总行为分行服务，中后台为前台服务，全行为客户服务。不论是风险管理部门、IT运营部门，还是授信审批部门、渠道管理部门都需要以良好的服务理念、服务态度，提供优质服务。交通银行强调客户是变革的主导力量。正因为有先进的服务理念，交通银行在网点评选、渠道建设、金融科技发展等方面均卓有成效。

3. 维珍银行服务文化。维珍银行位于爱丁堡、诺威治、曼彻斯特和伦敦的四家"休闲银行"陆续开业，四家银行风格新潮，文化气息浓郁，布局很像艺廊或高档饭店，室内鲜明的特色搭配，简约的家具线条，凸显了维珍银行永远引领潮流的形象。

新网点最主要的经营理念在于替客户打造舒适的理财环境。以会员式的方式进行管理，获得会员后，客户可随时使用沙发银行内的所有设施，包括会议室、咖啡馆、书屋、餐厅等。会员可自行带笔记本或平板电脑，来此办公、开会与招待客户。除提供免费饮品及上网外，银行理财专员随时在其左右，如有需求及时沟通办理。与呆板的电话营销令人受扰而不快相比，维珍银行反其道而行，以相对被动的姿态赢得更多客户的信赖与好感。

（二）中小银行服务文化方面存在的突出问题

1. 缺乏先进的服务理念。在服务文化方面，中小银行普遍存在较大差距。部分中小银行觉得掌握重要资源，总是等客户上门，而且是等客户上门求银行。即使对于上门的客户，在服务态度、服务质量、服务所体现的人文关怀方面都有很大的改进空间。至于大服务的理念，部分中小银行尚未破题。主要表现在部门墙严重，后台不是服务中台，中台不是服务前台，总行不是服务分行，导致前台和分支行在服务客户方面质量不高。有的中小银行口号提得很好，以客户为中心、注重客户体验、大服务理念等一应俱全，但仅停留在口号上，没有落到实处。有的中小银行官僚作风严重，文山会海，流程冗长，决策烦琐，产品和业务创新举步维艰，这些都是服务文化滞后的原因，也是服务文化滞后的结果。

2. 当前中小银行的服务机制和体制还不够完善。服务文化需要制度和机制来保证。提出先进的服务理念，如果不能体现在有关操作规程和制度中，如果未能体现在考核办法和绩效考核制度中，如果不用一套具体的服务标准来固化，则服务必然走样。对于客户投诉，不仅要妥善解决，还要对数据进行深入分析，作为改进服务的依据。

3. 服务文化落地保障机制不足。无论是员工提供的服务，还是借助 IT 系统提供的服务，服务文化落地的保障机制必须配套。对于员工提供的服务而言，必须对员工进行系统的培训，保证其掌握相关的产品和服务内容、监管规定，掌握服务标准，还要掌握服务的技巧。对于借助 IT 系统提供的服务，中小银行需要将标准嵌入，同时，要通过测试不断优化客户体验。

二、重塑中小银行服务文化的措施

（一）形成服务为本的核心价值观

商业银行应将整个组织的共同价值观、信念和行为规范，明确地聚焦在被服务的客户，包括内部和外部客户身上，要在全行上下形成统一共识："领导为员工服务，上级为下级服务，机关为基层服务，管理为业务服务，全员为客户服务，银行为社会服务"，关键之处有亮点：一是以服务为本的价值观，要从高管开始做起。高管要以服务为本，去除官僚做派，是形成服务为本文化的重要环节。二是要对服务表现突出的员工进行激励，对服务不到位的员工进行惩戒。

（二）建立客户导向的服务文化体系

服务文化的构建必须以市场为导向，以客户为中心。以服务客户为根本宗旨，充分发挥资金筹措融通、信用中介等功能，正确把握客户需求及其变化，竭尽所能帮助客户实现价值增长，在成就客户中实现使命。一切经营管理活动都必须以客户为本。客户是事业发展的参与者和持续推动者，客户需求是服务工作的出发点，客户的诉求是中小银行成长的机遇。要时刻感激客户，对于客户的任何诉求都要认真对待。要始终把强化服务意识、改进服务态度、提升服务能力作为立足市场的根本，崇尚领先始于专业。坚持站在客户的立场去思考问题，把方便留给客户、不便留给自己，时刻关注客户需求的变化，及时调整服务，切实保障客户的各项权利。始终坚持服务源于真诚，增值在于用心。服务客户是全员的责任，要坚持从小处入手，从细节做起，真诚用心，精益求精，以领先服务引导客户，以优质服务感动客户。

（三）树立精品服务意识

面对各种发展的困境，中小银行普遍提出战略转型，包括大零售转型、数字化转型等。实际上，在上述转型大战略的基础上，中小银行应该重点考虑提升服务水平，树立精品服务意识。在这方面，中小银行与大型银行、股份制商业银行有差距，与我国台湾、香港同业机构以及国外同业机构的差距更大。一是服务要实。真正站在客户的角度考虑服务产品的推送。要帮助客户，成就客户，帮助客户解决问题。二是要彻底。将客户的痛点完全、彻底地解决。如果不能解决，提出彻底解决的方案。三是提供超出客户预期的服务。

（四）注重服务标准的制定和执行

服务文化的宣贯在一定程度上要靠激励约束制度，要执行激励约束制度，就要有服务的标准。同时，要在服务上体现差异化，作出识别度，体现中小银行对于服务的看法，都需要服务标准的制定和执行。对临柜服务、大堂经理的服务、信贷调查及贷后检查、投诉处理、客服接听电话等，按照不同的服务种类，分门别类地制定标准。通过辅导式的培训，让广大员工掌握服务标准。

（五）搞好银行的内部营销

只有满意的员工，才会有满意的客户。从这一角度出发，商业银行服务文化的建设需要注意几个问题。一是强调客户至上，但也要尊重员工的基本需求和基本权利。要充分尊重员工的劳动，认可其成绩，激励其业绩。二是按照大服务理念，对产品和业务创新流程、制度出台流程进行修改。三是选拔具有市场意识、服务意识的人才，淘汰官僚做派严重、创新意识服务意识淡薄的员工。

（六）加大对消费者权益保护力度

建立科学的客户投诉管理体系。将客户投诉作为优化服务的契机。增加客户投诉的渠道，例如专属客户服务热线、客户投诉专用邮箱、官方微博微信、来信来访、互联网网站、手机银行等。对客户投诉数据进行深入分析，将有关结论向业务部门反馈。开展投诉处理后回访。

特别关注特殊消费者群体。特殊消费者服务质量和突发情况处理能力是考验银行服务水平的重要标杆。银行通过制定规章制度、提供服务便利、推广电子银行服务等一系列举措，为残疾人、老年人等特殊消费者提供规范化、人性化的服务。不断完善突发事件应急预案，建立媒体舆情监测常态机制，加强声誉风险管理，持续提升网点的应急处理能力。

银行要成立专门的消费者权益保护部门，建立一整套消费者权益保护制度、流程，同时建立一套有效的客户满意度评价机制，要专门监督通报银行从业人员的服务状况，及时了解客户对品种和服务的感受，对于客户反映集中的问题或建议，由消费者权益保护部门及时向决策层主要领导进行汇报，然后责令业务条线部门或分支机构落实，避免业务及服务瑕疵。此后还应有一个反馈系统对改进情况进行调查评估，将市场反应和客户满意度反馈给决策层。高度重视服务评价满意度，将其直接与服务人员个人、支行行长的绩效考核挂钩。

（七）要强化互联网思维

互联网带来的"去中心化""金融脱媒"等大趋势，从某种意义上也是对过去金融以自我为中心的服务模式、服务文化的一种否定。如果银行不能服务好客户、为客户创造价值，那就要被客户所抛弃。要主动研究和跟进客户群体文化的变化趋势，以开放的心态吸收新兴文化元素，摒弃陈旧经营理念，在革故鼎新中不断丰富和发展银行服务文化内涵。

1. 理解客户。首先，要增强换位思考意识。现在有不少客户在微博、微信朋友圈中对银行服务"吐槽"。银行既要耐心做好解释，更要善于站在客户角度，从这些"吐槽"中发现客户的需求和"痛点"。要感受客户体验过程、感受他们真正关心什么。要从方便客户的角度来处理问题。理解客户的背后是尊重客户，包括重视客户的个性化需求、倾听客户的抱怨、满足客户的诉求等，这实际上也是银行创新产品、优化流程、改进服务的重要途径。其次，要培育客户洞察意识。洞察力是客户服务能力的关键。

2. 价值共鸣。价值取向的认同是长期合作、深度合作的坚实基础。一方面，银行必须有自己的价值坚守，不能"来的都是客，全凭嘴一张"。秉持诚信、稳健经营理念的银行，必然不会与弄虚作假的客户打交道，也很难与经营激进、行事张扬的客户建立长期合作关系。另一方面，银行要主动构建与客户的价值认同，要与客户建立伙伴式关系，发现共同的价值交集，寻求价值的结合点乃至形成价值共同体。

首先，要融入客户场景。融入客户场景不能像过去理解的那样找亲朋好友、约客户喝酒等，更多是借助现代网络社交平台，如主题论坛、微信朋友圈及群组等线上的途径，通过融入特定客户群体，发现客户需求特点，提供与其价值追求相匹配的服务。像个人营销中的口碑营销、事件营销，公司营销中的价值链营销、供应链金融等都是突出案例。

其次，要创造共享价值。其核心思想是，通过发现没有被市场满足的需求，去做大蛋糕，分享价值。这就要回到金融服务的出发点，回到客户身上，从第一性原理出发，从人的根本需求和人性出发，去发掘需求，推进创新。

最后，要尊重个性化价值。在互联网时代，个性化、差异化服务将发展到极致。因此，中小银行努力方向是增加客户标签的维度，精准地给客户画像，精准地分析客户，在此基础上，推送最适合的产品。

3. 行商文化。随着互联网经济的发展、客户消费习惯的改变、"懒人文化"的兴起等，银行业要从等客上门转变为主动"走出去"。一是前移服务。银行客户经理应主动走出网点，通过进社区、到市场、下园区等各种方式，贴近客户开展营销和服务。同时，要把服务融入客户的生活应用场景，例如，深入汽车消费、家电消费、学生开学、百姓就医、物业管理、海外旅游、社交等基本生活场景，通过深入分析痛点，改善服务。二是将现有的产品和服务向线上迁移，打造网络版的银行。

4. 开放包容。互联网、人工智能时代，金融服务的提供方式发生了颠覆性的改变。商业银行，尤其是中小银行要在服务客户方面有所突破，就需要以开放包容的心态与各类其他主体合作。通过与电商平台的合作，搭建服务场景。通过与电信运营商合作，优化服务渠道。通过与金融科技公司合作，优化服务产品和客户体验。通过与各类主体合作提供生活、生产解决方案，提升金融服务的精准度。

第八章 中小银行信贷文化和
风险文化重塑

信贷业务是商业银行的主业，信贷文化与银行经营绩效有着密切的关系。银行是受到严格监管的行业，因而合规文化决定了其能否获得稳定的发展曲线。银行是经营风险的行业，风险文化决定了银行能否行稳致远。

第一节 中小银行风险管理文化重塑

较长时期以来，部分中小银行风险管理文化升级、进化缓慢，已经越来越难以适应当前的市场环境了。面对新的宏观经济形势，面对新的监管环境和竞争环境，中小银行需要重塑风险管理文化。

一、风险文化的再认识

随着金融科技的快速发展，随着金融供给侧结构性改革的深入推进，如果仍然用僵化的眼光看待风险，不仅难以防控风险，反而会成为风险的来源。

（一）要从管理风险向经营风险转变

国内中小银行经营理念的落后，很重要的一个方面就是风险管理的理念。在部分中小银行的管理者看来，风险就是损失，风险越小越好。实际上，风险是损失的可能性，风险和盈利的机会是伴生的，低风险业务意味着低收益，对风险的零容忍，就意味着只能买国债，获取无风险利息了。在部分中小银行的管理者看来，管理风险是被动的，是为了满足监管的需要。应对风险的策略主要是回避风险。可以肯定地说，这种风险管理理念已经不能适应金融供给侧结构性改革的需要了。

　　建立经营风险的文化要求商业银行要根据自己的战略定位和风险偏好去主动地选择与自己风险承担能力相匹配的业务组合，要将低风险业务和高风险的业务进行适当搭配，并且根据宏观经济形势、市场形势、监管政策的变化及时进行调整。经营风险的文化要求商业银行首先要制定科学、细致的战略规划和风险偏好，并且认真贯彻执行形成战略和风险偏好的闭环管理，在落实战略规划和风险偏好管理的过程中形成银行管理人员对本银行整体风险的共识，在达成共识的前提下，关注风险的变化并且及时调整业务策略，主动经营风险并获得经营中带来的收益。

　　（二）战略风险是中小银行面临的最大风险

　　2012 年中国银监会发布的《商业银行资本管理办法（试行）》将战略风险定义为"商业银行经营策略不适当或外部经营环境变化而导致的风险"，并就建立战略风险管理框架体系、评估战略风险可能给银行带来的损失、根据情况对战略风险配置资本、监管检查等提出明确要求。2016 年发布的《银行业金融机构全面风险管理指引》，要求将战略风险纳入全面风险管理体系，充分识别、计量、评估、监测、报告、控制或缓释战略风险。2016 年《关于银行业资本充足率监督检查的通知》要求，银行业监管机构对商业银行风险管理的全面性实施评估，其中要包括战略风险。

　　可以说战略风险是商业银行"定位是否准确的风险"和"发展方向是否正确的风险"，短期看战略风险管理的成败关系到银行的经营效益，长期看关系到银行的发展路径甚至"生死存亡"。开展战略风险管理是一项强制性的监管要求，其定位、流程和目标都很明确，商业银行必须贯彻落实好，否则可能招致监管惩罚；也是内在需求，商业银行的规模和业务复杂程度不断提高，对外面对复杂的国际政治经济形势，对内面对国内供给侧结构性改革和经济转型的现实需要，以及银行和非银行金融机构之间的激烈竞争。

　　需要指出的是商业银行在制定战略的过程中，要重点突出，要有自己的特色，尤其是中小银行、地方性银行，战略不要什么都有、什么样的业务都做，要立足于自身的资源优势、地区优势、人才优势、文化优势，制定有别于他行的特色化战略。同时商业银行的战略规划不仅要有"做什么"还要有"做多大"，尽量做到业务规模"定量化"，既要明确本银行主要发展什么样的业务，又要明确这种类型的应该做到多大规模。否则什么都做的结果就是什么都不突出，对业务、资本、财务和人力资源没有统一的规划。

例如在风险资本计量工作中，不同的业务类型对应着不同的风险加权资产，如果对业务没有统一的规划，也就是没有对风险加权资产的统一规划，假设在资本规模不变的情况下，风险加权资产是不确定的，那么未来的资本充足率就是不确定的，不利于商业银行制定统一的资本充足率目标，而未来的资本充足率目标也是商业银行战略制定不可回避的一个问题。

（三）风险管理基于专业能力的敏感性和主动性

商业银行要培养每个工作人员的风险意识，并且在风险发生之前主动采取有效的措施，防止损失的发生。

大家都知道德国复兴信贷银行不可思议地将 3 亿欧元划入已经进入破产程序的雷曼兄弟公司账户的案例。2008 年 9 月 15 日上午 10：00，拥有 158 年历史的美国第四大投资银行雷曼兄弟公司向法院申请破产保护，消息瞬间通过电视、广播和网络传遍地球的各个角落。令人匪夷所思的是，在如此明朗的情况下，10:10，德国复兴信贷银行居然按照外汇掉期协议，通过计算机自动付款系统，向雷曼兄弟公司即将冻结的银行账户转入了 3 亿欧元。毫无疑问，3 亿欧元将有去无回。对这一事件还原：（1）银行的董事长认为"我们还没有得到风险评估报告，无法及时作出正确的决策"，而从雷曼兄弟倒闭到转账结束只有短短的 10 分钟，这 10 分钟内董事会要拿到风险评估报告，作出讨论后再发出停止巨额转账的命令。目前，业内恐怕还没有如此执行之快的案例。（2）董事会秘书史里芬说："我打电话给国际业务部催要风险评估报告，可那里总是占线，我想还是隔一会儿再打吧。"重点还是"风险评估报告"。（3）国际业务部经理克鲁克准备星期五晚上带上全家人去听音乐会，正打电话预订门票。不过如果克鲁克用的是办公电话，那么他在本次"转账事件"中难辞其咎。（4）结算部经理德尔布吕克说，因为我没有接到停止交易的指令，按照原计划转账了。但是德尔布吕克也没有认识到这是重大事项，没有打电话让上级领导再次确认的习惯。(5) 信贷部经理莫德尔没有及时地共享信息，理由是相信本行工作人员的业务素养。

造成这一风险事件的原因可以从多角度研究。但是，本案例折射出的缺乏沟通、缺乏责任心、缺乏风险意识的文化在国内商业银行中也存在，有的还带有明显的官僚文化色彩，特别是在一些有政府背景的商业银行中表现得更加明显。

二、风险文化的重塑

风险是损失的可能，也是盈利的来源。经营风险是商业银行的本质，"业务增长与风险控制相适应、风险成本与风险收入相匹配"是我们风险管理的基本原则，而积极应对风险、不断拓展发展空间才能真正提高我们抗击风险的能力。风险管理就是经营，就是创造效益。对风险实施全面管理、全程管理和全员管理，不断提升风险管理技术和方法，是我们实现既定条件下收益最大化的核心手段。概括而言，就是"积极经营风险，全面管理风险"。

（一）建立高层推动风险文化建设的规划

COSO 委员会的《企业风险管理——整合框架》指出：企业风险管理是一个过程，它由作为主体的董事会、管理层和其他人员实施，应用于战略制定并贯穿于企业之中，旨在识别可能会影响主体的潜在事项，管理风险以使其在该主体的风险容量之内，并为主体目标的实现提供合理保证。风险管理的实施主体是董事会、管理层和其他有关人员。董事会是公司治理的顶层设计者，也是银行经营过程中面对的各种风险的第一责任人，而银行本身就是经营风险的机构，所以董事会作为风险管理文化的倡导者与建设者是理所当然的事情。

《银行业金融机构全面风险管理指引》（银监发〔2016〕44 号）要求商业银行的董事会应建立风险管理文化。而有效的风险管理文化也并非董事会的倡导与建设就能顺利地实现，风险管理文化的建立需要"自上而下的推动"也需要"自下而上的反馈"，它需要一系列制度、流程的实现，需要银行工作人员在风险管理策略、政策、制度、流程的制定、实施过程中的相互配合与磨合，逐渐形成对待本行风险管理的共同心理特征。

风险管理文化的建立过程要有董事会的强力推动。董事会要有丰富风险管理经验和理论知识的专家和有力的制度保障。有效风险管理文化的建立也需要管理层和其他实施人员的传导与执行，并且实行必要的反馈。文化的建立过程，始于商业银行内部的专家组或外包团队的专业方案，落实于风险管理的每项工作，精于风险管理的每个细节。文化要由文字逐步深入人心，成为大家自觉遵守的正式制度或非正式的行为准则。

（二）强化风险偏好在全行风险文化中的统领地位

风险偏好可以理解为战略的风险层面，或者风险的战略层面。战略是从经济金融逻辑出发划定业务边界，风险偏好从风险逻辑出发划定业务边界。经济金融逻辑和风险逻辑出发点不同，但最终是统一的，因此，战略和风险偏好最终是统一的。

在现代商业银行的实践中，风险偏好以《风险偏好陈述书》的形式传达给管理者。早期的《风险偏好陈述书》只是对银行愿意承担的风险水平给予定性的描述，但是随着风险管理技术的发展和风险计量技术在商业银行中的广泛应用，商业银行的管理者已经不满足于风险偏好的定性描述。例如，如果某商业银行将自己的风险偏好定性为"银行要实现稳健的发展"或者"银行要实现激进的发展"，那么什么样的发展是稳健的，什么样的发展又是激进的，这样的描述对于商业银行的经营管理人员来说似乎不够清晰，大家并不能够明确业务到底要开展到什么程度。于是风险偏好又加入了定量的描述，学界也称之为"风险容忍度"。

举例来讲，最能描述银行风险偏好的关键指标是银行的资本充足率目标。资本是稀缺的，如果银行的风险偏好是激进的，则可以制定较低的资本充足率目标，这样管理层在业务策略上可以适当选择一些高风险的业务，可以在短时间内扩大本行的业务规模；如果银行的风险偏好是稳健的，则资本充足率目标是适中的，适中的程度由董事会把握，并与高级管理层充分地沟通；如果银行的风险偏好是保守的，则银行可以指定较高的资本充足率目标，在现有的业务规模下适当拓展即可。又如上面提到的，资本充足率目标既是战略规划不可或缺的部分，也是风险偏好管理的核心。

目前，国内先进银行如四大国有银行和部分股份制商业银行在战略研究和风险偏好管理方面的人力资源相对比较充足，城市商业银行、农村信用社、村镇银行、农商银行等中小银行人力资源储备相对薄弱。很多中小银行还没有制定自己的风险偏好陈述书。有的中小银行已经制定了风险偏好陈述书，但在全面风险管理中没有真正发挥统领作用。当然，目前中小银行在风险偏好管理中的现状也不利于其培养全面风险管理文化。

风险偏好框架的实施是一项系统工程，既包含自上而下的传导，又包括自下而上的反馈，风险偏好的有力执行有赖于负责战略规划、风险管理、经济资本分配、绩效考核、科技支持等多种职责的部门相互配合，所以中小银行也可以借助实施风险偏好管理的契机建立或完善合作的风险管理文化。

（三）重新构建核心战略能力

总体而言，国有银行和股份制商业银行的战略管理人力资源相对充足，具有研究国际国内宏观经济形势、区域经济形势、产业形势的能力，具有较高的政策解读能力和对本银行未来发展趋势的把控能力以及产品创新水平。相比较而言，中小银行在人力资源储备方面相对不足，部分银行也没有真正重视战略的引领作用，导致战略规划制定不详，银行定位模糊，对产品、客户、市场的划分不细。要改变同一公司中"分而治之"的文化传统，要让全员知晓战略研究和战略制定不是少部分研究人员的责任，也不是战略部门一个部门的责任，在部分中小银行中完全可以成立由战略部门牵头成立的战略研究专家组，人员由银行的战略部、风险管理部、财务部、业务部门的业务骨干共同组成，必要时可以纳入部分分行的业务骨干，也可以引进外部研究力量购买外部机构的部分研究成果作为内部制定战略的参考，但是制定战略的工作属于银行的核心工作不可以外包。

（四）风险管理和业务的整合

我们始终认为风险管理不只是风险管理部门的事情，风险无处不在，风险防范人人有责。风险管理是控制更是服务，风险管理团队与业务营销团队应相互协同而非对立，共同努力实现客户服务能力提升和客户体验持续改善。结合目前互联网金融的发展态势，风险管理和业务一体化发展的趋势已经明晰。要利用业务向线上迁移的机会，利用场景金融和开放金融发展的机遇，加快推进风险管理与业务的整合，风险管理团队与产品创新团队、营销团队，均应该打破重组。一个营销团队中，既有产品设计人员，也有风险管理人员，还有销售人员。产品设计团队也一样。

第二节　中小银行信贷文化重塑

我们在实际业务中看到，中小银行很多自认为是信贷专家的管理人员，实际上对产业、客户、客户的资产负债表了解仍不够深入。这从一个侧面反映出部分中小银行信贷文化仍存在许多浮夸、不实的因素。追根究底，很多银行的信贷文化已经非常滞后。

一、对信贷文化的再认识

信贷业务是商业银行的主业，信贷风险是银行的主要风险。结合金融供给侧结构性改革的精神，信贷文化要向更加精准的方向发展。

（一）锦上添花还是雪中送炭

长期以来，银行就是锦上添花的形象。传统银行信奉80/20法则，认为银行80%的利润是20%的客户创造的，因而，银行的经营方向就是找到这20%的客户，然后服务好这些客户。应该说，这样的经营理念有一定的合理性，因为银行作为资金配置的中介，找到资金使用效率高的主体，并围绕资金使用效率高的主体进行服务是必然的。但这个过程中，有两个问题：一是我们原来认为的好客户，是否就是资金使用效率高的客户。显然不全是，有的客户资金使用效率并不高。二是银行作为社会上资金配置的主渠道，不可能只考虑企业个体的利益，社会各界必然要求银行承担相应的社会责任。

目前，大型商业银行和股份制银行也把目标转向了小微企业和个人客户。五大国有银行和12家股份制商业银行都设立了普惠金融事业部，专门做小微企业贷款。金融供给侧结构性改革要求商业银行提供更加精准的金融服务。内外部因素促使我们反思传统的信贷文化，信贷资源投放既要考虑经济效益，又要考虑社会效益，紧紧跟随国家宏观调控政策，紧密围绕宏观经济发展战略和重点，研究信贷资金配置方向。

（二）以客户为中心还是以流程为中心

每家商业银行都强调以客户为中心，但是对部分商业银行而言，到实际操作层面就成了以流程为中心。因为以客户为中心是服务理念，但流程是刚性约束。对业务人员而言，不执行流程和操作规程，就会被处罚。这就涉及两个问题：一是中小银行能否对客户体验进行量化管理和精细化管理。至少在以往，我们没有做到。这就是说，我们虽然强调以客户为中心，但实际上，我们并不确切地知道客户是否满意，在我们提供金融服务时，用户的体验如何。二是以客户为中心的理念，并没有体现在流程之中。

（三）经验主义还是循数管理

实际上，在银行工作者的认知当中，很多我们习以为常的东西是过去经验的总结。比如，银行要把控借款人的违约风险，就要解决其与借款人之间也存在信息不对称的问题，于是银行在放款之前要进行必要的尽职调查、了解客户的基本情况，如财务状况、还款意愿、还款能力、信用记录，同时为了避免未来可能出现的损失让借款人履行必要的抵押担保。所以即便银行与借款人之间信息不对称，但只要抵押担保是足值的并且可以变现的，银行还是愿意将钱借给借款人，履行抵押担保也就逐渐成为银行最重要的风险控制手段之一。在当前的市场形势下依靠信贷人员的经验管理信贷业务风险的做法在大量审批小微企业和个人客户信贷业务方面有诸多的不足，尤其是面对互联网金融平台的冲击。首先，小微企业资产规模小、往往不能提供有效的抵押担保，即便是采用了多户联保的方式，在经济形势不好的情况下也难免出现风险，传统的经验判断加抵押担保的风险缓释方式有可能让银行失去原本的"好客户"。其次，某些小微企业没有自己的资产负债表，即便有财务报表也难以保证其真实性，信贷人员要花大量的时间去甄别其真实的财务状况和未来的还款能力，降低了审批效率。

人工智能的发展、大数据技术的应用，颠覆了我们过去的认知。目前银行的很多业务正在向线上迁移，业务办理如果坚持过去的标准和步骤显然是不恰当的。即使是利用数据做风险控制的思路也在升级换代。如果我们坚持使用原来的建模方法，在场景化业务发展的今天，就已经不合时宜了。

二、重塑信贷文化的措施

由于内外部各种因素的影响，中小银行的信贷文化重塑已经成为必然。未来中小银行的信贷文化将会更加强调精准、贴心和动态。

（一）通过信贷文化引领更精准的信贷投放

精准是金融供给侧结构性改革提出的要求。对于中小银行而言，一定要清醒地认识自己的地位，对信贷投放进行更加精准的事前规划。比如，宁波银行提出，要做大银行不愿意做、小银行做不了的事。这是一个比较清晰的定位。要通过信贷文化的宣导，使全行上下形成共识。

由于金融科技的快速发展，精准投放信贷资金的难度不断下降。原来客户的标签可能有 3～4 个，在大数据的背景下，客户的标签达到 20～30 个，用 30 个标签定位的客户，其精准性必然是大大提升。我们可以用大数据方法，来精准地定制资产。

（二）通过信贷文化引领更贴心的服务

金融科技的迅猛发展，使得银行提供更贴心服务成为可能。目前我们能够通过与客户系统的联结，实现适时推送服务，提供自助金融服务产品，通过人机交互提升服务的体验，通过大数据技术，提供更加适合客户的产品。这个过程中，企业文化的建设要跟上节奏，进而能够引领这一个节奏。信贷文化要不断地强化贴心服务，强调对客户及其资产负债表，对客户的痛点和难点，对客户所在产业的深入了解。更贴心的服务，其驱动力是银行员工内心真正感同身受。

（三）通过信贷文化引领更动态的管理

目前，中国的互联网经济正处于蓬勃发展的时期，互联网的发展正在改变着人们的生活、学习、工作方式，也在改变着传统银行信贷业务的方向。商业银行应该抓住时机改变以往过度依赖客户经理现场调查、索要客户（企业客户）财务报告的调查了解方式。随着商业银行业务的发展，客户经理面对的客户将会越来越多，人工收集信息的成本将会越来越高，不仅费时费力，而且准确性也受到影响。未来信贷文化会牵引银行，用更加动态化的方式来实现信贷管理。

第三节　中小银行合规文化重塑

2017 年以来，监管部门开展了三违反、三套利、四不当、十乱象等专项整顿。经过这一轮整顿，商业银行特别是中小银行充分认识到过去合规管理、合规文化方面存在的问题。

一、对合规文化的再认识

合规是指银行的业务经营活动应与所适用的国家法律法规、监管规定、行业规则、自律准则以及适用于银行业务活动的行为守则和职业操守等相一致，合规管理是商业银行内部的一项核心风险管理活动。合规风险管理是商业银行所有管理部门、所有业务条线、所有员工的共同职责，合规管理的目标是将一系列的"外规"转化成商业银行的"内规"，使合规管理贯穿于商业银行的所有经营管理活动中。合规文化就是由全体工作人员在合规管理中共同营造、认同和遵守的企业精神、管理理念、价值准则、道德标准、行为规范等文化形态的总和，以及商业银行在长期的合规管理活动中所展现出来的企业形象。新时期合规文化建设要注意以下几点：

（一）合规是对银行及银行工作人员的保护

商业银行合规管理通常要根据监管规定和行业自律准则制定一系列的管理制度和业务操作流程，在重要的业务办理节点上设置相应的审批与监督环节，从而保证权力的相互制衡，实现业务的稳健合规开展。中小银行因成立时间较短，经营管理经验和专业能力相对欠缺，对于监管文件的理解也较慢，组织结构相对简单，岗位设置上往往有一人多岗的现象，制度建设与内部控制流程方面相对不足。这些缺陷偶尔会给银行高级管理人员和中层关键岗位管理人员违法违规操作提供一定的机会，并且无论多么严密的制度，或多或少都会有漏洞可钻，在利益的诱惑下，中小银行中高级管理人员违规失职行为也时有发生。对中小银行来说，对中高级管理人员的监管仍然是难题。

其实，我们从现实中考虑，合规是对银行工作人员特别是高管的最大保护。银行高管在社会上具有很好的职业声誉，是受人尊敬的。随着银行高管任职资格审查的趋严，我们要更加珍惜高管资格。我们在宣传合规文化的过程中，要跟中高层管理人员讲清楚，合规是管理人员的最好保护，为了维护职业声誉，必须合规。

（二）合规管理要前置到业务营销层面

传统的合规管理工作重心置于银行的中台部门，往往由风险管理部或者法律合规部承担主要职责。风险管理部、法律合规部或银行的其他中后台部门、业务管理部门按照监管规定或行业自律原则对前台业务部门或分支机构的业务经营活动进行监督检查，在监督检查中及时发现问题，并且给出纠正的意见。前台业务部门与分支机构专心于业务拓展，中后台合规管理部门认真学习法律法规、监管规定与行业自律原则，为前台业务部门提供合规指导，并且在对业务部门的考核中加入合规管理的要素。这种管理模式对于银行合规经营，避免由违规、违法经营引起的损失和由此引发的监管处罚起到了积极的作用。但是伴随着利率市场化的逐步深入以及银行业监管政策的快速变化，商业银行业务创新步伐的不断加快，原有的合规管理方式相对落后，分支机构的业务规模扩张与中后台部门的合规管理出现了矛盾。例如，某城市商业银行前台业务部门辛辛苦苦营销了一笔业务，但合规管理部门在审查业务合同时，认定该笔业务不合规。商业银行传统的合规管理模式应向其他行业的先进企业学习。

二、合规文化的重塑

合规管理是商业银行最重要的管理活动。中小银行重塑合规文化，要出实招。建议从以下方面着手：

（一）高级管理人员和关键岗位管理人员的自我规范

自觉学习落实优秀的传统文化。中小银行管理人员在拓展业务的同时一定要不断地学习业务技能和管理经验，还要不断学习中华民族优秀的传统文化。要将中国的传统文化"内化于心、外化于行"，自觉抵制不良商业文化的影响，培养高尚的道德情操和高境界的精神追求，不仅要将"仁、义、礼、智、信"落实在 8 小时的工作中，还要落实到 8 小时以外的日常生活中，在开展文化教育活动时增加传统文化内容，并且将现代商业文化有机结合，在高级管理人员的学习培训中一定要有道德教育的内容，不断地灌输与宣传。推荐在银行内部学习《了凡四训》等典籍。

（二）充分发挥党的纪律检查制度的作用

建立干部述职述廉制度时要在述职述廉工作中加入合规管理内容，并且针对不同的层级、岗位提出不同的述职内容要求，关键岗位要用业务案例说话，用数据说话。将银行的纪律检查打造成为第四道防线，打造成为合规管理的中枢，特别是，针对中高层管理人员，算经济账、算家庭账、算声誉账。

（三）合规管理与业务拓展相结合

商业银行的合规管理也要与时俱进，合规管理部门也要和业务部门一样到业务营销的前线去，到产品开发的前线去，指导业务部门合规开展业务，让业务部门的工作人员更多地知道什么业务是可以做的，而不是让他们营销回来的业务等着被"枪毙"。"合规创造价值"不仅指避免违规开展业务受到监管处罚而遭受损失，更要在合规的情况下多开展业务，主动创造价值。

第一，应在业务部门建立合规管理岗，在业务部门营销本银行的产品时也让合规管理岗位的工作人员参与进去，与业务营销人员一起营销合规的业务，对于本身略有瑕疵的业务，引导其向合规方向发展，在满足合规要求后正式开展。监督体系人员要加强学习，培养宏观思维能力和微观察觉能力，坚守坚定的原则，运用灵活机动的战略战术。

在公司业务快速发展的过程中，监督岗位非常重要，如何实现"安全合规多打粮"，这就需要大家的聪明才智。要不断改进监督方法，提高能力和水平，不能只作为一个"判官"，如果阻挠业务不能产粮食，那就只有饿死。

第二，要转变合规管理部门的职能定位，中后台的合规部门不仅要履行、监督考核的职能，更重要的是要履行指导的职能。通常情况下，合规管理部门有更多的时间研究监管规定和政策变化，业务部门更多地将精力放在营销客户上，合规管理部门不仅仅是检察官，更要成为业务部门的老师，合规不是业务发展的对立面，而是业务发展的帮手。合规部门要主动帮助一线营销部门，合规地开展业务。并且定期或不定期和业务部门开展交流。当然，打铁还需自身硬，中小银行要培养一批既懂法律法规和行业自律准则又懂业务的合规管理人员，合规管理人员不仅要参加法律法规方面的学习，还要加强业务学习。

第三，探索改变对合规条线人员的考核激励办法。华为总裁任正非曾经在华为的工作会议中指出：面对未来公司业务快速增长，我们要改进考核方法，在内、外合规的条件下多产粮食就是最好的结果。监督人员不是站在内、外合规的边界上拿着"机关枪"盯着，而是背上背包，带上"铁锹"，与业务部门一起前进，包括合同生成、合同交付等。专家要到一线去蹲点，要知晓业务。去一线看地形，滚上一身泥巴，才是真正的专家。当然，目前监管部门对合规和风险、授信条线的独立性有要求，但随着金融服务方式的根本性变革，银行迟早会按照这个思路，去变革考核思路。

第四，区分业务操作性错误和违规边界性错误。对违规行为要有所区别，有的是操作性错误，属于轻微违规。有的属于无意中违规，有的是故意违规。同样是任正非先生，对此有深刻的认识，他说，有些地方是工作错误，不适合内、外合规监管。例如，可能10发炮弹能攻克下来，但是他打了100发，如何证明100发就错了呢？不能证明，历史不能重演。如何考核？事后数炮弹壳，把炮弹计入成本，这就控制了奖金。这是成本控制，是业务范围的事。

第五，减少形式合规工作内容和各类报表的工作量。商业银行基层客户经理，承担着繁重的服务任务、营销任务。总行管理工作尽量不要给基层员工带来额外的负担。例如，总行需要的报表，尽可能要借助IT系统自动生成。这样前方可以多一份力量去作战，而不是对付内部无价值的动作。

第九章 中小银行企业文化建设与战略转型

我们看到很多银行从很早的时候就提出了转型的战略目标和口号，但无论是发展方向、人才结构、经营思路还是科技支撑都没有改变的迹象，转型只是停留在一个口号上。这种现象一定程度上与企业文化的不统一有关。如果商业银行的企业文化与发展战略不相适应，则转型必然受到影响，而企业文化的宣贯也必然受到影响。一方面，如果转型方向得不到企业文化的确认与支持，则战略转型方向不能成为员工的共识，转型的前景也非常难以确定；另一方面，我们一致认为企业文化是以绩效为前提的，如果银行的业绩上不去，企业文化的宣贯不论用什么方法，都不会有效。但是绝对不应该将企业文化的重塑和战略转型从时间上分成两步，而应该是同时进行的。

第一节 战略转型呼唤企业文化的重塑

战略转型的主题对商业银行企业文化赋予了新的内容。如果不能从根本上实现战略转型与企业文化重塑的同步，则势必影响战略转型的效果。

一、发展战略和文化转型的基本思考

商业银行的企业文化与商业银行的组织架构等一样，需要与不同的发展阶段相一致。因此中小银行企业文化要定期重检，评估其适应性。我们经过长期的摸索认为企业文化建设一定要坚持三个结合：坚持企业文化与战略目标相结合；坚持企业文化与经营管理相结合；坚持企业文化与思想

政治工作相结合。战略是经营管理的中心，企业文化虽然来自战略，映射到战略，但最终要服务于战略。战略如果没有文化的支撑，就缺乏精神与灵魂，企业很难长久发展；文化如果没有战略的引导，也就成了无源之水。企业文化与战略的关系应该是刚柔相济，硬战略软文化。战略承载着文化，战略执行过程中又需要企业文化加以保证。凭借其共同价值观和理念铸成共同的思维模式，把企业员工的行为凝聚成整齐划一而共同向前的行为方式，只有这种共同的行为，才能保证、促进企业战略的顺利、成功实现。二者必须高度协调，才能让战略顺利实施、有效推进；否则不是战略失调，就是文化虚脱。

（一）形象层文化与战略的关系

分层次看，外观形象层直接地反映了商业银行对于形象的塑造，反映了商业银行对于品牌的认知，这种认知对于商业银行经营有一定的影响。基于战略定位形成的宣传语，属于形象层企业文化，城商行在成立之初就确立了"服务地方经济、服务城市居民、服务中小企业"的市场定位，这一定位帮助城商行迅速找准了市场，帮助广大市民形成了对城商行的认可。多年的经营实践证明，清晰的战略定位和战略方向，往往也能够映射到企业形象层文化；反之，如果一家银行形象层的标识、表述、宣传语自相矛盾，实际上反映出该行战略不清晰。完善统一的规范化标识系统，构建企业形象文化体系，看似简单，实际上与银行的战略定位、发展理念是相联系的。

与企业形象层关系密切的品牌管理方面，同样与战略管理有密切的关系。品牌建设打造出银行的辨识度，是维护客户的重要因素之一。我们提到招商银行，第一印象是服务精品化，其零售银行产品丰富，服务质量高。这样的印象就是品牌在发挥作用。再比如，中信银行通过品牌规划，明确了总品牌和子品牌的统领关系，对于中信银行的发展起到了很好的支撑作用。切实推进品牌规划落地，努力建立本行与众不同的品牌识别，将"品牌"理念导入产品创新、业务营销、经营管理的方方面面，培育健康向上的商业文化、职业文化和人际文化，是战略落地的重要推动力量。

（二）制度、行为层文化与战略的关系

从行为维度看，商业银行的员工准则、员工行为手册、员工公约等反映了企业的形象，反映了企业的核心理念。重要的是，由行为文化确定的员工行为边界以及由行为文化凝聚起来的力量，将直接转化为战略的执行力。从制度维度看，商业银行各类制度是承载经营理念的载体，也是承载战略任务的载体。制度和行为是战略的体现，也是企业文化的体现，因而，商业银行要规范各项激励、约束员工行为的管理制度，构建企业行为文化体系，为战略落地奠定基础。

（三）理念文化层与战略的关系

与上述两个层面的企业文化相比，企业文化核心层与战略的关系更为密切。银行企业文化体现了银行从业者特别是主要领导对银行业、对经济的理解，这种理解必然映射到战略规划上。价值观体系决定企业战略体系，企业战略体系依企业文化变化而变化，只有这样，优秀的企业文化才会促进中小银行科学地制定、实施战略。因此，企业战略与企业文化只有互为依存、互为适应、互为协调，才会并驾齐驱地推动和促进中小银行的发展。有什么样的价值观、经营哲学、经营理念、风险观，就会有什么样的战略。商业银行要从总体上把握转型方向，需要积极将战略管理的方式融入企业文化，打造战略中心型组织。

商业银行目前正处在较为复杂的发展环境之下，我们经常看到有的银行领导和从业人员感到迷茫和焦虑等。的确如此，在当前的环境下，特别是经过前期相对较快的发展，在当前经济下行、监管趋严、跨界竞争冲击增强的环境下，商业银行的确存在发展方向看不清的问题。战略方向的确定，是一个多方利益的平衡，也是一个各种观点交汇的过程。打造什么样的银行，才能够平衡各利益相关者的利益，成为管理层、员工、股东的共同精神力量，成为推进全行可持续发展的原动力，是中小银行发展的头等大事。战略本质上是一种排序，就是在有限的资源下，向哪个领域投放人力财力、资本和信贷。这反映的正是银行的价值观、发展观，也体现出银行的眼界洞察力（有眼界洞察力才能看得清方向，抓得住重点），方向感（只有确认方向正确，才能够耐得住寂寞）。

1. 银行的重点业务方向的确定，是经营哲学、发展观、义利观的体现。例如，要想实现绿色金融、普惠金融等发展目标，商业银行要在企业文化上强调社会责任。有正确的义利观、社会责任感的企业才会打造更加具有经世济民情怀的银行。唯利是图的银行，一定会选择竭泽而渔。再比如，致力于零售转型，就应该体现在相应的服务文化和经营理念之中，也应该在风险理念方面有相应的体现。比如，致力于发展大投行业务（包括理财、金融市场、投行业务），就应该有相应的风险文化与之匹配，不能沿用传统的信贷文化，领先的银行开展大投行业务开始倡导责任投资理念，在大投行领域体现人文思考。商业银行发展交易银行业务，就应该相应地调整对组织架构、IT 系统开发的理念等。

2. 商业银行战略的落实情况与人才观念、绩效文化和执行力文化有密切关系。战略方向即用人导向，即人才标准，人才理念如果与战略方向相悖，战略执行就会困难重重。人力资源水平与业务发展不匹配、人才观念与发展不匹配，必然造成战略执行乏力。发展金融科技，就要有金融科技的人才；发展绿色金融就要有环境方面的专才。要围绕战略确定绩效观，在商业银行经营相对困难与相对顺利的情况下，我们对于绩效的强调程度、强调的重点是不同的。在当前的情况下，要更加强化绩效文化的传导。商业银行发展金融科技，就要有相应的敏捷文化。要围绕战略打造执行力文化。商业银行要从总体上把握转型方向，需要积极将战略管理的方式融入企业文化，着力提升执行力文化。中小银行通过企业文化的宣贯，全体员工能够对战略目标有清楚的理解，在工作中能够进行创造性劳动，团队成员通过发挥主观能动性能够克服、弥补团队中的某些缺陷，摒弃门户与派别之争，共同支持战略发展。

3. 商业银行机构拓展战略的执行与企业文化宣贯效果有很大关系。相当比例的中小银行在机构拓展过程中，遇到的第一个问题是企业文化的冲突，来自不同领域的员工，在理念上、行为上都有很大的差别，这样的差别很可能造成新设机构经营困难。因此，有的银行在机构拓展战略中，特别融入了企业文化重整的内容。部分银行将这一过程形象地称为"入模"，意思是带着不同文化基因的员工和管理者加入新的银行之后，要回炉再造，通过接受企业文化教育，尽可能接受新的企业文化理念。

二、通过企业文化重塑推动战略转型

由于中小银行企业文化发展经历了不同的发展时期，但总体上企业文化建设的层次还不高。当前，中小银行普遍存在视野不开阔、格局不够，缺乏危机意识、创新意识，对于战略方向的思考不敏感、不专业。部门本位主义突出，战略执行力不足，仍然呈现部门银行的特点，未构建起以客户为中心的流程银行体系，也未能将绩效管理与业务发展、部门协同、战略执行精确挂钩，导致管理效率较为低下、部门配合不畅、战略执行效果不佳。因此，推动企业文化重塑推动战略执行是一个现实的话题。不同的中小银行有不同的战略转型方向，通过企业文化重塑推动战略转型的重点包括以下几个方面。

（一）通过创新文化的宣贯，推动中小银行从追随型向引领型转变

中小银行谋发展的前提是做好自身的战略定位，要结合地区特点找准发力点，走一条特色化发展道路。要回归本源，把服务实体经济作为中小银行发展的根本出发点。未来中小银行要聚焦自身优势，在大型银行薄弱领域与其竞争，围绕特色产业发力，要专注于做精、做细本地市场，通过集结优势资源将自身打造成为特定领域的金融专家，在金融服务的细分领域持续保持较强竞争力。要充分利用地缘优势，结合对当地经济和社会的深入了解，为地方经济发展提供针对性的金融服务。围绕这一定位，中小银行要积极开展学习型、创新型组织的打造，从战略上实现追随型到引领型的转变。

（二）通过发展观的宣贯，推动中小银行从规模扩张向价值银行转变

在过去一个阶段，中小银行主要通过规模扩张带动盈利的提高，到目前的发展阶段，规模仍然非常重要，但发展重心应该转变为价值银行的打造。一是根据外部环境的变化，适当调整发展目标，逐步淡化规模类指标考核，提升效益类、风险类指标的考核权重。二是通过调整业务结构和产品结构，降低综合风险权重。三是要从规模带动增长转向技术和创新带动增长。四是通过与金融科技公司合作，积极布局交易银行、场景金融，通过产品和业务体系的重构，实现资产负债表重构。五是进一步提升财务管

理精细化水平，向严格的成本管理、预算管理要效益。

（三）通过义利观的宣贯，推动中小银行从企业社会责任向社会责任企业转变

未来中小银行可以考虑从履行企业社会责任的理念出发，从商业银行作为特殊金融企业的属性出发，向社会责任企业迈进，将社会责任的履行内化到企业文化之中，成为主动的战略选择。

例如，内蒙古自治区是农牧业大区，地域辽阔，部分边远地区、部分旗县金融服务水平依然不高。为此，内蒙古地区的中小银行应不忘初心、牢记使命，积极探索、大胆实践，聚焦"三农"三牧、欠发达旗县以及广大小微企业，积极发展普惠金融。特别是，要根据自治区的实际情况，努力发展数字普惠金融，利用金融科技手段打通金融服务最初一公里到最后一公里，努力提升金融服务的包容性。

再比如，商业银行发展绿色金融，这是一个战略方向，从经营管理方面看，至少要：一是构建绿色金融发展的组织架构，在董事会设立绿色金融委员会，作为中小银行绿色金融发展的决策机构。成立总行一级部门或者在公司银行部下设二级部门，负责制定绿色金融的政策制度与流程，设计绿色金融产品体系，组织绿色金融培训，负责就绿色金融开展内外部沟通，负责向绿色金融委员会汇报工作，并监督、支持、推动内蒙古银行绿色金融的总体发展。二是进行市场及竞争对手分析，在此基础上制定绿色信贷策略。制订面向公司客户、小型公司客户信贷业务的营销策略和方案。梳理并优化绿色信贷流程。制订面向公司客户、小微企业客户的绿色信贷手册、绿色信贷推广计划。面向市场细分群体，包括零售业务群体/个人客户、小微企业、大型公司客户、政府客户/PPP 客户开发绿色信贷产品。明确绿色信贷分类的技术标准，对从事绿色信贷的员工进行培训，使之能够发现并评估目标客户的绿色信贷潜力，并发放绿色信贷，使中小银行信贷人员掌握评估客户能源消耗并提供咨询服务的方法，借以拓展业务。三是构建环境风险管理体系。引入成熟的环境风险管理方法和工具，对存量、增量信贷组合的环境风险进行评价和管理。按照中小银行的客户结构，分行业地制定环境和社会风险管理指引，并在信贷投放中加以应用。将环境

风险评估融入贷款调查、风险评估、目标和愿景。四是确定绿色金融发展近期和远期、定性与量化目标。从文化的宣贯上，要强化对绿色金融的认识，进而转化为集体的意识。

（四）通过风险文化和合规文化的宣贯，助推中小银行从管理风险向经营风险转变

经过多年的运营和改进，中小银行已经形成了较为完备的风控体系和内控制度。风控能力的提升为中小银行的发展起到了保驾护航的作用。尽管目前风险防控的形势依然严峻，但只要紧跟监管部门的步伐，认真化解存量风险，努力提升新型风险的防控能力，就一定能够行稳致远，为经济发展作出更大贡献。

作为管理风险的金融企业，中小银行要进一步提升风控与合规管理能力，切实转变风险管理的理念，从管理风险向经营风险转变。一是更主动地承担风险，面向战略，通过专业化甄别，选择主动承担风险的领域。二是动态化地看待风险，就是深入产业链各环节，深入客户的资产负债表，深入解构资金流、物流形态和商业模式，动态化地识别风险。三是专业化地应对风险。基于对客户风险形态的深入理解，设计专业化的应对措施。未来银行业务大概率由线下转移到线上，传统的风控标准和手段已经不能跟上时代的步伐，中小银行要把握当下这个时间窗口，学会利用大数据等先进技术，提高现有的信用管理和风险预警能力。经历了完整经济周期的检验，中小银行应该逐步成熟，其主要表现就是风险经营理念的真正树立，以日益成熟的风险管理理念、管理技术、管理流程推动中小银行向更稳健的方向迈进。

近年来，国家经济形势复杂多变，社会上出现了一些思想、作风上的不正之风。面对金钱、权力的诱惑，一些人的人生观、世界观、价值观逐渐消极颓废，出现了不良倾向。对此在严监管的情况下，要打造廉洁文化，防控案件风险。

（五）通过人才理念和人力资源文化的宣贯，推动中小银行从重视人力资源到开发人力资本转变

商业银行的转型离不开产品业务模式的创新，也离不开管理创新，更

离不开人才。若商业银行企业文化之中的人才观、人力资源管理理念一成不变，则转型无望。

第一，结合新形势，树立新的人才观。随着金融科技应用的强化，商业银行要有新的人才观。一是更加强调对于具有金融和金融科技知识的复合型人才的重视，特别是已经被市场检验过的人才。二是用人是对企业文化最有效率的宣贯。我们整天倡导学习型组织研究型组织，就是要将学习型职工的典范、研究型职工的典范安排到关键岗位。富滇银行企业文化中强调，富滇人的价值高于资产的价值、共同价值高于个人价值、团队协作价值高于独立单干价值、精神价值高于物质价值、社会价值高于经济价值。知识是富滇银行战略资源。银行战略转型的方向是向知识密集型和技术密集型转变。知识是富滇银行的战略资产，对知识的容纳、提取、更新的能力是富滇银行发展的重要源泉。为知识和技能载体的人才是富滇银行的第一资源，富滇银行认为对人力资源的开发与培育重于对其他任何资源的开发与投入。

第二，围绕战略打造人才队伍。一是不断地吸收和容纳最优秀的人才，对知识有着不断学习能力的全体员工是银行最为宝贵的财富。要坚持以点带面，以开放包容的胸怀，大力招聘、引进本行缺乏的专业人才，并充分发挥引进专业人才的带头作用，建立健全专业人才的传、帮、带管理机制。二是加快后备人才与干部的选拔和培养，使优秀人才脱颖而出。在各专业条线序列按一定比例建立专业人才储备，形成有梯次、可接替的后备人才库。定期梳理后备干部库储备人员情况，制订后备干部的选拔计划，对已调整入库的人选进行定向培养和锻炼，并根据培训和考核结果进行动态管理。打破了"论资排辈"的用人模式，为优秀人才脱颖而出创造了良好环境。坚持党的干部标准和原则，反对任人唯亲的不正之风，遵循科学的干部任免程序。如实、公正地评价个人的工作表现，确保选拔、提升和奖励表现突出员工的标准只有品德与业绩。

第三，围绕战略确定建立整体上相对公允的绩效观。战略目标是绩效考核的真正出发点，各级管理者是绩效考核的直接责任人，前台考核重"绩"，中后台考核重"效"。为了推动战略落地，中小银行要建立与战略相一致的绩效观和绩效考核体系，从大的方面体现公平。特别是杜绝绩效考核过程中的一些不正之风。

第四，加强人文关怀和心理疏导。认真解决员工生活和工作的实际困难，让员工感受到大家庭的温暖。同时，加强与员工的沟通，大力提倡员工之间互相帮助，及时消除发展中的困惑问题，积极引导员工树立共同的企业理念和团队精神。关怀员工生活不能走形式、走过场。我们发现有的银行给员工过集体生日，例如，将6月、7月过生日的员工集合起来，举办生日宴会。这种形式，个人认为没有突出个体，最终会演变为一种形式。还有个别银行，以员工的名义开展孝敬员工父母的一些活动，效果非常好。总体上看，加强员工的关怀，需要我们真正尊重员工的个体差异，真正以人为本。

（六）通过服务和营销文化宣贯，推动中小银行由粗放向卓越转变

我们之前一直在谈论变分散营销为团队营销，变模糊营销为方案营销，变"人脉"营销为产品营销，变粗放型营销为个性化营销，变被动营销为主动营销。但在新的历史阶段，要注重大数据精准营销。营销的文化就发生了质的改变。利用互联网、手机进行场景营销。

与品牌管理相联系，展示服务形象。规范服务行为，推行标准化、规范化服务；健全完善服务工作制度和激励机制，开展服务培训和检查树立良好的行业形象。引导教育员工树立服务新理念，"矫正"员工的服务态度和服务行为，用金融科技的手段和金融科技的思维，提高客户的舒适度和满意度。

三、打造战略中心型组织与支撑型企业文化

所谓战略中心型组织，是哈佛商学院卡普兰教授与诺顿博士提出的，意指能够系统地描述、衡量和管理战略，以战略为核心建立管理架构，并以战略管理统领管理行为、经营行为的组织。从实践中观察，战略中心型组织的管理理念是提升银行战略管理水平，防控战略风险的对症之药。相较于大型商业银行，中小银行的战略管理和战略风险管理问题更为突出，因而，为了自身的可持续发展，中小银行应积极推动打造战略中心型组织。

首先，积极打造战略中心型组织。打造战略中心型组织是中小银行解决长期存在战略规划、战略执行问题的良方。一是以战略为中心开展组织架构、人力资源的调整。尽可能将战略的任务落实到一个条线之内，暂时看不清方向的，可以通过组织的柔性化来解决。将最能承载战略构想的人员放到重要的岗位上，对于不理解、不执行战略的人员，按照不换思路就换人的原则，尽快调整。二是将战略任务的执行情况作为绩效考核的重要标准，也作为资源配置的重要标准。三是完善战略管理变化。将战略评估做实，以战略评估推动战略管理闭环的形成。

其次，打造战略支撑型文化体系。良好的企业文化是商业银行的软实力，围绕战略及战略管理的企业文化培育也是战略中心型组织的必要内容。要围绕战略规划的执行，打造战略支撑型文化。一是全行上下要以战略规划为最高行动指南，制订工作计划、推动创新要围绕战略规划。二是通过战略的宣导、企业文化的渗透使得员工认同战略目标及管理措施，同时形成与战略目标一致的绩效文化、执行力文化、风险文化等持续学习文化。

第二节　学习型、研究型组织的打造

我们了解到，很多知名的企业是学习型组织的典型，也有很多伟大的企业正在致力于打造学习型组织。对于今天的银行特别是中小银行而言，学习借鉴是实现创新的基本手段。学习能力、研究能力关系到银行的可持续发展，因此学习型组织、研究型组织的打造是中小银行战略层级的事。倡导终身学习，顺应行业潮流，把握时代脉搏，勇于接受一切先进的知识和经验，开放容纳，点滴积累，持续改善，不断超越，应该成为我们对待学习的基本态度。

一、新阶段对学习型、研究型组织的再认识

关于学习型组织的理论昭示：终身学习的重要性，根本在于外部环境，包括竞争环境、监管环境、科技环境、金融市场环境、宏观经济等都在不断地变化中。因为世界上唯一的不变就是变。过去的观念、知识、技术也

不足以应对多变的世界，因此世界上唯一不变的应对就是学习。学习不是阶段性、临时性的。学习型银行建设，是提高产品创新能力、提升服务能力的需要，是商业银行强化创新驱动的根本动力，是提升商业银行对外部环境敏锐性和适应能力的根本手段。学习型银行建设是持续提升核心竞争能力的迫切需要。学习型银行建设可以从根本上满足员工自我实现的需要。

在新的阶段，学习型银行的建设是商业银行转型发展的根本需要，是自身高质量发展和助推实体经济高质量发展的根本要求，是塑造商业银行企业文化和编辑基因的过程，是适应金融科技背景下银行再造趋势的需要，是适应严监管政策的需要，是应对经济下行期风险防控的需要。

学习的目的是研究，学习是重塑知识体系的过程，研究是用新的知识、新的工具、新的理念分析问题的过程。学习型组织和研究型组织是一脉相承的，学习型组织和研究型组织的含义也基本上是一致的。商业银行战略的制定、策略的制定与调整，资产负债的配置，均需要基于对形势和市场的研究。相对于券商而言，商业银行特别是中小银行研究还停留在初级阶段。实践中，部分中小银行聘请麦肯锡等知名的咨询公司制定战略，引入战略管理的有关方法和工具。但是，如果不能从根本上形成自主的研究能力，商业银行不可能下出战略先手棋。如果不能从根本上形成自主研究能力，商业银行不可能走出差异化发展之路。如果不能从根本上形成自主的研究能力，商业银行在资产配置上就不会有主导权。如果不能从根本上形成自主研究能力，商业银行不可能形成建成独特的产品体系。如果不能从根本上形成自主研究能力，中小银行不能提升战略响应能力。

二、打造学习型、研究型组织

打造学习型、研究型组织，根本之道在于建立鼓励学习、鼓励研究的机制，创新学习研究方式，建立检验学习研究成果的机制等。

（一）鼓励学习研究的长效机制

在学习型银行建设过程中，不应急于求成，急功近利。急于求成、急功近利的态度与学习型银行建设的战略性、持久性性质相悖。在实践中，急于求成造成的挫败感，有可能动摇学习型银行建设的信心。如果中小银行已经解决了学习型组织、研究型组织的理念问题，就应该在鼓励学习、鼓励研究方面适当加大投入，建立鼓励学习、鼓励研究的机制。一是从福利制度设计方面鼓励学习和研究。比如对购买书籍费用的报销，比如福利制度中的奖励培训。二是承认学习和研究的价值。比如，对于员工的调研文章、发表文章、提供创新型的业务方案，给予一定的奖励。三是按照年度开展学习型员工、研究型员工的评选工作，给予奖励。四是确立以研究带队伍的机制，组织全行有兴趣的职工，利用业余时间，围绕一定的主题和固定的方向，开展研究。五是制订全行以及部门、分行学习和研究计划，并要求每一个员工制定与职业生涯一致的学习规划。职业生涯规划明确了每一个阶段的成长任务。据此，职工一定要有学习规划，对于学习内容、学习形式、学习效果要进行自我管理。六是为学习型、研究型组织打造建立基础设施，提供必要的条件。比如，建立图书馆、内部培训学院等基础设施。培训学员是职工的教育基地、学习基地，也是企业文化的传承基地；订购数据库、文献库等资料。七是建立内引外联机制，借助专家、学者、教授这些"外脑"来培训员工，采取与股东单位、友好同业机构等的人员交流机制。

（二）创新学习方式

不同的主体，应根据不同的学习内容，不断地创新学习方式，提高学习质量。

第一，在互联网时代，完全可以打造线上与线下结合的网络培训学习模式，提高碎片化实践的学习效率。

第二，体验式学习与研究。当前基于移动互联的线上金融平台层出不穷，金融产品的创新不断涌现。根据金融科技产品的特性，应强化体验式学习和研究。对于一些APP上的产品，可以注册之后进行体验，研究其不足和长处。

第三，自由的、研讨式的团队学习。学习型组织理论所倡导的学习超越了传统意义上的以提高素质为目的的学习，它是以创新思维方式、提升创造性解决问题能力为目的的学习，是研究型、创新型学习。它以学习者感兴趣的问题为线索，采用互动式、研讨式的形式进行，是持续地在学习过程中发现问题，通过学习创造性地解决问题的学习过程。在学习过程中，发现问题比获取答案更重要。

第四，跨岗学习，跨界研究。在信息化、全球化时代，银行产品与服务越来越丰富，涉及面越来越宽，业务越来越复杂，面临的风险也越来越大，因而对员工的知识面要求越来越高，博才、通才式的员工更能在工作中发现问题并创造性地解决问题。而现有银行体制内的员工，由于分工的局限，知识面越来越窄。为了解决这一矛盾应该鼓励跨岗学习，跨界研究。一类岗位的人员，通过轮岗学习其他岗位的知识。不同岗位的人员组成团队攻克产品创新难题。

第五，倡导学习工作化，工作学习化。以读书会、研讨会的形式讨论业界新动态，以工作小组的形式开展产品研发，通过经验研讨会等形式进行复盘和研究，通过产品发布会等形式进行市场调研和产品创新，彻底打破工作和学习、研究之间的界限。

第六，强化干中学，习近平总书记在省部级领导干部专题研讨班开班式讲话中，引用"人在世上练，刀在石上磨""人才自古要养成，放使干霄战风雨"等谚语和诗句，让干部特别是年轻干部到重大斗争中去经受锻炼。这句话说出了学习的真谛，实践中的学习是最宝贵的。因此，要建立经验总结、教训总结等形式的研讨机制，建立重要项目、重大机制的复盘机制。通过分析过程，增加真知灼见。

第七，银行要抓住关键少数，打造学习型组织。银行的中高级管理人员要带头学。我们在实践中有一种误区，高层不学习，让中层学习；中层不学习让基层员工学习。这是本末倒置。高层是决策者，要有更宽的视野、更大的格局、更高的站位，因此要更多地学习、研究和思考。而中层作为执行的中坚，也要不断地学习。实践中，重大经营思路的出台失误证明了高层不学习的弊端。中层提出了思路，要说服知识结构老化的高层，往往有很大的难度。

（三）学习、研究内容的更新机制

第一，围绕战略完善体系化的学习内容。大多数中小银行的学习和培训都不成体系。课程基本围绕银行最基础的工作技能和管理流程，书籍大部分是泛泛的社科类和银行类书籍，与当前和未来社会发展的前沿相去甚远。并且课程设置随意性很大，每年和每年都没有连续性。过去学习的东西和现在学习的东西之间有冲突，但没有任何的解释。学习型组织建设的一个重要内容是，将学习、培训内容系统化。基础性的东西、共性的东西要拓宽视野，放大格局。学习传统文化的一些精髓，要学习经济学和管理学、产业的一些知识。专业性的内容要根据岗位特点，突出知识原理性（从原理上弄通，才能够创新性地应用）、系统性、前瞻性、实操性。不同层级的员工学习的侧重点应该是不同的，不同岗位的员工学习侧重点也应该有所区别。自主学习和培训的部分，要体现创新性和前瞻性。

第二，要把学习内容定期更新，要与战略相结合，建立学习内容的更新机制。促进"缺什么补什么"的被动学习方式向超前学习新知识、新技能，提升综合素质的主动学习转变。在目前的金融科技爆炸的情况下，要强化金融科技有关内容的前瞻性学习。由具有研究能力的部门和人力资源部门联合确定学习内容，并定期进行更新。

（四）学习效果的检验机制

学习型组织、学习型团队的建设和研究型组织、研究型团队是联系在一起的。学习型组织的效果的检验并非看考试，看新的体会，主要看用于解决实际问题的能力是否在学习中提升，研究能力是否提升。

第一，通过政策解读，检验学习研究成果。这几年我们经历了严监管，监管文件发布较多，部分银行工作人员靠公众号解读政策，制定政策，这样的学习是需要防范的。我们强调，并非只有战略部门、研究部门的人员才需要解读政策，每一个部门、每一个岗位都需要解读政策。解读经济形势，解读同业竞争态势，解读金融市场形势。解读方式是读原著、读原文，要发出独立的判断，不应人云亦云。

第二，通过政策建议和创新工作检验学习和研究成果。从学习中生发创新出"好点子"，一旦"好点子"被运用实践，要对相关的个体和集体给予奖励。

第三，通过策略检验学习和研究成果。如果是金融市场部门，看其分析宏观经济、金融市场、预测流动性的能力。如果是理财部门，看其资产配置能力。如果是公司银行部、个人银行部，看其产品和业务模式的创新。如果是资产负债、风险管理部等后台部门，看其管理洞见，看其管理的改进。

第三节　商业银行创业与创新文化的培育

面对内外部各种因素带来的经营困境，面对各种因素对中小银行生存空间的挤压，中小银行唯有强化创新，强化企业文化中创新基因的融入，才能破解战略迷茫。

一、对新阶段创业与创新文化的再认识

过去几十年的发展经历证明，管理创新和业务创新是中小银行发展的动力。业务创新、服务创新和管理创新方面有所成就的银行，往往是发展速度较快、发展质量较好的银行，反之则往往停滞不前。商业银行的发展经历反复证明，创新是现代金融企业可持续发展的不竭动力，创新是提升风险经营能力的根本途径。从现阶段的现实看，经济下行的压力下，提升服务实体经济的质效，比以往任何时候更需要创新。在当前稳增长、防风险、促改革的主题下，政策中心和调控节奏的微调较为频繁，因而商业银行比以往任何时候都更需要创新。在金融科技发展的关键时期，产品和服务模式不断升级，商业银行比以往任何时候都需要创新。从同业的情况看，领先的中小银行都纷纷把创新融入企业文化。富滇银行的企业形象用语是：心以致远，行于维新。心以致远，表明了志存高远之意。行于维新来自富滇银行以前的表述"其命维新"。这一形象用语有一定的辨识度，同时将创新的决心向内部、外部进行了传递。

同时，商业银行从过去十年的快速发展时期，进入发展的低谷。商业银行的企业文化应该强调创业文化，这是在新的历史时期的二次创业。要发挥艰苦奋斗、敢闯敢干的创业精神。中小银行的管理者要充分认识到当前面临的形势和挑战，充分了解中小银行在整个金融体系中的生存状态，要有生存的危机感。老一代银行人艰苦奋斗的传统要重新捡回来。

二、打造创新、创业型组织

中小银行打造创新、创业型组织的关键在于，确定创新创业的目标和组织架构，培育创新创业主体，优化创新管理流程，优化创新管理机制，构筑创新、创业支撑体系。

（一）确定创新创业的目标和组织架构

不同的中小银行打造创新创业组织的目标不尽相同。有的银行旨在某个特定领域比如金融科技领域成为行业标杆，有的银行提出：当前处于追赶位置，要瞄准行业标杆，紧跟市场创新态势，推广一批能迅速抢抓市场份额、创造利润的创新产品；研发一批能有效应对行业冲击、保持竞争优势的创新业务模式；争取一批具有市场发展前景，应对未来格局变化的业务资质；谋划一批匹配中小银行整体战略、协同促进转型升级的综合金融服务方案。不管是领先银行还是追赶型银行，都致力于促进创新成为新的利润增长点，全面营造想创新、谋创新、抓创新、鼓励创新的良性生态环境，形成创新活力竞相迸发、创新要素充分互动、创新成果加速涌现的生动局面。

个别中小银行在经营层下设实施创新驱动战略领导小组，由行领导担任组长，公司银行部、个人银行部、小企业业务部、国际业务部、银行卡部、电子银行部、金融市场总部、理财事业部、投资银行部、风险管理部、法律合规部、授信评审部、运营管理部、信息科技部负责人为领导小组成员，负责研究、设计创新驱动战略的实施机制，制订实施方案，并负责推动实施。实施创新驱动战略领导小组的主要职责包括：一是研究、设计创新驱动战略的实施机制，制订实施方案，并负责推动实施。二是组织行内外专家解读宏观经济形势、金融市场形势、宏观经济政策、监管政策。三是组织和推动全行产品、业务模式创新。四是组织制定全行阶段性业务策略、营销策略，研究业务方向和业务重点，指导分行和各经营单位的业务发展。五是负责联络外部专家、政府有关部门、同业机构以及各类研究机构，为实施创新驱动战略提供助力。

（二）培育创新创业主体

实施创新主体培育工程，原则上每一个员工、每一个条线、每一个分支机构都是中小银行的创新主体。

第一，公司银行部、个人银行部、小企业业务部、银行卡部、国际业务部、理财事业部、金融市场部、投行部、电子银行部等，应成为全行创新的发动机，是创新产品的设计者研发者，应充分发挥产品创新功能，推动开展创新产品的设计、研发和管理办法、操作细则及配套风险控制措施的制定；同时，根据创新产品特性，及时向分支行营销人员提供业务指导和技术支持。

第二，分支行营销人员，是营销和市场信息反馈的主体。应全面激发分支行营销人员推广营销创新产品、抢抓市场份额提升经营业绩的积极性；同时，适时反馈创新产品的销售数据，市场反应以及同业竞争情况等关键信息，以利于总行及时调整产品创新方向。鼓励分支行营销人员直接开展新产品、新业务、新方案的设计。

第三，在总行条线和分支行建立产品经理制度。汇聚全行乃至全社会的智慧，围绕客户需求、市场环境、经营转型等方面积极提出产品和业务创新方案，鼓励创新方案的新颖性、合理性和实用性。

第四，加快创新人才队伍建设。一是中小银行应该谋划，在未来一定时期内，通过多形式、多层次、多渠道引进，培育创新型人才，使全行形成一定数量善于攻坚、能够掌握产品研发关键技术的创新业务骨干。二是中小银行应该推广青年人才培养计划，将创新能力作为重要的培养指标。三是鼓励全行员工自发组建各类创新团队。

第五，组建中小银行自身的智库队伍，旨在组织有兴趣的同事，利用业余时间，根据中小银行的实际情况和竞争态势，研究宏观经济和政策的变化情况，开展产品和业务模式创新。

第六，加强对全行创新人才的培训，提升自主创新能力。一是针对全行产品经理以及具有创新实绩的人员建立关于产品创新的学习培训或同业交流机制，规定学习和培训的最低次数。二是产品研发团队需要针对产品的推广进行培训。三是为入选的业务骨干提供国内外学习及同业挂职机会。

（三）优化创新管理流程

优化创新管理流程的目标是通过对创新主体与创新决策机构间管理流

程的再造和优化，提高创新工作的效率，促进创新能力的提升。

首先，优化创新决策机构的内部流程，提高实施创新驱动战略领导小组的议事效率，建立新产品准入的高效审批流程。

其次，优化创新决策机构与创新主体之间的流程，打造扁平化的管理模式。由创新牵头管理部门直接接受所有分行创新产品的需求及立项申请，并组织专家组会议审议，扩大专家组参与评审和评价创新业务范围和内容。

最后，优化创新主体间的流程、增强创新要素的协同互动。总行业务部门对产品经理或者其他个人提交的产品创新方案给予评价意见，并将拟采纳的优秀方案纳入年度创新产品计划；打通创新产品推广反馈渠道，以产品助推机制和后评价管理为抓手，对产品推广过程中的风险控制，产品适销性及推广费用情况定期跟踪，加强分支行营销人员与总行市场部门之间的信息交流和反馈。为了发挥分行贴近市场、了解客户的优势，提高创新效率，调动分行参与创新的积极性，分支行创新产品的需求可直接提交条线部门。如果形成成熟的产品方案可以直接提交实施创新驱动战略领导小组办公室。

为科学评价创新产品的效益与质量，防范风险和加强内部控制，有效识别创新产品营运过程中存在的问题和不足，在产品投产后一年或者一个周期后，采用定量与定性相结合的百分制综合评价，其中定量指标由运营效益指标组成。定性指标由风险控制、科技支撑、产品适销性和战略作用等指标构成。根据评价结果，将产品划分为四类：分别为营销推广、改进提升、整改优化、暂停终止，通过后评价实现生命周期转换。后评价管理作为构成产品生命周期的闭环以及创新平台的自检环节，通过建立合理的产品推广、提升、优化、推出机制，保持中小银行产品目录的自洁性。

（四）优化创新管理机制

为激发全行员工的创新潜力，推出以下管理机制：一是建立同业新产品新业务研讨机制。各业务部门定期更新发布《银行同业新产品新业务信息汇总》，为中小银行创新工作提供借鉴。各业务部门定期组织召开各种形式的同业新产品新业务研讨会。二是创新工作考核机制。围绕全行总体战略规划，结合经营转型及业务发展的实际需要，总行业务部门应以产品作为创新工作的支撑，明确产品创新的举措及目标。每年年初编制年度产品和业务创新计划，确定年度目标、具体任务、工作进度。由创新牵头管理部门对各部门的创新计划提出审核意见。将产品创新考核纳入总行部室年度考核分值。三是推出创新奖励机制。在正常的绩效考核之外，中小银行设立行长创新基金，针对能够带来收入的创新产品、创新业务以及业务资质进行评选奖励。该奖励与本行工会开展的评先创优活动整合进行。四是新产品新业务助推机制。由于新产品推向市场面临着培育客户群体、打造品牌知名度、提升市场接受度等一系列问题，帮助创新产品成功度过推广磨合期进入销售快车道，成为创新产品最终成效的关键。新产品新业务助推机制旨在为上市推广阶段的新产品新业务倾斜资源，即单列一定的财务费用、信贷资源，内蒙古银行实施创新驱动战略领导小组通过审核产品的实用性、战略性，给予部分新产品配套的财务费用和信贷资源支持，帮助和促进优秀创新产品的推广营销。五是构建业务创新尽职免责机制。构建尽职免责机制能够鼓励产品研发人员积极主动创新，在创新失败时敢于承担，为勇于创新者排除后顾之忧。作为产品创新的设计者和研发者，总行各部门、各分支机构、各类创新主体要积极把握创新方向。对于经创新产品后评价，经实施创新驱动战略领导小组审议，确实因市场需求、监管政策变化或者产品设计缺陷等原因造成的，应予以免责。产品研发团队应充分解读监管政策，研发相应的替代性产品，或认真总结设计过程中存在的不足，规避创新可能带来的风险。

（五）构筑创新业务支撑体系

根据中小银行实际，为了推动新产品、新业务的落地，形成创新的良好氛围，需要构筑坚实的创新业务支撑体系。

首先，建立良好的 IT 系统支撑体系。单列预算，提升信息系统的可拓展性，提升信息系统对于产品创新的支撑能力。对于新产品、新业务推广需要的 IT 系统，本着急用先行的原则，走绿色审批通道，早立项，早投产。

其次，建立外部协作支撑体系。中小银行创新牵头管理部门负责联络外部专家、政府有关部门、同业机构、咨询公司以及各类研究机构，积极与各类机构建立合作关系，为业务创新提供智力支持。

最后，建立创新文化支撑体系。中小银行要积极营造敢于创新、乐于创新、善于创新的企业文化，使创新成为全行的基因与时尚。我们追求局部领域的突破性创新，也推崇既定模式下的持续性改善。我们既注重在产品、服务上的创新，也倡导在理念、制度、流程等方面进行突破。我们坚持系统的创新观。我们致力于创新氛围打造和创新习惯养成，为创新提供容错机制和试错空间，本着持续改进、开放成长的态度推进创新，最终达到外合市场需求、内应经营发展的状态。与时俱进是我们推动创新的基本方式。应倡导自我反思与复盘总结，并通过创新机制打造、管理闭环导入和严格的执行，实现每日精进、不断提高。

第四节　开放文化与敏捷文化的培育

当前，在金融科技的助推之下，商业银行的主要业务面临着重要的变革。整个商业银行的前台向智慧化方向迈进，中台向智能化方向迈进，后台向云化方向转型。商业银行的服务对象都已经线上化，商业银行的服务正在融入互联网生态。适应这一趋势，领先同业提出了敏捷组织建设、开放银行的打造，也提出了敏捷理念和开放理念的建设。

一、开放文化、敏捷文化再认识

部分商业银行明确提出了开放银行的概念，主要内容就是以科技手段嵌入生态，打通银行的 IT 系统与服务对象的平台、服务对象的 IT 系统，以此实现更加适时、更加交互、更加便捷的金融服务。为此，中小银行要从内心深处摒弃以往那种封闭式的思路，从企业文化上强调开放理念。充分认识融入平台、融入生态的重要性，充分认识打通 IT 系统的重要性，充分认识建立广泛合作关系的重要性。经营管理的重点，也要从管理竞争，走向管理竞合。将合作方管理作为重要的管理内容，出台精细化的管理制度。

同样是源于金融科技的发展，部分领先商业银行借鉴金融科技企业的敏捷开发理念，提出了敏捷组织建设、敏捷文化打造。我们知道，机制灵活、快速响应的特征以及地缘优势是中小银行应对市场竞争的有力抓手。由于自身固有的经营地域集中，信息传递快捷、决策链短等特点，中小银行具有经营更灵活、对市场变化反应更快、决策更加迅速的优势。实践表明，如果能够把这种优势发挥出来，就能够在市场竞争中掌握主动；反之，则处处被动。以小微企业贷款为例，市场调研表明，贷款价格并非是影响客户选择的唯一因素，如果能够实现快速审批、快速放款，为客户加速资金周转提供助力，客户也能够接受相对较高的利率。从这一点出发，中小银行利用自身熟悉客户等地缘优势，将快速响应的特征充分发挥出来，是提升自身核心竞争力的有力抓手。借鉴敏捷组织的理念，商业银行在金融科技的背景下，对于自身的发展非常重要。

二、宣贯开放文化、敏捷文化

就培育此种开放文化而言，一是从心理上宣导开放文化。中小银行作为金融企业，作为服务企业，本身就是要笑迎八方客。加之近年金融科技生态的发展和孕育，如果仍然坚持各类系统都自己开发，拒绝与其他主体合作，则距离被淘汰就只有一步之遥了。二是用人方面，有开放理念的人向业务前沿倾斜，向重要岗位流动。三是从企业的日常行动安排上，固化股东的对接会、客户对接会、金融同业对接会等机制。

就培育敏捷文化而言，一是要形成对宏观经济政策、金融市场动态、同业竞争动态、金融科技动态的常规性分析。二是建立快速反应机制，即通过制度保证重大变化之后的响应完成时间，并列入考核，指定部门进行督办和监督。三是选择相对独立的团队或者组建相对独立的团队，进行敏捷组织试点，以此带动整个组织的敏捷文化打造。

第五节 银行家精神与战略转型期企业文化建设

尽管社会融资结构中银行信贷的比例在下降，尽管金融脱媒的趋势已经较为明显，但在较长时期内，银行依然是中国金融业的主体。因此，正如中国离不开企业家一样，中国也离不开银行家。实现伟大的中国梦，需要企业家精神，也同样需要银行家精神。在未来二三十年之内，银行的面貌会发生颠覆性的变化，相应地，银行的企业文化会发生巨大变化。银行家将在银行再造和企业文化重塑过程中，扮演导演和导师的角色。唯有具有卓越银行家精神的领导，才能够通过引导企业文化重塑，推动战略转型，或者说在领导战略转型的过程中，完成银行企业文化的重塑。

一、转型发展赋予银行家精神新的内容

银行家是企业家的一种，具备企业家的基本素质和品质。同时，银行家是特定领域的企业家，他们配置的是资金，经营的是风险，因而还需要有一些独特的素质。传统文化要求领导者具备内圣外王的潜质，这一要求暗含领导学和管理学的一些原理，也符合银行家的成长轨迹和成长规律。新的历史时期，商业银行转型发展要求银行家具有内圣外王的特质，尽管这是很难企及的目标，但新时期的银行领导人要对照这一目标，不断提升自身的素养。

（一）内圣：优秀的银行家要强化自身的修养

银行家领导力的根本不在于职位，而在于个人修养，在于怀才抱德。一是新时代银行家应该具有优秀的个人品格和心理承受能力。银行家是金融资源配置的主导者，要经得起各种诱惑。银行家是风险的经营者，要有良好的心理承受能力。二是新时代银行家应该具有高度的社会责任感和家国情怀。资金若水，水利万物而不争。作为掌握社会资源的人，要有高度的社会责任感。三是新时代银行家应该具有强烈的金融创新意识、进取精神以及超强的面向市场创造性思考的能力、过人的业务才干。银行家是金融领域的专才，应该具备突出的金融企业管理能力，熟悉金融企业运作的前中后台，熟悉金融企业战略管理、人力资源管理等。银行家应该具有挑战陈规，开拓工作新局面的思路与方法，从而在市场上赢得更大的成功。银行家最不可能也不应该有的想法是混日子、做太平官，他们有着明确的使命感。在必要的情况下，银行家要具备指挥到最小业务单元的能力。正如一名优秀的元帅能够在必要的情况下指挥到连一样。这样的专业能力和

指挥能力是银行家的底气，有了这样的底气，银行家的管理和决策才能够得到拥护和执行。四是新时代银行家应该具有非凡的资源整合能力。银行家越来越倾向于联合政府有关部门、各类核心第三方、各种平台、其他金融同业、中介机构，形成有效的服务实体经济的方案。因而，基于银行自身核心能力的资源整合能力能够帮助银行家实现职业理想。五是新时代银行家应该具有长远和宽广的视野。熟悉国内外金融业发展的基本情况，能够放在更长的周期、更广的视野下，思考当前的问题。拥有一个体系化的经济金融分析框架，能够独立分析经济金融和行业的运行情况。六是新时代银行家要有对经济金融的洞察力和方向感。建立在扎实的理论、强烈的专业敏感性基础上的洞察力和方向感，是银行家作为统帅的优秀素质，也是敢于承担风险的底气。七是新时代银行家应该具有高超的领导艺术，在不确定性面前能"谋"善"断"。八是新时代银行家应该具有较高的政治素质，政治敏锐性强，符合新时代好干部的标准：忠诚、干净、担当。党政干部不同于银行干部，但有些重要品质的要求是一致的。九是新时代银行家具有规矩意识。商业银行是一个受到严格监管的金融企业，银行家要有很强的规矩意识，慎独自律，敬畏市场、敬畏法律。

（二）外王：基于德才形成的领导力和领袖风采

以怀才抱德为前提，银行家应该由内而外，凭借调动资源的实际权力和领袖风采，成为银行高质量发展乃至经济高质量发展的主角。一是商业银行的董事长应该是首席战略官。商业银行董事长应该是运筹帷幄之中，决胜千里之外的战略家。他要在企业发展顺利的时候看到危机，而在企业最困难的时候看到未来的光明前景。正所谓，履平地若危，涉风波无患；对青天而惧，闻雷霆不惊。银行家要成为引领金融市场的领袖，他要将对形势的判断和理解、对商业银行的理解结合起来，以战略思维应对金融市场和金融风险的复杂性，并在这一过程中体现使命、担当和家国情怀，实现个人的理想和单位的愿景。二是商业银行的董事长应该是首席市场运营官。在市场拓展方面，商业银行的董事长就是首席客户经理，要通过推动重要的战略合作，拓展市场空间。三是商业银行的董事长应该是商业银行的首席教育官。马云在公开演讲中，曾讲过想当一名老师。商业银行的董事长要通过会议和日常业务讨论以及公开演讲，引导中高层管理者，引导全体员工形成一致的经营思维、经营理念，并形成正确的管理方法。四是商业银行的董事长应该是银行的首席文化官。优秀的企业家对自身与企业文化的作用有着清晰的认识，董事长、行长对企业的领导、管理植根于企业文化。比如，李云龙的独立团能够打胜仗，能够在艰苦的环境下生存，靠的是亮剑精神。亮剑精神是从哪来的，是从李云龙言传身教而来。有一种观点认为，部队的首任长官对文化具有很强的塑造权利（但是也不是绝对的），因为首任长官如果没有思想，这支队伍也难以形成统一的文化。对于商业银行而言，战略转型任务的落实，除了要靠管理手段之外，重点要靠董事长和中高层管理人员乃至全体员工对企业文化的宣贯。五是商业银行的董事长应该是商业银行首席人力资源管理官。领导就是把握方向、用对干部。对企业文化最好的宣贯、对战略的最有效管理就是用人，用对人战略目标可以实现，企业文化可以落实。六是商业银行董事长应该是商业银行的首席经济学家。作为首席经济学家，银行家应该能够对经济形势作出独立判断，以此对未来的经营策略作出布置。以上这些要求，实际中的确很难达到。但董事长要做一个眼界开阔、有格局的领导者，可以学习刘邦。刘邦说自己"运筹策帷帐之中，决胜于千里之外，吾不如子房；镇国家，抚百姓，给馈饷，不绝粮道，吾不如萧何；连百万之军，战必胜，攻必取，吾不如韩信"，但刘邦能够识人、用人，成就了大业。

二、银行家精神与企业文化的关系

银行家精神内核中不仅有源于存款放款形成的审慎性的思维方式，还有基于商业银行投行业务的整合，以及基于金融科技的创新与突破精神。

一方面，银行家是企业文化宣导的导师，因而，银行家精神直接影响和映射到企业文化。当前，在金融科技的作用之下，银行正在面临着重塑。而银行企业文化也必然在重塑，这是一个相互促进的过程。优秀的企业家都能够认识到企业文化的塑造对于企业发展的重要作用。一个银行家必然会重视企业文化的培育。优秀的银行家必然是商业银行企业文化的第一传播者和塑造者，在企业文化的提炼过程中，董事长应该发挥主导作用，在企业文化的宣贯过程中，董事长更要亲力亲为。

另一方面，银行家通过企业文化的重塑，实现企业的发展和个人的职业理想。银行家管理银行需要制度，需要行为规范。但一个真正伟大的银行、伟大的企业，需要有一种文化的塑造和加持。银行家通过企业文化的提炼和宣贯，将所有的员工凝聚起来，激发更大的创新活力，打造长青基业。例如，我们注意到，富滇银行的企业文化中规定，富滇人对照本行内外的最高标准来衡量自己的工作。富滇人应视工作为事业而不仅是谋生的手段，不计较个人得失，自觉奉献，能够积极主动承担职责以外的工作任务。通过这种精神的宣贯，银行一定能够从优秀走向卓越。

三、新阶段银行家如何重塑商业银行的企业文化

《礼记》有云，修身齐家治国平天下。银行家重塑商业银行企业文化的过程，就是从修身、齐家到平天下的过程。银行是银行家的舞台，银行的企业文化是银行家精神的映射。银行家要达到自己的战略目标，在抓经营、抓管理的过程中，还要抽出精力来塑造企业文化。商业银行的企业文化是经营管理之道的源头，它高于企业经营管理之道，但是企业文化的宣贯是离不开经营管理的措施的。同时，银行家虽然有指挥到最小单元的底气，但银行家并不用职位能力来影响人，而是用人格魅力、专业判断引导全行按照既定方向前进。

习近平总书记在省部级领导干部专题研讨班开班典礼上曾经讲过，"花繁柳密处拨得开，才是手段；风狂雨急时立得定，方见脚跟"。习近平总书记讲到，防范化解重大风险，既要敢于斗争，又要善于斗争。要抓好战略谋划，抓住问题要害，在实践中讲究策略和方法，把握好时机和火候，有理有利有节地开展斗争，做到坚决有力、务实有效。这些话对于银行家同样有启发。在当前较为复杂的环境之下，银行家要拨得开，立得定，这样才能保持战略定力，才能传递信心。越是复杂的环境，越需要银行家精神。越是复杂的环境下，越需要企业文化。

第一，银行家要围绕战略转型，重新提炼商业银行企业文化，把各种思考整合起来，把来自管理学的探索整合起来，把各类优秀企业的文化内

核整合起来，根据自身的情况以及各利益相关者的认可程度进行提炼。这一过程中银行家要发挥主导，将其自身的修养和理解完整地融入。

第二，银行家要围绕战略转型，通过人才队伍的打造，重塑企业文化。《雍正皇帝》一书对于干部选拔任用很有启发。康熙选中的接班人不是与自己形似的八皇子，而是实心任事的四皇子。这就启发我们提倡一种文化，银行是一个企业，不欢迎仅仅对问题指手画脚的人，我们要对问题给出答案的人。康熙选择较为严苛的四皇子，因为四皇子能够整顿吏治。银行选人用人诚然要看德能勤绩廉，但更重要的是要考察对战略意图的承载能力，对企业文化的传承能力。面对转型发展的重任，商业银行要选择能够承载战略意图的人，选择与企业核心价值观一致的人。这些人的重用本身就是一个信号，而且能够成为重塑企业文化的种子。

第三，重塑宣贯企业文化的组织架构。一般的银行都是由党委书记、行长任组长，党委宣传部、办公室、组织部、工会、团委、监察室等部门负责人为成员，组建企业文化建设工作领导小组。群工部门的宣贯，业务部门往往很难深度参与，这是企业文化的大忌。一个银行的董事长应该主导企业文化宣贯，将有关的理念渗透到战略规划、工作计划、各部门的工作安排之中，渗透到业务的方方面面，重要的是将主要业务部门和分行长确定为企业文化的宣贯责任人。

第四，形成宣贯企业文化的势。中国传统文化认为成事的根本是道法器术势头。道法器术作为单一的因素发挥作用，不足以成为成功的条件。只有形成合力才能够成功。势的含义就是各力量的合力。中小银行企业文化要得到贯彻，就是要从多种渠道、多种角度发力，将人事任免、资源配置、品牌宣传、文体活动等广泛结合起来。银行家要总结和发现企业文化宣贯的益处和成绩，以成绩确认形成企业文化的势头。

参考文献

［1］陈礼平．后危机时代银行企业文化建设［D］．华侨大学硕士论文，2010.

［2］陈蓉华．商业银行企业文化［M］．北京：中国金融出版社，2009.

［3］陈松．关系营销理论对银行客户经理制的启示［J］．中山大学学报论丛，2001（2）.

［4］陈维政，张丽华，忻榕．转型时期的中国企业文化研究［M］．大连：大连理工大学出版社，2005.

［5］陈希君．银行，需要一种文化［J］．中国房地产金融，2004（1）.

［6］陈逸超．城市商业银行的企业形象设计研究［D］．青岛科技大学学位论文，2015.

［7］陈育明，张珂．品牌驱动式银行管理：基于品牌价值的银行成长战略选择［M］．上海：复旦大学出版社，2012.

［8］程向利．招商银行企业文化研究［D］．西北大学学位论文，2008.

［9］迟智广．银行文化建设与银行形象塑造［J］．中外企业文化，2005（5）.

［10］邓正红．论企业核心生存力［J］．企业文化，2008（9）.

［11］董希淼．金融供给侧结构性改革应处理好四种关系［N］．经济日报，2019-03-01.

［12］杜乾浩．浅谈执行力的重要性［J］．中外企业家，2009（2）.

［13］冯庆，项丽霞．中国邮政储蓄银行品牌营销研究［J］．金融天

地，2016（5）.

　　［14］付建元，沈军，袁爱群，陈义亮. 学习型银行建设研究［J］.
中国农业银行武汉培训学院学报，2012（5）.

　　［15］高允彦，贾建民. 中国商业银行服务质量及其属性的比较分析
［J］. 管理评论，2006（4）.

　　［16］葛照强. 企业文化与银行成长［J］. 上海金融学院学报，2006
（6）.

　　［17］顾伟. 关于商业银行服务文化建设的思考与对策［J］. 中国集
体经济，2010（2）.

　　［18］韩加国，申望. 企业文化实务与成功案例［M］. 北京：民主与
建设出版社，2003.

　　［19］何志敏. 谈中国银行的企业文化［J］. 中山大学学报论丛，
2004（4）.

　　［20］胡志广. 商业银行的服务文化构建［J］. 企业改革与管理，2012 -
04 - 15.

　　［21］黄金星. 战略支持型企业文化的创建与研究［D］. 兰州大学硕
士论文，2013.

　　［22］黄云. 转型期我国商业银行企业文化的建设思路［J］. 科技经
济市场，2017（11）.

　　［23］贾埃兵. 紧跟金融供给侧结构性改革步伐加快内蒙古银行创新
发展［N］. 内蒙古日报（汉），2019 - 03 - 26.

　　［24］姜汝祥. 警惕企业中的五种虚假执行力［J］. 冶金企业文化，
2014（10）.

　　［25］蒋峦，谢卫红，蓝海林. 企业竞争优势理论综述［J］. 软科学，
2005（4）.

　　［26］交通银行课题组. 西方银行信贷文化及其借鉴［J］. 新金融，
2004（9）.

　　［27］康承东. 我国私人银行业务的发展潜力及其发展策略［J］. 经
营管理，2008（10）.

［28］李成彦．企业文化对组织效能影响的实证研究［D］．上海师范大学学位论文，2005．

［29］李小炜．甘肃银行企业文化建设研究［D］．兰州大学学位论文，2017．

［30］李兴宽．创新型企业文化研究［J］．技术经济与管理研究，2011．

［31］刘光明．企业文化［M］．北京：经济管理出版社，2002．

［32］刘洪钟，孙丽，刘红．组织效率，企业文化与日本银行业的兴衰［J］．当代金融家，2005（6）．

［33］刘华照，冯焕军．浅谈商业银行形象设计与文化营销［J］．海南金融，2003（4）．

［34］刘静芳．不可分割的企业文化和市场营销［J］．中国合作经济，2013（6）．

［35］刘克梁．企业文化实务与经典案例评析［M］．北京：当代世界出版社，2009．

［36］刘明明．企业战略变革的企业文化要素影响研究［D］．大连理工大学学位论文，2012．

［37］刘善堂．悖论式领导：经济转型时期领导有效性研究［D］．南京大学博士论文，2015．

［38］刘以宾．加入 WTO 与商业银行企业文化建设［J］．新金融，2002（6）．

［39］刘忠．儒家思想与银行企业文化研究——以柳州银行为例［M］．北京：中国财富出版社，2012．

［40］罗长海．企业文化学［M］．北京：中国人民大学出版社，1991．

［41］马蔚华．文化之旅：商业银行企业文化理论与招商银行实践［M］．北京：华夏出版社，2007．

［42］马蔚华．因势而变：中国商业银行发展探索［M］．北京：中国金融出版社，2004．

［43］唐宏，王剑屏，罗涛．现代商业银行企业文化［M］．北京：中

国金融出版社，2003.

［44］唐文姣．试论企业战略与企业文化的关系［J］．商业时代，2012（2）．

［45］王丽丽．国内商业银行服务营销的问题与措施探析［J］．天津商业大学学报，2008（4）．

［46］王延田．透视商业银行市场营销［J］．农村金融研究，2004（2）．

［47］魏杰．企业文化塑造：企业生命常青藤［M］．北京：中国发展出版社，2002.

［48］武剑．论商业银行风险容忍度管理［J］．新金融，2008（5）．

［49］徐泽君，王国华．我国民营企业文化面临的挑战与构建［J］．郑州大学学报，2005（5）．

［50］严晓燕．商业银行顾客服务管理［M］．北京：中国金融出版社，2011.

［51］杨海平，黄新林．国内中小银行品牌管理误区及对策［J］．银行家，2016（1）．

［52］易会满．坚守使命，文化聚力，积极打造"客户满意银行"——在中国工商银行服务文化发布暨服务改进成果展示会上的讲话［N］．中国城市金融，2017－02－15.

［53］虞其祥．新形势下招商银行企业文化培育的思路和途径［J］．经济师，2004（7）．

［54］袁俏侠．商业银行服务管理的问题及对策［J］．中外企业家，2013－12－15.

［55］约翰·P. 科特，詹姆斯·L. 赫斯克特．企业文化与经营业绩［M］．北京：中国人民大学出版社，2004.

［56］詹向阳，张兴胜．透视汇丰银行［J］．银行家，2005（3）．

［57］张国伦，王桂华．银行要研究客户文化［J］．现代商业银行，2005（12）．

［58］张宏斌．农商行如何建立学习型组织［N］．金融时报，2017－

06 – 22.

[59] 张玲玲. 影响我国商业银行经营绩效的企业文化因素研究［D］. 西南财经大学学位论文，2011.

[60] 张全刚. 我国商业银行企业文化建设研究［J］. 金融经济，2011（9）.

[61] 张旭艳. 商业银行风险偏好及风险容忍度研究［J］. 经济研究参考，2011 – 11 – 21.

[62] 张引，康晶. 探讨我国商业银行的企业文化建设［J］. 技术经济，2004（1）.

[63] 招商银行. 青年招行说：听他们讲是什么成就了招行［M］. 上海：长江文艺出版社，2018.

[64] 赵萌. 交通银行，以"大服务"理念为引领，回归服务实体经济本源［N］. 金融时报，2017 – 12 – 22.

[65] 郑丹凌. 企业文化在对企业管理中的战略定位［J］. 战略决策研究，2010（6）.

[66] 中国金融思想政治工作研究会，中国金融文化建设协会. 全国金融系统思想政治工作和企业文化建设优秀调研成果（2016）［M］. 北京：中国金融出版社，2017.

[67] 周斌，邱敏志. 浅谈金融营销文化建设［J］. 经济师，2005（1）.

[68] 周艳. 企业文化与人力资源管理的互动研究［J］. 现代管理科学，2004（2）.

[69] 朱民武. 转型时期的银行家精神要义［J］. 银行家，2017（12）.

[70] 曾仕强. 中国式领导［M］. 北京：北京大学出版社，2007.

后　记

本书是我在长期的商业银行经营管理实践中，特别是 2017 年以来，推动内蒙古银行重塑企业文化过程中的一些体会。

习近平总书记在省部级领导干部专题研讨班开班仪式上曾经讲过，"花繁柳密处拨得开，才是手段；风狂雨急时立得定，方见脚跟"。习近平总书记讲到，防范化解重大风险，既要敢于斗争，又要善于斗争。要抓好战略谋划，抓住问题要害，在实践中讲究策略和方法，把握好时机和火候，有理有利有节地开展斗争，做到坚决有力、务实有效。这些话对于银行家同样有启发。在当前较为复杂的环境之下，银行家要拨得开，立得定，这样才能保持战略定力，才能传递信心。越是复杂的环境下，越需要银行家精神。越是复杂的环境下，越需要企业文化。

总体来看，重塑中小银行企业文化有以下几个方面的考虑：一是为企业文化建设投入不足补课。中小银行过去企业文化建设投入较少，包括主要领导的精力、人力、物力、财力。在经济发展较快的时期，商业银行基本上都处于躺着赚钱的状态，失去了思考经营理念、经营哲学等问题的动力。举例来说，有部分小银行在某个特定时期，只有一款产品，产品只有一个期限，只有一个比较高的利率，就能够获得非常理想的 ROE。部分银行在这一时期企业文化的欠账需要弥补。二是对过去一个阶段存在的不良的企业文化进行矫正。例如，资金脱实向虚，实际上背后是一个企业经营管理理念的问题，因此也反映出不正常的企业文化；不当创新、不当套利等，实质上也是同类问题。我在实践中经常遇到一些不良行为，包括工作上欺上瞒下，拈轻怕重，对上级拍马奉迎，对下级装腔作势，对实务工作蜻蜓点水，对研究工作浅尝辄止。不仅自己不学习，还不组织下属员工学习。不仅自己不创新，还不组织周围同事创新。有的管理人员喜欢投机取巧，只会当传令兵，不会亲自上手干。有的管理人员知识和观念老化，以不变应万变。三是企业文化的必要性在于，适应宏观经济的变化。当前，在中小银行处于发展较为困难的过程中，我们需要首先从研究整个宏观经济和整个银行业开始，修正我们对经济的看法，修正我们对监管的看法，修正对整个银行业作为服务业的看法。在这种情况下，重建战略能力。四是面向金融供给侧结构性改革，建立正确的经营哲学、经营理念。

随着我们对商业银行企业文化认识的加深，随着银行业的业务创新的深入开展，我们越来越感觉到，商业银行企业文化建设没有标准的模板，但肯定有最适合自身的模式。中小银行企业文化要在保持稳定性的基础上与时俱进，既传承又突破。有些核心的东西一直传承，但要根据形势的变化，吸收新的元素。

商业银行企业文化说到底，就是银行主要领导、管理者和普通员工对银行的认识及其在经营行为、管理行为等方面的投影。如果把银行看成是拉存款、放贷款的业务集合，那必然就没有相应的战略定位、经营理念、服务文化。如果把银行看成是金融资源配置的中介，就要承担相应的社会责任。如果把银行看成是一家金融科技公司，必然在人才理念、创新理念方面有所体现。同样，如果银行认为绿色发展代表了经济的发展方向，经营就会围绕绿色发展展开。如果银行认为小微企业风险大，则开展小微企业金融服务就不会主动积极。

作为一家地方性银行的董事长，我深感责任重大。我在书中也提出，银行的高级管理人员要以内圣外王为目标，不断提升自身的修养。为了能够挑好重担，我不断加强自身的学习，不仅强化政治理论学习，我也向传统文化汲取智慧。我在研究王阳明的时候，曾作诗一首：

淡定自若气神宁，落第不耻面春风。
立志高远读发奋，齐名孔孟集大成。
平叛宸濠施妙计，攻心为上智多能。
虔敬徐樾真传获，慧眼察光万物明。

重塑中小银行的企业文化，其主要负责人是关键。主要负责人要对银行经营管理心有定见，才能在经营哲学、经营理念方面有所思考，进而形成系统化的企业文化内核，进而为宣贯奠定基础。

　　写完本书第一稿的时候，恰好是 2019 年的元旦。看着窗外的万家灯火，想着自己的银行工作生涯，不禁感慨万千，遂写下了《难忘的二零一八》以作纪念。

（一）

荏苒光阴岁尾临，悉思工作若家珍。

六方换届交新老，八面莹光焕形容。

党建当先强统驭，法人治理善营功。

巡察纪检管双下，海晏河清舞巨风。

（二）

建章立制铁规循，稳健经营原动衡。

授信加高予实体，降低利率送温存。

支持民企由来意，助力小微向未心。

活跃工商善结构，脱虚去泡育基根。

（三）

三大攻坚笑面迎，批荩悉歔苦躬耕。

控防风险施佳策，化解不良见效明。

精准扶贫争早绩，联合村镇合力行。

和谐环境青蚨聚，绿色金融百代功。

（四）

班配齐强信念纯，鼎新革故勇精忠。

运筹似水群心仰，从谏如流民主崇。

济济人才积后劲，当当专业攒豪情。

众擎易举岂无胜，财富丰充仓廪盈。

（五）

洽闻殚见智援寻，开放相携攀顶峰。

析辨不足休护短，对标问题要虔诚。

独格特色互择鉴，异彩专工共向荣。

仰望监督捧星月，怀揣黎愿爱恒隆。

（六）

蒙鲁联盟破瓶颈，智能系统梦成真。

快捷迅送愉千客，方便安达惠万群。

骏马卡腾威草野，鸿鹄翼展振峰云。

柜台线上天仙配，科技领先气贯神。

作为银行战线的一名老兵，我希望银行人能够不断地学习，提升洞察力，形成战略思考能力，并且将这样的战略思考融入企业文化、融入经营管理，引领银行业健康发展，为经济高质量发展作出应有的贡献。